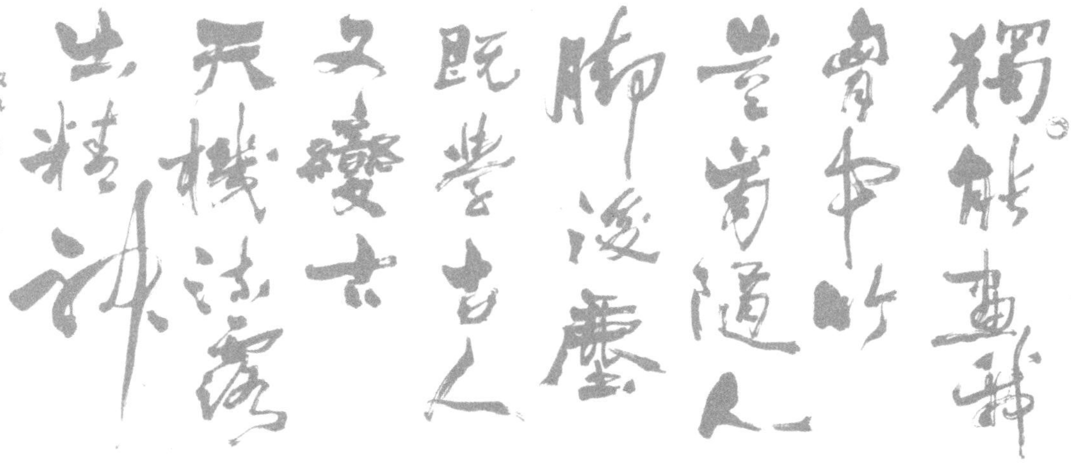

谨以此书纪念敬爱的父亲，

感怀那段峥嵘岁月！

美在斯

——岭南书法艺术大家曾景充传

曾小雅 著

羊城晚报出版社
·广州·

图书在版编目（CIP）数据

美在斯：岭南书法艺术大家曾景充传／曾小雅著.
—广州：羊城晚报出版社，2016.4
ISBN 978-7-5543-0304-7

Ⅰ.①美…　Ⅱ.①曾…　Ⅲ.①曾景充（1932～2009）—传记
Ⅳ.①K825.72

中国版本图书馆CIP数据核字(2016)第077253号

美在斯——岭南书法艺术大家曾景充传
Mei Zai Si ——Lingnan Shufa Yishu Dajia Zeng Jingchong Zhuan

责任编辑　谭健强
特邀编辑　魏锦光
责任技编　张广生
装帧设计　书窗设计工作室
责任校对　胡艺超　麦丽芬
出版发行　羊城晚报出版社
（广州市天河区黄埔大道中309号羊城创意产业园3-13B　邮编：510665）
网址：www.ycwb-press.com
发行部电话：（020）87133824
出 版 人　吴　江
经　　销　广东新华发行集团股份有限公司
印　　刷　广州市岭美彩印有限公司
（广州市荔湾区花地大道南海南工商贸易区A幢　邮政编码：510385）
规　　格　787毫米×1092毫米　1/16　印张23.25　插页3　字数300千
版　　次　2016年4月第1版　2016年4月第1次印刷
书　　号　ISBN 978-7-5543-0304-7/K·69
定　　价　98.00元

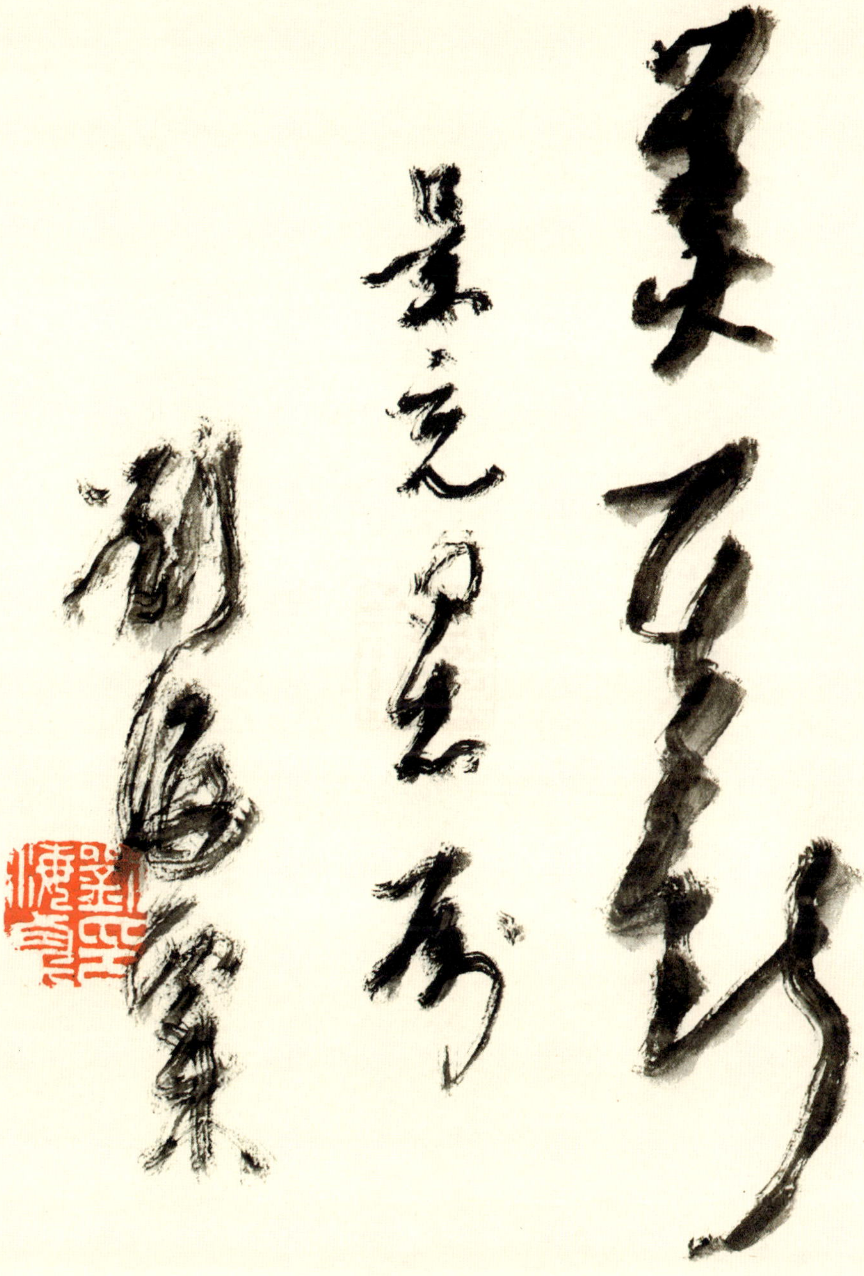

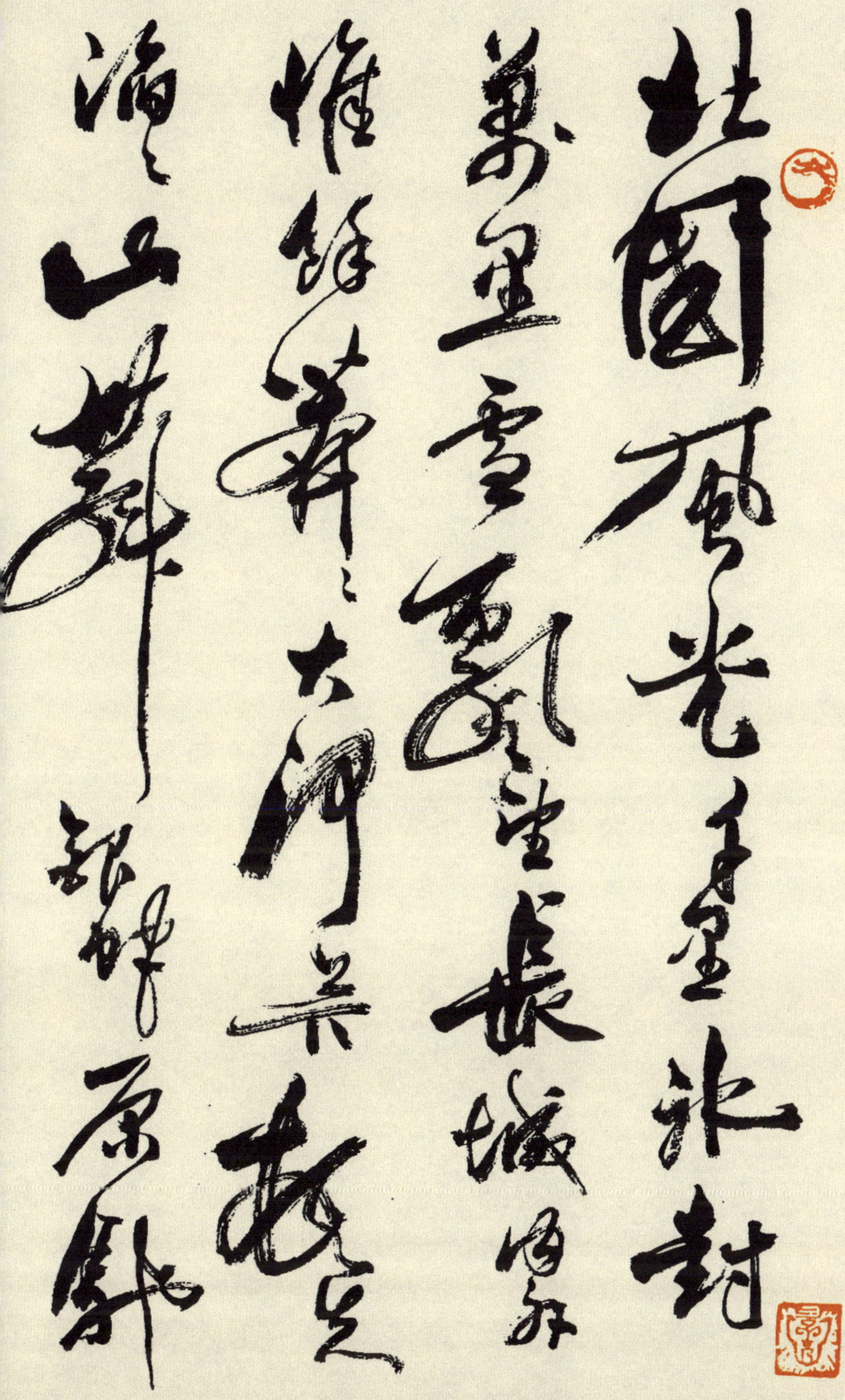

曾景充书法代表作——毛主席词《沁园春·雪》

代序 | 孜孜不倦　勇攀高峰

景充艺友是我来广州就相识了的。

他为人朴实多才，聪颖勤奋，在书法艺术的道路上是勇往直前力学不辍的。多年来在不断的学习实践中，不论是钟鼎文、八分书以及爨宝子等名碑法帖，都成为他抚、摹的范本，所书写的作品均能各尽其妙。尤其是对明代王铎、张瑞图、傅山，清代邓石如、张裕钊，近代沈寐叟这几位著名书法大家，就更多研究心得，如对王铎的“纵横奔放、用笔遒劲”，张瑞图的“气魄宏大、笔势雄健”，傅山的“字势豪迈、笔力劲拔”，邓石如的“朴茂古厚、苍劲蕴藉”，张裕钊的“质朴严谨、内圆外方”，都能掌握其书写风貌。

特别是对沈寐叟“笔法浑厚、拙中寓巧”的书法特点，则更是得心应手，运用自如。我曾这样说过，景充临摹的沈书，如果他不署名的话，我会误认为是寐叟所书。

景充为了鞭策自己，颜其居名“孜艺楼”，就寓有孜孜不倦地攀上书法艺术高峰的意思。

景充还应各方邀请，最近到香港中文大学等作书艺讲学和挥毫表演，备受赞扬，其书法作品曾到欧、美、日本等地展出，较有影响。

近年来他著述、整理了有关行草方面的资料，真可谓丰富多彩，图文并茂，洋洋大观，现已编著成书。这部书的出版，对书法艺术的学习者是件好事，因为它是极为有用的参考书，同时也是景充同志在书法艺术方面辛勤劳动的最好例证，为此，是很值得庆幸的。

苏庚春　识于广州

一九八七年五月

（摘自广东高等教育出版社1987年6月第二版曾景充著《行书要法》前言，题目是著者所加。作者苏庚春（1924—2001年），曾任国家文物鉴定委员会委员，首都博物馆中润文物鉴定中心文物鉴定委员，广东省文物鉴定组组长，中国书法家协会会员）

序 | 回忆和思念

对父亲的回忆和思念，在父亲离开我们远去多年后，竟是越来越强烈，越来越清晰，以至于常常出现在我的梦里，我祈祷时间就此停止吧，让我和父亲在这飘逸空灵的一刻里好好相聚。

我一直想写写父亲，将父亲一生所走过道路的足迹好好记录、整理、编写成书，以表达对他的思念之情，也给后人留下一些有价值的回忆。但要用文字表达父亲平凡而光辉的一生，并不容易。

我离开中国在外国生活已二十多年了，拿起笔来，才知道驾驭语言文字的艰难。在翻阅父亲的书稿和整理他的珍贵遗物之间，时钟的指针迅速倒转着，与父亲一起生活的情景又一幕幕浮现在脑海里，我仿佛又看到父亲在孜艺楼里辛勤地伏案工作，用尽心血和汗水挥写一幅幅充满激情的作品。他在那一个个平凡的日子里，编织着人生的精彩，留下了大量宝贵的精神财富。我梦幻般地穿越着时空，咀嚼着父亲说的话，做的事，笔记本里密密麻麻的小字，浓墨重彩的书画，慢慢地，父亲的形象活了起来。

父亲对书法事业有着一股与众不同的坚强和韧劲，有着一份不惜赴死的无畏精神，把人生的厄运转化为动力，不断探索、锐意创新、勇于挑战，活出了人生的意义。他对祖国文化真挚的爱、自觉肩负弘扬历史传统文化的使命感、发展创造书法体系的大志胸怀以及为提高书法艺术，传授书法教育而辛勤耕耘、至死不渝的奋斗精神，给了我莫大的勇气。

我和着泪水提起笔来一点一点地写下去，我的儿子也在一旁鼓励我，让我想出一件事就写一件事，回忆起一句话就记上一句话。在写书的过程中，我学到了父亲的坚强而又励志的人生态度，面对困难，要善于克服，要把复杂的事情细化成力所能及的具体的事，去努力做好你自己想要做的事，并要把目标付诸实现。为实现梦想迈出成真的一步又一步。

最终，我完成了这部书稿，心愿了却。尽管父亲永远看不到了，尽管写得不够理想，但却可以聊寄我对父亲的思念。这是我必须做的事，是我对自己许下的承诺，也是为父亲献上的女儿一份祭奠和永远的怀念。

2014年父亲节于美国三藩市湾区中半岛 Millbrae city

目录

引子 / 001

上篇 青春年华逆境行

壹 西关岁月 地灵人杰 / 006
贰 与共和国一同成长 / 012
叁 “交心”成了“托派” / 020
肆 与广东足球队擦肩而过 / 024
伍 厄运中自强 / 028
陆 青梅竹马结良缘 / 032
柒 墨香情怀孜艺楼 / 037
捌 逍遥派并不逍遥 / 046
玖 命运的第二次转折 / 048
拾 中大书结缘 二老忘年交 / 051
拾壹 黄埔建港 山城出差 / 060
拾贰 转益多师 独辟蹊径 / 072

中篇　盛年怒放展姿彩

壹　明媚曙光　冷暖人生　/　088
贰　游历山河　书写情怀　/　096
叁　大师盛赞“美在斯”　/　100
肆　投身政协　交游日广　/　104
伍　设帐授徒　因材施教　/　112
陆　言传身教　独门“秘籍”　/　118
柒　展览出书　花果满园　/　126
捌　龙飞蛇舞　时代精神　/　140
玖　蔚为大观的招牌标杆　/　146
拾　墨海涌心潮　创新有气派　/　151
拾壹　《魏碑大全》的遭遇　/　154
拾贰　“翻生沈寐叟”　/　156
拾叁　重才惜才　爱艺如宝　/　160
拾肆　从善如流　唯谦与学　/　162
拾伍　放眼东瀛　挥洒自如　/　163

拾陆　尽显才华　弘扬国艺　/　182
拾柒　延长签证　游览胜景　/　186
拾捌　日本少字数书法　/　200
拾玖　完满归来　花甲丰收　/　206
贰拾　加州阳光下　享国艺天伦　/　210
贰拾壹　实至名归“鲁迅奖”
百击不沉“浮水石”　/　227
贰拾贰　边款艺术　/　234
贰拾叁　情迷收藏　/　240
贰拾肆　神交奇石　/　250
贰拾伍　钟爱陶艺　/　257
贰拾陆　博学更多能　修炼字外功　/　260
贰拾柒　文化人的“食文化”　/　263
贰拾捌　相依相伴　岁月如流　/　267

下篇 暮年融通登高峰

壹 世纪呼唤 活跃书坛 / 274
贰 北国风光 国殿腾芳 / 280
叁 集体回忆《喀秋莎》 / 287
肆 真如传后学 春雨润繁枝 / 290
伍 广东有个孜艺书社 / 300
陆 奋发余热 蜡炬成灰 / 303
柒 晚年大作 融通化境 / 310
捌 生命短暂 书艺永恒 / 316

附录一 曾景充大事年记 / 320
附录二 日本少字数书法评价 / 330
附录三 曾景充所藏部分名家书画真迹 / 336

后记 / 353

引子

承先岂袭旧，适我无非新。

爱画有情常拜石，学书无日不临池。

这是孜艺楼主曾景充雕刻在家中的两副对联。

在这里，还有艺术大师刘海粟的“美在斯”题字，有著名书画家赖少其的“孜艺楼”题字，有父亲收藏的古董字画、奇石、古玩、汉器、唐马，还有自撰的对联书法和国画……

在这里，有他已出版的15本书法选集和文论，有他琳琅满目的奖状证书：第四届鲁迅文艺个人奖（书法），首都人民大会堂、毛主席纪念堂及中央文史馆的收藏证书。

2003年10月18日，在广州逸品堂里，广东省老领导朱森林称赞父亲是为广东争光，为广东的书法界争光，说：“广东省进入人民大会堂的作品，一是关山月的画《江山如此多娇》，二就是曾景充的书作毛主席诗词《沁园春·雪》，成为国宝级高水平的艺术珍藏品。”

朱森林在观摩会上讲话

那是广州市文史馆举行“曾景充应邀为人民大会堂创作书法作品观摩会”及新闻发布会现场，年逾古稀、人书俱老的曾景充迎来了事业的新高峰。当时，不下十几家的报纸、电视台都纷纷以“广东人书法首次进入人民大会堂”等醒目标题报道了这一盛事。

数十年磨一剑，能够得此殊荣绝非偶然。在此之前，陈家祠广场的《百年荔湾长联》，广州市“人民公园”，“广东省中山图书馆”，大佛寺正门的对联，“深圳体育场”，国内知名品牌“黄振龙凉茶”、“皇上皇”等老字号的招牌，广东省市各地景点和碑林还有他的大量笔迹，等等，已经让曾景充的“曾体魏碑”书法蜚声岭南。他出访日本、美国并举行个人展览，更是扬威海内外。

全国人大常委会办公厅人民大会堂管理局

收藏证书

第961号

曾景充先生：

您捐赠人民大会堂的书法作品《毛泽东诗词》贰幅已为我局收藏。

特发此证，并致谢忱。

人民大会堂管理局

2004年2月2日

获首都人民大会堂收藏

证书

曾景充先生：

您的书法《沁园春·雪》（毛泽东诗词）等作品已被中央文史研究馆收藏。特发此证，并致谢意。

二零零三年四月

获中央文史研究馆收藏

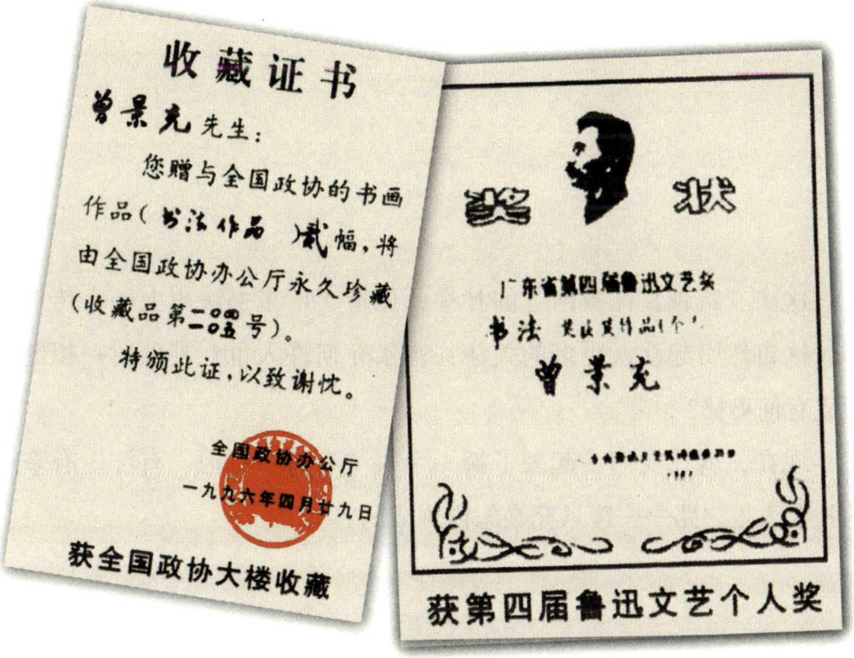
收藏证书

曾景充先生：

您赠与全国政协的书画作品（书法作品）贰幅，将由全国政协办公厅永久珍藏（收藏品第二四五号）。

特颁此证，以致谢忱。

全国政协办公厅

一九九六年四月廿九日

获全国政协大楼收藏

奖状

广东省第四届鲁迅文艺奖

书法

曾景充

获第四届鲁迅文艺个人奖

人民大会堂等有关单位的收藏证书

观摩会上挥毫

这次“跨越长江黄河”的壮举，创造了广东书法史上一个传奇的故事，这自然引起众人更多的关注：曾景充何许人也？其独树一帜的书法形成有何奥秘？

现在，就让我们一起去了解一个人“有血、有泪、有汗、有掌声”的扎实人生之路——曾景充是怎样炼成的？

青春是美好的，
然而他的青春岁月经历了多少不堪回首、
令人唏嘘慨叹的艰难困苦啊！
只是对于这个永不言败的年轻人来说，
一切的磨难都不足以改变他对书画艺术
痴迷眷恋的初心……

上篇

青春年华逆境行

壹 西关岁月 地灵人杰

西关，一个广州人引以为傲的风水宝地。琳琅满目的骑楼街铺，五彩斑斓的满洲窗户，青石古拙的趟栊大屋，四溢飘香的佳肴美食，艇仔粥，云吞面，叉烧包，双皮奶等，都是广州人对西关挥之不去的集体回忆，如今都慢慢褪色成了大家心目中的老照片了。

1400多年前，印度高僧达摩到中国传教，就是在西关下九路登陆，并建“西来庵”（今华林寺），开创了中国佛教禅宗。现今作为广州著名旅游景点的华林寺旁边的“西来初地”，就有一块刻着“西来古岸”的石碑，正是这段历史的明证。

小时候，有一段时间我跟外婆生活，住在西关。听外婆说，西关早期是纵横交错的小河涌，一片水乡泽国和农舍。由于对外贸易商业的迅速发展，顺应需求，纺织业更是兴旺起来。于是，周边大量农舍改建作厂房，西关的原住民纷纷洗脚上田，加入打工仔的行列。“有钱揾”的消息传至四乡，三江五岭贫雇农潮水般涌往西关，直接带动了西关地区的各行各业兴旺起来，也诞生了“潘卢伍叶”四大家族为代表的世界级巨富。西关成了繁荣昌盛的商业重地。

我的爷爷曾子辉就是在这样的历史背景下离乡背井，从肇庆高要来到广州西关一家肥皂厂当了一名小职员，后来娶了黄华为妻，居住在珠玑路和息里13号。民国二十一年（1932）他们的第二个儿子出生了，就是我的父亲曾景充。

我的父亲本来还有一个哥哥，但小时候就夭折了，因此他成为家中唯一的儿子，备受父母宠爱。爷爷对小景充的管教督促甚严，从小便让他入旧私塾诵读诗文，背诵唐诗、千字文，学习写毛笔字。初时用一块四方地砖沾上清水来写，由于砖块吸水性强，很快就干掉了，可以反复地练习。水滴石穿，小景充把砖块写得满是凹凸不平的痕迹，练就了笔力、能力和坚强的毅力、耐力。后来又改用“九宫格”，把不同笔画的每个字都规限在格子里，渐渐地对每个字的笔画粗细、字体的布局、平衡、对称都有所掌握，提高了书写本领，故而在入读小学前就写得一手较好的毛笔字。

邻居是一个大户人家，即我妈妈郭宝碧之家。宝碧家住典型的西关大屋，屋外为矮脚双扇门，中为趟栊，内为大门，都是由高级硬木制成。室内装修十分讲究，有盆栽和红木家具，精巧的木雕花饰，富有地方特色的五彩玻璃满洲窗，还有进口的烧瓷花地砖，极具岭南特色的建筑风格。该房子如今仍在，还残存数件酸枝台凳和满洲窗，挂上了广州市政府授予的“广州市历史建筑”的牌匾。

宝碧的哥哥郭宝铿擅画美术装饰画，和景充兴趣相投，经常在一起写写画画。那时住家不远的十甫街上有一间广告公司，他们常在那里看大人画的广告宣传画。景充从小就勤奋好学，加上对艺术超强之悟性，很快就超越宝铿的画技并日后得以成才。

景充年届7岁，就读于广州市清平路十八小学。他天资聪慧又勤奋向学，各科成绩突出，老师的评语总是写上聪明勤力，静而好学，品学兼优，国语成绩也总是在95分以上。他的写作成绩特别好，经常在班上张贴起来，供同学观摩和学习，显示了他的文学天赋。

父亲离开我们后，在整理他的遗物时，居然发现他保存了七十多年前在小学读书时的成绩单和老师的评语。他从小就爱好多样，文学，书法，美术，体育，各科成绩都保持在90分以上，在班上排列第一第二名

获奖锦旗

之内（那时叫考列）。书画比赛更是屡屡得奖，为同学中佼佼者，小学四年级获得了广州市辖（公立和私立）小学学生的学艺比赛书法科（当时叫习字科）冠军奖，由当时的社会局局长陈嘉蔼赠予锦旗。那面带着岁月残渍的锦旗，一直保存至现在，虽然布纹已发脆而断裂了，但用手工刺绣制成的冠军奖锦旗上的大红字，还是那么的耀眼发亮。那时景充10岁，这在当时的确是一件值得骄傲的事，也是一直激励着他不断进取的动力。

外表和言谈举止温文尔雅的小景充，生性却活泼好动，爱好各项体育活动，特别是足球。放学后，他总要跑去沙面足球场，书包一扔，就和一群足球童星“开战了”，常常踢得满身泥巴，衣服也破了，挂满了松树落下的松针，天黑了才回家，总要被自己父亲骂上几句：“亚充，又去踢波了，不好好画画练字？”

在足球场上，他是个射门好手，控球技术灵活，小家伙们都围着他听他指点，大家都喜欢把球传给“葱头”。于是，“葱头”也就叫开来了（充与葱粤语同音）。

广州的沙面是父亲人生历程中最难忘的地方。这个位于珠江河沿岸上的一个沙积小岛， 在19世纪被英法帝国瓜分成了租界，先后有19个国家在此建立领事馆，还兴建了洋行、教堂、住宅等建筑。所以这里被称为欧陆建筑的大观园。

父亲常常带着童真的笑意对我们说：“沙面的足球场上留下了很多我的脚毛，我是在那踢波滚大的。”

老一辈的广东足球队员如莫七、李松杰、梁利生、冯荣灿、苏永舜，年轻一些的如容志行、何佳、陈熙荣、欧伟庭等，都是他在沙面足球场踢波的战友。

“那你为什么不继续踢足球呢？”后来我问他，他用手摸摸头说：“一个人不能样样都兼顾啦。”

这里面当然有他自身的条件，身材不够高，对书画方面有更多的追求，他的父母也不赞成他打专业足球。但在沙面里却承载着他儿童时的梦想，小伙伴们的笑声和欢乐的回忆。从此，足球成了他生活中的一部分，伴随着他的人生道路，直至晚年病重住院，还不时会看看电视足球转播。

小学毕业后，曾景充进入了广州市一中继续学业，一中的学习气氛很浓，他更加倍地努力用功学习。受美术老师张小豪影响，开始爱好和研习水彩画。

除功课优异，景充还参加学校的许多活动，是足球队长、乒乓好手、篮球队员，参与学校的演讲宣传工作等，兴趣十分广泛。他的高三女同学黄湘璧的弟弟黄福伍回忆时说：“我比景充小一岁，景充那时在一中，样样都非常优秀突出，是学生会的领袖，我们把他看成是偶像，他是我们这一代

青年曾景充

人的光荣和骄傲。”

在学校里，同学们组织了一个美音组，大家经常聚在一起听听音乐，作诗，朗诵，欣赏书画艺术。本来这是一个很纯粹的学生组织，但有成员牵扯到后来的所谓“托派”问题，竟也成了父亲工作后一度被错当成“托派”的缘起，此为后话。

刚好这个时候，景充父母婚姻上出了问题，他父亲从肇庆乡下带回一个年轻的女子一起生活，而家里又只有一间小房子和小厅，迫使他母亲带着年少的他离开家庭，靠朋友的帮助租住在观绿路的一间小房子里。但少年景充坚持靠着走廊和窗外的光线看书画画写字，度过了艰苦的岁月。此时，他们的生活主要靠他父亲一点点的补助费和朋友的帮助维持基本的生活。学校美音组的同学黄湘璧的家庭也热情接济过景充，完成高中学业。家庭的破裂，无疑让景充憧憬美好未来的心灵受到打击。但景充面对生活的重压，以更加勤奋上进的态度进行学习。

曾景充生于西关，长于西关。成名之后，他仍然对西关有着浓浓的情意，甚至在他人生的最后那几年，也是住在沙面的旧德国领事馆。20世纪末、21世纪初刻于古玩街上的《西关碑铭》和陈家祠广场上的《百年荔湾长联》，都是他带着对西关的浓情厚谊留下的墨宝。

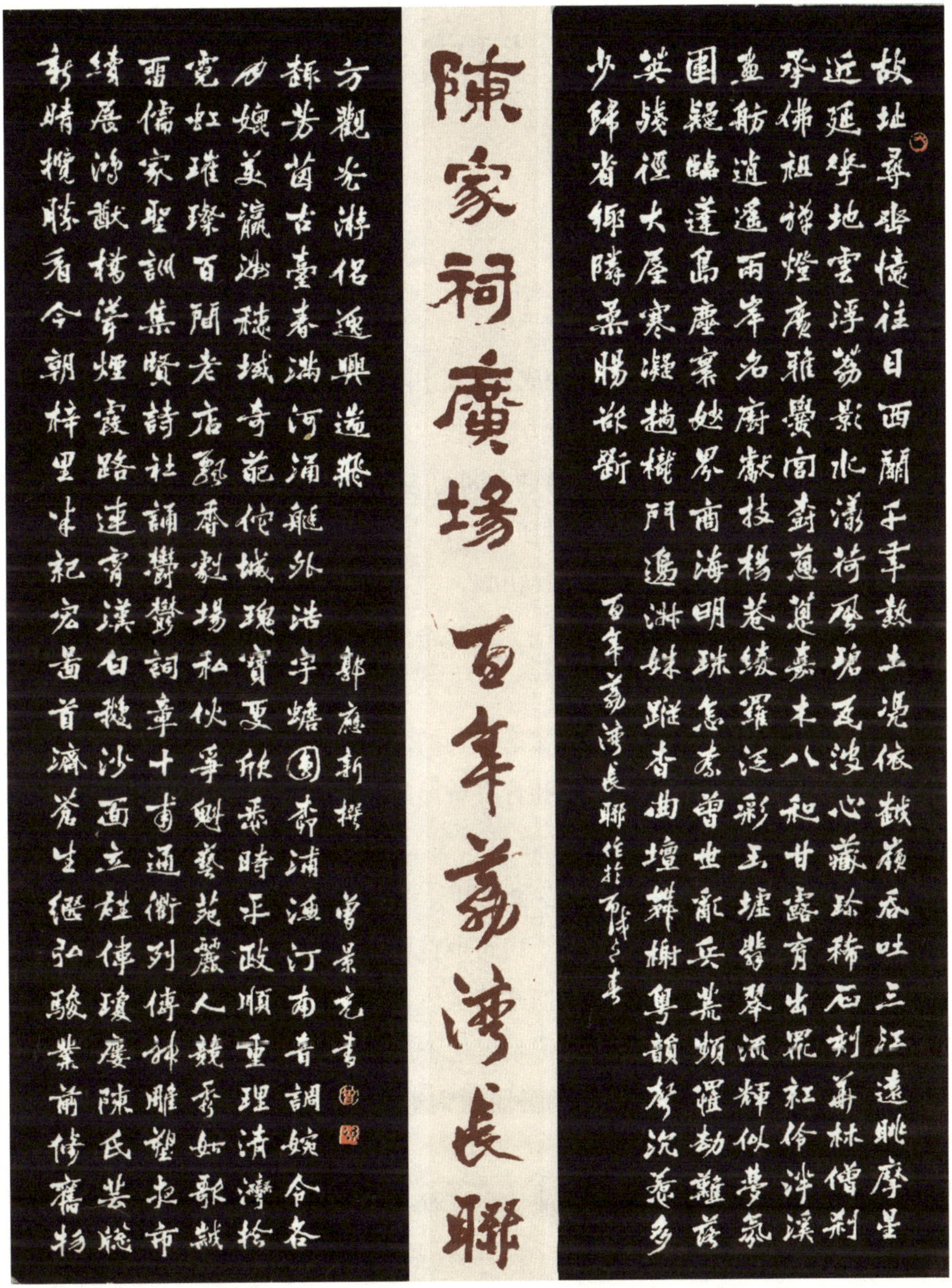

曾景充书《百年荔湾长联》

贰 与共和国一同成长

1949年10月，中华人民共和国成立。新中国的诞生，像东方初升的太阳照遍大地，全国人民一片欢腾，全力以赴投入到建设社会主义的高潮中。

一天，中学生景充和美音组的一班好友，举着五星红旗远足，由广州市一中出发至西村、至农讲所、至广州起义烈士陵园、至广雅中学……走了一整天。他们一边走一边唱："五星红旗迎风飘扬，胜利歌声多么响亮，歌唱我们亲爱的祖国，从此走向繁荣富强，越过高山，越过平原，跨过奔腾的黄河长江……"

一路上，他们摄影留念。在父亲精美的旧相册里，一张张照片记录着学生们当时一张张灿烂的笑脸和青春矫健的步伐。透过这些照片，让人们感受到那时新中国欣欣向荣的喜悦。

半年后，1950年4月，正是春暖花开、红棉怒放的日子，中学生曾景充被选为一中学生代表，参加了广州市首届学生代表大会。会议结束后，当时的副市长朱光接见了他们并与全体代表合影留念。那本有点发旧但又保存得很好的相册里，也记录了这个历史镜头。对此，父亲亲手设计图案并加了文字说明，他用美丽的钢笔字俏皮地写上："胖子是谁——是朱光同志。"

父亲在学校突出的表现，让他从小就有一种优秀者的荣耀感，他要用自己的努力创造人生的光辉。

又过了半年，1950年10月12日，中学生景充第一次离开家庭，踏

参加广州市首届学生代表大会留影

学生代表与市长朱光同志合影

上远方的旅程，参加由学校组织的先锋队——星社北上学习观光团。他们用18天的时间，走了4600多公里，沿着新中国南北纵贯的大动脉——粤汉线，跨过长江，向祖国的首都北京城进发。这是一中同学空前的远行，也算是毕业旅行吧。具有文学、美术气质的父亲，写了整整齐齐的十几页笔记和散文游记，洋洋洒洒地记录了这段难忘的旅程，字迹透着年少时的稚嫩。在那本他自己精心设计的笔记簿前面还写了几首诗，为学生时代完满地画上了句号。其中的两首诗如下：

毕业述怀

似箭光阴倏忽逝，
学生年代已告辞。
新苗待发燕初飞，
奔赴战斗新历程。
蹉跎回溯愧学浅，
峥嵘前景倍向前。
文苑繁英丽似锦，
我愿勤作灌溉人。

雏燕展翅——篮球场上速写

雏燕展翅，凌空飞跃。
矫健的身影，时起时落。
九天能揽月，投篮命中高。
年青的燕子啊，你更高地飞跃吧！
你飞在春雷般的掌声中，
你飞在人们赞美的荣耀中。

父亲从小就表现出做事很有条理和认真的性格，对于人生的每一段路程，他都要做出总结，或写文章或写书法作品，或出书。他珍视生命的每一个脚印，常常回眸审视人生，三省吾身。

1951年2月1日，父亲在广州市第一中学毕业，结束了学生时代。但他一直不忘母校的培养，经常回到学校参加大型活动。他在书法上取得成绩之后，还作诗和对联送给母校留念。1988年7月，市一中60周年校庆，父亲被聘为学校委员和特别嘉宾，出席学校的各项活动。

高中毕业后，他以优异的成绩考取了广州美术学院，希望能进入大学深造，但由于家庭环境不允许，他的父亲说不能再继续供他上学了，要求他找份工作自立并赡养自己的母亲。对于不能上美术学院深造，他深深抱憾。但他衡量家里的实际情况，自己母亲有病在家，再不能依赖别人接济，必须独立起来，勇敢地面对困境。他是一位非常懂事而又争气的人，他记得苏联文学家高尔基说过，“贫困是一所最好的大学，这所大学会带给你未来的希望”。他决定走向社会一边工作，一边学习，由同学黄湘璧的哥哥黄福生介绍，进入广州西村水泥厂（后改名为广州水泥厂）工作，满怀激情地投身到建设新中国的队列中去。

新中国成立，很多私人企业都转为国营企业，国家又提倡优先发展重工业，而水泥厂是响当当的重工业，直属中央建筑材料重工业部领导，能够进入国营工厂工作是当时年青一代的理想。景充有机会进入这间重工业的大型工厂，心里自然高兴和自豪，这是他走向社会的第一步，他要在这个广阔的天地里展翅一番。

服从组织分配，“哪里需要到哪里去”，是20世纪50年代广大青年响应国家号召的一个响亮的口号。刚进厂时，景充被分配到一技术部门当文职人员。当时青年人中有高中文化的屈指可数，绝大部分工人都是小学文化，甚至还有文盲，所以他还有点文化上的优越感。加上其家庭成分是店员，虽不是响当当的工人阶级，也是劳动人民的家庭出身，所

曾景充年轻时画的一组水彩画

以也有成分好的优越感。

由于他有较高文化水平，两年后被调到厂职工业余学校当语文教师，是当时厂里最年轻的教师。他爱好文艺，喜欢绘画，在中学时又是学生会的文艺宣传骨干，在职工学校当个语文教师，他是很高兴的，对加强自己的爱好有好处。

大凡每一个历史时代，都会有一种时代精神，鼓舞和推动着人们进步。为了发挥工人阶级的主人翁精神，调动广大职工建设新中国的积极性，50年代工厂的宣传气氛很浓。厂里设有有线广播站，每天定时进行宣传广播。还有个两米多高、十多米长的大宣传栏，建在进厂的路旁，具体的宣传出版工作由工会负责，党委宣传部统一指挥。各车间也办起了墙报，工会吸收了一大批宣传积极分子，业余搞宣传工作。父亲能写会画，很快被吸收到宣传积极分子的队伍中。

那时我父亲负责美术编辑的工作，根据内容，配上漫画，美化标题，使墙报活泼生色，光彩夺目。职工上下班常常驻足观看，墙报颇受欢迎。工人画家曾景充的名字渐渐为广大职工所认同。他挺有成就感，下决心坚守这个文化阵地，做好职工的业余文化教育工作，提高职工文化素质，激发广大职工投入到热火朝天的经济建设中的主人翁精神，为建设新中国而服务。为此他主办过很多职工群众美术活动，组织美术小组，进行美术宣传出版工作和辅导他们提高美术知识水平。

与此同时，为了提高自己的绘画水平，父亲利用业余时间参加工人文化宫举办的绘画班的学习，他的绘画技能不断提高。1955年他被抽调出来参加广州市工业技术产品改革展览会的美工设计，技术产品改革的问题也是关系到责任的承担，他灵机一动，创作了漫画《在责任面前》，这幅作品获选参加第一届职工业余美术作品展览，并被《南方日报》选辑登载发表在报上，反应热烈，让人们在欣赏漫画之余思考深一层的道理。

20世纪50年代中期，父亲选择画水彩画。他认为水彩画更能体现出画面的立体感，更有活力。那时，人们普遍认为生活是创作的唯一源泉，凡是好的作品，都是从人民生活中来的。他以反映工厂面貌为主题，创作了大量的水彩画，1956年，可谓他绘画的丰收年，他创作的水彩画《工厂在扩建中》参加新中国成立后首届全国工人美术展览获得二等奖，作品准确地掌握了“大跃进”时代的风貌，渲染出那时工厂积极向上的气氛。作品还发表在当年的《连环画报》中。同年，他创作的木炭水彩画《煤场》参加全国青年美术展览获得二等奖，这幅画是在一般的水彩上再加碳素铅笔的画法，增强了表现工厂事物的力度，很有特色，作品同时发表在《全国青年美术作品选》杂志和《广州日报》中。

1956年3月，中国美术家协会广东分会成立，由于景充成绩优秀，又得到著名雕塑家潘鹤引荐，被吸收为中国美术家协会广东分会第一批会员，成为一位以反映工厂工人生活见长的美术家。

其他作品还有《工厂之晨》、《繁忙的工厂》、《修窑》、《公社办工厂》、《广州水泥厂扩建新貌》、《钢帅升旗，煤官先行》、《沸腾的工厂》、《修车工段》、《人民公社好》等等，作品分别参加广东省职工业余美术创作展览并获奖，更被选为历年的展览会的评委，作品也分别登载在《广州日报》和《羊城晚报》上。

1959年，父亲创作的一幅水彩画《佚名》被广州市总工会选为文化交流互赠礼物送给澳大利亚艺术友好团。之后有澳大利亚艺术家回赠的儿童头像两座由工厂工会转交给景充作为留念。景充对自己的绘画生涯一直是满怀理想的，这对他后来的书法艺术创作有很大的影响。

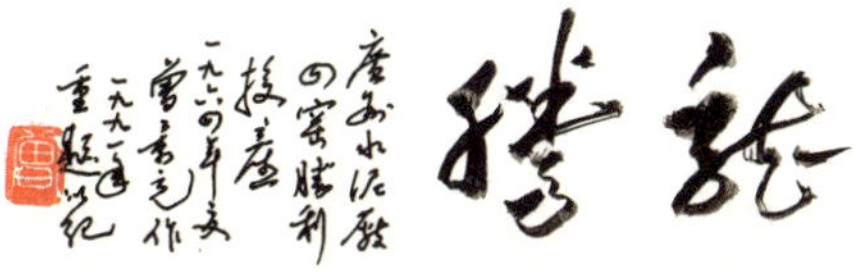

曾景充创作的一组工厂题材作品（上两图均在报刊发表）

叁 “交心”成了“托派”

在20世纪50、60乃至70年代初，中国的政治运动风起云涌，一浪接一浪，没有停止过。人们已习惯在时势与命运的变化中求生存，求发展。

1955年5月，胡风案件被定性为“反党集团”，毛泽东在《关于胡风反革命集团的材料》按语中指出：“过去说是一批单纯的文化人，不对了，他们的人钻进了政治、军事、经济、文化、教育各个部门里。过去说他们好像是一批明火执仗的革命党，不对了，他们的人大都是有严重问题的，他们的基本队伍，或是帝国主义国民党的特务，或是托洛茨基分子，或是反动军官，或是共产党的叛徒，由这些人做骨干组成了一个暗藏在革命阵营的反革命派别，一个地下的独立王国。”于是，一个全国性的肃清暗藏反革命分子的“肃反”运动，轰轰烈烈地开展起来了。

工厂里成立了“肃反”办公室，抽调了一批专职人员进行“内清”工作。

在当时的气氛下，父亲也思考了自己中学时代的一些往事，决定向党交心。

如前所述，新中国成立前父亲在市一中读书时参加过一个美音组的活动，大家聚在一起听听音乐，作诗，朗诵，欣赏书画艺术。本来这是一个很纯粹的学生组织，但当中一些思想活跃的青年有托洛茨基思想，此时便触发了父亲的思索。

事情是这样的，在这些活动中父亲与一位女同学黄湘璧来往较多，而女同学的哥哥黄福生是广州水泥厂的土木工程师，也就是父亲后来进广州水泥厂的介绍人。关键是，这位工程师与有托派思想的人是有联系的。事实上，黄福生是一位善良、正直、热心助人的知识分子，生活简朴，喜爱中西文学、西洋古典音乐和美术。他的父亲是一位博学多才，热心教育和喜爱文物鉴赏的人士。黄福生一家曾接济和帮助过一些穷困的同学，那时景充的父母离异而生活出现困难，也幸好有他们的热心帮助。

当时父亲对能够认识到这位工程师是很高兴的，常到他家，听古典音乐，欣赏书画艺术，自然成了好朋友。父亲一直把他们一家人视为恩人。

当时父亲想到这些往事，觉得应该向组织讲清楚这段历史，自己是清白的，如果不讲清楚，可能成为个人政治上的一个大问题。他书面向组织反映了这些情况。

恰好，工程师黄福生这时也如实地向组织交代了情况。这主要是，黄福生的一个姓林的同学因家庭穷困，他在经济上曾接济过他，也曾招呼他在家留宿。这位林同学是个思想活跃的青年，喜欢看书，研究马克思主义，黄福生也曾介绍自己年少的妹妹黄湘璧和他认识。而那时父亲与黄湘璧家人来往较多，所以也牵连了进去。这时，这个林同学新中国成立前已离开广州到了香港。后来才听说他是个“托派”分子。岂料，这就为黄福生惹来了横祸。

当时工厂领导认为是件大案要案，于是成立了专案组，重点进行审讯和调查，也把黄福生留在工厂监护起来。他最终精神崩溃，患上了严重精神忧郁症，一直在沉默忧郁中度过，经常进出精神病院，历次政治运动次次沾边，被折磨成疯子，虽然后来平反了，但人仍是木然的。1990年一天早上，他在忧郁中离开了人间。

受此牵连的曾景充档案袋里也从此装上一份“托派分子嫌疑人”的材料，被当作另类人对待了。命运给他带来了巨大压力。

黄工程师的妹妹黄湘璧也成了托派反革命分子，从此，父亲与他们失去了联系。直到多年后，她来找父亲（那时已是知名书法家了）。一见面，她便对父亲说："是我连累了你，是我害了你的前途。"

父亲眼睛湿润了，平静地安慰道："我一直把你们一家人当成是我的恩人，没有什么连累不连累的，谁让你赶上那个不正常的年代，造成不幸的命运，我不会怪任何人的。"

此时，大家都已经得到平反，又保持来往，一起回到母校一中参加校庆活动，直到父亲年迈生病在家休息时，她也十分关怀我父亲的身体情况。

黄湘璧带着病弱的身体也来家里探望我父亲，彼此真有一种人间重晚晴的感动。后来父亲病重住院，她因中风行动不便，便委托她的弟弟黄福伍来医院探视。

那次，我带着儿子从美国赶回去看望患病的父亲，在医院里，看见他们两位年过古稀、垂老重逢、恍然如昨的老人，手拉着手，含着泪水，回忆年轻时的往事，在历次运动中各人又如何受迫害，听着黄福伍讲述父亲在一中时的光荣事迹。两人谈了很长时间，父亲虽然有病，但精神却还好。

看着他们，我站在一旁眼泪不断往下流，我这才知道父亲更多的经历，一生有荣耀、有坎坷、有无奈、有奋斗、有光辉，我于是萌生了把父亲的人生经历尽自己的能力记录下来的念头。

父亲离开我们后，黄湘璧打电话来安慰母亲，又提到，是她连累了景充，她害了景充。她一再说明当年曾景充并没有参加过"托派"组织，只是参加过一些书画文娱活动。

母亲也一再表示："景充一生中都把你们一家人视为恩人，在景充最困难的时候，是你们帮助了景充。"

随后，我很想见见她，希望能从中了解更多父亲年轻时的点点滴滴。但直至父亲去世一段时间后，我才得以与母亲一起上门找到黄湘璧女士，两位年迈的双碧（璧）手拉着手泪眼相向，我在一边忍不住也泪水夺眶而出……人生在世，有时候，一个际遇看起来似乎微不足道，却足以交错地影响整个人生。

她湿润的眼睛里充满着对景充的怀念，凝视着我说：“你父亲人品正直，聪明好学，很有文学和艺术气质，在学校里各科成绩都总是排列在第一、第二名，他兴趣广泛，优秀突出，是学校里的骨干。我们同住在一条街上，他的父亲对他管教很严格，母亲很爱护他，我们常常聚在一起欣赏字画艺术，听古典音乐，谈论国家大事，成为好朋友。”她认为景充高中毕业后没有上美术学院深造很为可惜，她感慨地说：“真是人才被埋没了。”她又一再说明，当年曾景充并没有参加过“托派”组织，只是参加过一些书画文娱活动。

回到1955年当年的那场运动。背上个“托派分子嫌疑人”包袱的曾景充，被停职检查，调去车间参加劳动，一下子变成了另外一个人。往日的老友失去了热情，对面走过来的学生也背过脸去，“曾老师”的招呼声听不到了。

但父亲是个乐观派，他深信自己的诚实与清白，他要更加倍地工作，以自己的努力去减轻坎坷际遇带来的艰难困苦。从此，父亲更加坚定了专注于书画的方向，将磨难变作动力，加倍努力，便有了日后的岭南一代书法大家——曾景充。

肆 与广东足球队擦肩而过

1956年，政府号召“向科学文化技术进军”，厂里掀起一个“扫盲”运动，人人进职校读书，由于教师短缺，景充表现良好，厂里又把他调回去当职校教师。

父亲爱好广泛，又特别喜爱踢足球，课余，他组织了职工足球队，一群足球运动爱好者经常围着他，听他讲球经。他还被选为足球队教练和队长。

为提高队员的踢球水平，他组织了两个足球队，A队和B队，让他们互相对打，每天加强练习，经常参加不同程度的比赛。

他认真分析每个球员的情况，对要改进的地方一一做笔记，还画了对阵图，这些笔记一直保留下来。他本人也由于在同级的足球队里表现突出，被选为广州工人足球队队员，经常和广东足球队、广州足球队进行比赛。

父亲脚下功夫灵活多变，善于推右走左变换路线，又是射门好手。1957年3月，强劲的对手苏联火车头队来广州市作友谊赛，在越秀山体育场对阵广州工人队，景充也参加了这次友谊比赛，赛后还参加了技术战略等报告座谈会。

由于足球技艺出色，父亲曾被广东足球队抽调为专业队员。但他觉得自己年龄已大，25岁了，足球的青春期已差不多，一旦足球生涯结束工作不好落实，加上家里有体弱多病的母亲要照顾，况且自己书画方面的特长有待发展，再三考虑之下，他放弃了参加广东专业足球队的机会。

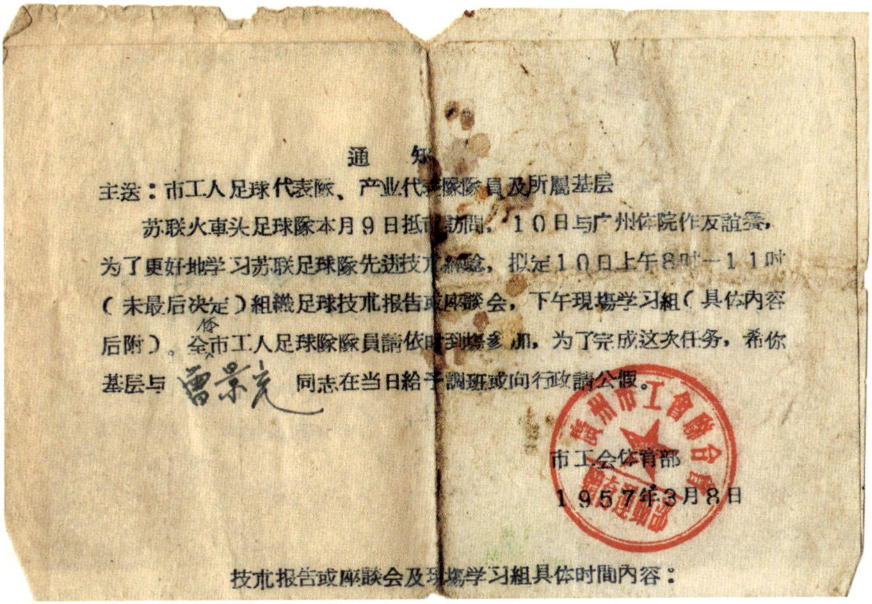
通　知
主送：市工人足球代表隊、产业代表隊隊員及所屬基层
苏联火車头足球隊本月9日抵市訪問，10日与广州体院作友誼賽，为了更好地学习苏联足球隊先进技术經驗，拟定10日上午8时—11时（未最后决定）組織足球技术报告或座談会，下午現場学习組（具体內容后附）。全市工人足球隊隊員請依时到場参加，为了完成这次任务，希你基层与曾景充同志在当日給予調班或向行政請公假。
市工会体育部
1957年3月8日
技术报告或座談会及現場学习組具体时間內容：

赛后与苏联火车头足球队的座谈会通知

没有成为一名足球名将的曾景充，后来却成为一名大书法家。

不过，他对足球的“狂热”一直没有减，多年来带领工厂足球队参加和兄弟单位的友谊赛，经常打得脚肿膝伤、横竖包扎着回家。

父亲作为广州工人队队员，与许多当时的足球名人成为好友。广东足球队的早期队员如苏永舜、容志行、陈熙荣、欧伟庭、叶细权、何佳、禤结球等等，都是那个时候的“波友”。后来成为国家足球队主教练的苏永舜，编著过《球场不平》一书，特意签名送给了父亲留念。老友容志行后来去深圳发展，深圳体育场落成，他指派专人来向父亲求书写“深圳体育场”的大型招牌，悬挂于现代化的深圳体育场门顶，极为醒目。

改革开放后，电视走入每个家庭，世界杯足球赛、欧洲杯赛等，父亲几乎从未错过，不吃饭、不睡觉也要观看。南美巴西队和阿根廷队以熟练的个人盘带和快速的短传配合著称，欧洲的德国、荷兰、法国、意大利队的强悍抢截和全攻全守形打法，他都分析得头头是道。

20世纪80年代与容志行叙旧

1978年那届世界杯，冠军队伍巴西队大热倒灶，被欧洲的荷兰队打败。父亲就预言，南美巴西队的控带短传打法，以后一定会被欧洲的全攻全守打法淘汰。他的判断非常准确，结果四年后以至其后的几届世界杯足球赛，巴西队连前四强都不能进入。

那时，家里常常来一群球友和父亲讲球经。1990年，西德队赢得世界杯后，有感于其队长碧根鲍华（普通话翻译是贝肯鲍尔）的精彩球技，父亲心情激动，当即作句“碧根鲍华乃当代第一豪杰”，用豪放的字体书写悬挂于客厅欣赏回味。

除足球外，父亲的乒乓球也打得十分出色。他的发球快速而旋转，并结合弧圈反手打法，令人拍手叫好。也许是绘画写字练就了他的手腕功力，在工厂里乒乓球比赛他都取得第一或第二名，经常和乒乓球友交流技艺，也常常代表工人队参加省市的乒乓球赛。前世界冠军广东队的江嘉良和父亲有过乒乓球交往，直到1976年他转入广州市青年文化宫工

曾景充（前排右二）和他的乒乓球队友

作。那时父亲已四十多岁，还参加了广州市总工会组织的市工人文化宫乒乓球比赛，获得了第二名。

记得那时我一放学，就走到市青年文化宫等父亲下班教我打乒乓球，父亲见我有进步，打得比较顺手时，总是来一个旋转快速打法，令我连方向都捉摸不着。然后他又教我如何擦拍令球摩擦而旋转，又要向反方向接球，这些情景至今记忆犹新。

与广东足球队擦肩而过的景充，继续留在工厂里，其中原因还有他对工厂有着深厚的感情。那时足球队、乒乓球队都是由他带领，职工学校的教师工作也需要他，搞宣传工作，画宣传画、写大标语，更是以他为中心。

那时工厂有一群业余美工，人称“公仔佬”，景充是“公仔佬”的“阿哥”。不知什么时候起，他儿时踢足球那会儿“葱头”的绰号，在工厂中又广泛叫起来了，大概包含着这是我们的“小头目”之意吧。多年以后，很多人来我们家，也都是“葱头”“葱头”地叫着，父亲总是乐呵呵地应着。

伍 厄运中自强

很快，青年曾景充又得到了大家的敬重，并使他闯过了一个又一个的政治运动的难关。

年轻的曾景充知道在当时的境遇下自己的前程暗淡，但在逆境中，更加需要发奋和自我进取自强不息。他相信一句很有哲理的话，“上帝为你关上一扇门，总会在某个地方为你开一扇窗”，总会有柳暗花明的时候。

父亲有自己的人生追求，他是一位有理想有志向而又务实的青年，懂得谋生必须立足本职工作，在这个基础上才能继续研究书画艺术，才能追求自己的梦想，才能在更广泛的领域里上下求索。

“肃反”之后是反右斗争。在这场运动中，父亲表现得很理智冷静，默然待之。其后的干部下放劳动，他是首批被点名的对象，也算平静地过关了。这期间，他埋头于绘画创作，大量作品获奖和发表于不同的报纸杂志上。

1957年干部下放劳动，要到生产第一线，长期落户在农村，同贫下中农“三同”（同吃、同住、同劳动）。当时他们工厂干部下放点是广州市郊的小洲大队，父亲住进一户贫农家里。

位于广州海珠区的小洲村河沟纵横，石桥、古屋、宗祠、庙宇随处可见，是广州城区内最具岭南水乡特色的古村落，被誉为“岭南周庄”。不过，在那个充满战斗激情的年代，人们已经没有了欣赏传统文化的兴趣了。

小洲大队的领导很会用人，知道这些下放干部中有各种专业人才，搞机械的、搞电器的、搞文化的都有。其时开始搞生产“大跃进”，要宣传“鼓足干劲，力争上游，多快好省地建设社会主义”的总路线，要搞人民公社化运动（即后来说的高举“三面红旗”）。大队领导知道父亲是个职校老师，又是个美术人才，便调他出来搞“大跃进”的宣传工作。一时间小洲村各当眼处的墙壁上，出现了一幅又一幅宣传总路线，“大跃进”的大标语：“苦战三年改变农村面貌”、“共产主义是天堂”、“人民公社是天梯”、“人有多大胆，地有多大产”，等等。还

曾景充（左一）在创作大型宣传画

一群“公仔佬”

有小孩子坐在稻穗子上庆丰收、人民公社好、和贫下中农打成一片等等大型宣传画。真是壮志凌云，干劲冲天，好一派“大跃进”气氛。

邻村大队的社员和干部都来小洲大队取经学习了，景充更加忙碌起来，接待欲登艺术“天堂”的兄弟社员，介绍宣传工作经验，宣传工作如何激发起社员的冲天干劲，获得生产大丰收，等等。

后来上一级领导干脆把景充调到公社去，在公社的所在地搞“大跃进”的宣传，父亲更忙得不亦乐乎。他搞了一个《人民公社好》的巡回展览，并作了大量的壁画。这时，他创作的木炭水彩画《公社办工厂》作品发表在《广州日报》农村建设画报上。后来他又被抽调去搞广东省农业展览馆美术设计。

父亲在小洲大队的时间，主要是做宣传工作，实际同贫下中农一起劳动的时间很少。后来，工厂也掀起生产“大跃进”，搞“超英赶美”，也要大量扩建发展，下放小洲大队的干部陆续回到工厂，父亲也回厂了。

多年以后，随着改革开放的深入发展，小洲村逐步变成旅游景点，商业气息渐浓，好在还没有完全被现代化的洪流所淹没，岭南水乡的一些原貌，传统的东西仍然得到传承。现在小洲村之旁又新建了大学城，还有很多美术专业艺术学校、艺术工作室设在这里。看见后来那么优越的条件，父亲既羡慕又感慨。

父亲总是不忘过去的艰苦岁月，20世纪90年代初，他和母亲一同去小洲村重游，回顾他们曾在这里留下的青春岁月，恋爱时光，当年他所写的标语和壁画，有些还保存着，就像影片中的定格，定在三十多年前没动，似乎见证着他们所留下的青春脚印和火一般的激情。

看到这些历史陈迹，父亲倍感亲切。当年，年轻的宝碧常常利用假期来小洲探望他，那时他们正在热恋中，她答应等他。

一年之后，景充得以离开小洲回到工厂。1958年12月，他们俩结束了七年的恋爱长跑，结为夫妻。

陆 青梅竹马结良缘

父亲曾景充与母亲郭宝碧小时是邻居，从小就认识。宝碧的哥哥郭宝铿和景充是初一时的同学，儿时的画友。

宝碧的父亲郭桂清在抗日战争前在永安公司有点股份，又是大东酒店副经理，娶了两个老婆（那时候西关富人娶两房太太是常见的），共生育了十个孩子，但只有宝碧一个宝贝女儿，如掌上明珠，故得名宝碧，住在珠玑路和息里21号（现在27号）。在这条街上是富有的人家。

景充家就住在隔壁的平房里，宝铿哥喜欢绘装饰画，景充经常会走过来专心地看他画，有时也一起画画，彼此谈谈绘画的体会，见到宝碧在家也只是点点头打个招呼。

1937年“七七卢沟桥事变”，日本帝国主义向中国发动大规模侵略战争，大片大片国土相继沦陷，人们平静安稳的生活在日寇的铁蹄下被瞬间打破。1938年末，日军在大亚湾登陆，直逼广州。那时候人心惶惶，西关一带十室九空，街头上到处都能看到惨死的人，还有饥饿、恐惧的人群。宝碧的父亲因此被吓而大病一场，两年后去世，撇下一大群年幼的孩子，家里满堂孤儿寡母，情况十分凄惨，一个兴旺的家庭从此衰落。

日军轰炸不断，到处搜刮抢掠，放火烧屋，昼夜不宁。广州不能再住了，人们都纷纷逃亡到乡村躲避。宝碧的母亲周美贞那时候怀孕八个月，带着几个孩子慌忙逃到中山近郊亲戚家里暂住，在叔婆的帮助下，把孩子郭宝桥生下来，靠身上带着的一点金饰变卖而维持一段时间的生活。

日本人的飞机不断来骚扰，一天，空袭的警报又响了，外婆和叔婆带着一群小孩慌忙跑到外面趴在一片稻田里。日机从上空呼啸着掠过，飞得很低，盘旋了几次，地上被遮盖得黑黑一片，炸弹没有投向他们，却在远一点的地方投下黑压压的一串，接着传来“轰隆隆”的巨响，一片黑烟弥漫，他们被厚厚的泥土埋在田里。

站起来之后，拍拍身上的泥土，总算捡回性命。母亲宝碧常常和我们讲述这段她儿时留下深刻印记的惨痛经历。后来，外婆带着他们几个孩子乘着一艘带篷顶的小船，辗转去了澳门靠缝补衣服维持生活。景充呢，则和他父母亲离开兵荒马乱的广州城，去肇庆的乡下里躲避。就这样，本来是孩童时一段美好的时光，就在日军铁蹄下的兵荒马乱中被碾碎了。

当外婆带着宝碧和三个儿子从澳门回到广州和息里的住宅，上了锁的大门已经被打破，屋内有价值的东西已被抢掠一空。为了养家外婆出去缝补衣服，13岁的宝碧到何济公药厂包药，挣钱帮助家庭。此外，宝碧也和幼小的弟弟们断断续续地一起读点书直到初中毕业，也算有点文化，随后又在私立中华高级会计学校毕业，1951年考入新华书店（实习一个月后转调外文书店），一干就是38年，直到退休。

景充在日军停止轰炸广州后，随父母从故里肇庆返回珠玑路居住，随后读书。父母分开后，他跟着母亲离开了珠玑路的住所，搬进了观绿路一小房子居住，从此与宝碧失去了一段联系。

老天真的很眷顾他们。正所谓人生何处不相逢，冥冥之中缘分又让他们再次相逢。那时，彼此都已走向社会工作，景充经常到书店看书，买书，订阅杂志，书店成了他们重逢并且加深了解的桥梁。

两人的交往渐渐多了，有时相约去看电影、看展览，去越秀山体育

青年郭宝碧

场看足球比赛，感情越来越深。景充尊敬宝碧，敬佩她自小失去父亲还能一边读书一边工作赚钱养家。宝碧对景充的才华、学问，还有正直、正派的个性也从心里喜欢。

景充却很忙，宝碧去他家，他推开放满画稿的唯一一张椅子让她坐，自己便又埋头于绘画中去了。宝碧时而被他的画吸引，时而自己看看小说、杂志之类的东西。如此交往了多年，彼此间却没有提及婚姻问题。

“真正的爱情是经得起风吹雨打的考验的”，这是那个年代年轻人的爱情观。正所谓好事多磨，年轻时的宝碧因身体虚弱，有经常头痛头晕的毛病，又患上风湿性关节炎，有一次严重起来，突然天旋地转不能行走，要救护车送入医院，手脚肿痛麻木。

宝碧担心自己会永远瘫痪，对下班后才前来探视的景充说：“你不要和我好了，以免连累了你的前程。”景充性格一向内向，从不说卿卿我我的情话，面对爱情，更不懂得表达。此时，他却真诚地对她说：“我们互相照顾吧！”

简单的一句话，就足以让宝碧感动非常。她的心始终是向着景充的。幸好有传统的针灸医术，使她很快地能落地行走，并且最终彻底好转，让他们一步步走向幸福的生活。

1958年初，曾景充下放到广州市郊的小洲大队参加劳动，他告诉她不知要去多长时间，但宝碧却义无反顾地答："你下放劳动是光荣的事情，我一定会等你回来。"其实在她心里也不知道要等多久，但是一种坚定不移的信念支持着她。假期，她就坐长途车去小洲探望他，幸好一年后，下放的干部就被调回工厂了。

回到广州后，曾景充还是整天忙着工作，创作绘画，婚姻问题还是被冷落一边。这时，宝碧已25岁，在那个时代算是晚婚青年了。

宝碧样子长得秀丽标致，追求宝碧的男士也有，但她不随便和人交往。她不喜欢嘴巴甜言蜜语、夸夸其谈的男士，也不喜欢阿谀奉承、只管柴米油盐胸无大志的男士。景充博学多才，谦谦君子，温润如玉，性格像清泉一般让人倍觉清爽，让她从心里有一种莫名其妙爱的温暖和感动。

有点心急的宝碧一天向景充提出婚姻这一问题，景充才从百忙之中觉醒起来，也觉得自己耽误的时间太长了，忽略了宝碧的感受。不善于用口表达爱情的景充，急忙提笔写了几封情书给宝碧。信里，他解释说自己一介书生，身边又有体弱的母亲要照顾，也没有钱结婚，没有地方居住，又受到政治运动的牵连，所以才迟迟不敢提出结婚。他诚恳而真切地把实情说出来。

那时候表达爱情唯一的方法，大约就是情书，读着一封一封文字优美又充满革命理想和情真意切感人的情书，宝碧被他的真情和才华打动。宝碧决定，他再穷也要和他携手并肩，共同面对时代的风雨。正是久经考验的爱情的滋润，1958年12月的一天，天朗气清，他们在广州酒家举行了婚礼，一切费用，包括家具，均由宝碧支付。结婚后他们带着景充的母亲，搬进了北京路337号当时的糖烟酒公司楼上天台一角的房屋

结婚照

里居住。

可别小看这居室，那时在景充小小的“蜗居”里，常常聚集着一些未来的书法之星，如区潜云、林威。夏日清凉的晚上，伴着百合花的芳香，在天台上人手清茶一杯，一张小小木板凳，大家围坐在一起就是一个充满情调的夜晚，你一言我一语谈论书法艺术，编织人生的梦想。

后来，我们家搬进中山五路小马站20号，又有高峰、李正天、曾钺、张桂光、陈永正、林园丁等等常来常往。多年以后，这些人都在书画方面取得很大成就，成为书画界中坚骨干。

在这里居住，景充去书店就更方便了，一下楼就是北京路文化街。景充沉浸在文化艺术的海洋里，经常乐而忘返，废寝忘食。

柒 墨香情怀孜艺楼

1960年，为了造就一代有文化、有科学知识的人才，父亲曾景充被厂选送到广州市教师进修学院专修中文系三年，1963年以优异成绩毕业。

几乎同时，1961年广州文史夜学院成立，父亲又进入学院的国画系有系统地学习绘画理论和专业知识。

他学习认真，测验、考试成绩都得满分5分，老师的评语是：内容充实，论述详尽、透彻。当时的测验卷父亲都保存下来了。有时，老师无意见可提，只好写上一句“很好，但字体稍潦草一些”，其实只是字里行间写了一些书法草书字体而已。

在学院的学习，父亲更得到一些老前辈的指导，如卢子枢、关山月、黎雄才、侯过、胡希明、胡根天、容庚、商承祚、吴子复、麦华三、秦咢生、阮退之、朱庸斋、李曲斋、李云等，都曾在这里任教，景充也因此和这些著名学者和书画家结缘，像容庚、商承祚等大学者更与他结为忘年之交。卢子枢与李云，更视景充为学生中的高足。景充也觉得这两位老师的画技功底最为深厚，所以他跟着这两位老师深造国画。

1964年，曾景充在文史夜学院国画系毕业。在此期间，他不但学习国画，同时也对书法进行深入的钻研。也许在他看来，书法更有实用价值，因为在工厂里，他经常要做文字宣传工作，写大标语，要求多种书体的运用，仿宋体、黑体、自由体等多种美术字，他都书写得很好。他最喜欢选用黑体字，认为这种字体醒目够分量，这也为他日后研究魏碑书法埋下了种子。后来，又因墙报的出版要及时快捷，所以，就大量地运用了快而美的行书。

这时候，工厂的宣传画、插图等父亲已应付自如，成为工厂里公认的美工才子。但他觉得停留在现有的水平上是不够的。自己是个美协会员了，但在绘画的道路上继续深造没有优势，未上过美院，不是科班出身。至于书法，他认为可通过自学而不断深造。况且，中国传统艺术中书法又是最独特和最值得自豪的艺术，值得终生努力。于是，他给自己定下“普及与提高”的奋斗目标，“普及”是立足于实用，“提高”是向书法艺术的高峰攀登。

为了提高书法水平，他天天刻苦读书，多方搜购书画艺术资料。那时家境清贫，他那年老体弱的母亲经常要请医生看病，还有年幼的孩子们要供养，他要勤俭节约，节衣缩食，每月除必要的开支外，手中仅有一点省下来的钱，他就毫不犹豫地购买一些书画真迹和碑帖资料，从中吸取精华的东西。

那时，北京路的文房用品店、书店，文德路的文物店，西湖路的裱画社等等，无人不认识他。他最初出名时，不是书画家，而是买书“专家”。书店的人开玩笑说，“景充夫妻一个买书，一个卖书，真合拍，扯平了”（母亲是在外文书店做进口影印科技书工作）。

老一辈的书店职工认识他，而新一辈的职工也认识他。他永远学无止境，七十多岁还经常逛书店，买书。他的一个在书店工作了十多年的学生梁伟超回忆道：“曾老师几乎每天都上一次新华书店，徜徉书海之中，寻寻觅觅，孜孜以求。而当今广东书法圈中人，稍有点名气的有几个还会经常去逛书店？”这道出了父亲从不自满、精益求精、学无止境的精神。只有通过博学钻研，练就一身过硬的真功夫和广阔的视野，才能成为名副其实的书法大家，这绝不是偶然的。

1966年初，母亲郭宝碧分配到一套（一房一厅）单位宿舍，曾景充从北京路搬到中山五路小马站20号四楼居住。

这里有两栋大楼，新中国成立前是一所英文学院，新中国成立后由国家接管归为房管局管理，后被新华书店租用为职工宿舍。大楼的东面与大马站相连，有一大门相通，所以人们习惯从大马站出入，但门牌地址却都是写小马站，而真正小马站的大门是封闭的，所以后来人们笑话说，“20号的人全部都是‘走后门’的”。每逢有人来拜访，景充总是要叮嘱一番从大马站进入，大马站又与越秀书院街相连而通往北京路中心地段。

大马站、小马站有明清年代留下来的一群古书院，那里呈现出一派明清古风，现在这个古书院群已经被作为旅游景点保护起来。而20号的大楼内，用木板隔开一间间的房子用作宿舍，大家在同一条麻石巷中行走，在同一个屋檐下出入，在同一个天井或天台里晾衣服，在同一个厨房里做饭，大家都是毗邻而居，就像《七十二家房客》描写的那样。

在这里，人们对父亲的印象就是一位不折不扣的书呆子。有一次，他自己在家里无开水饮，街头售卖茶水的店铺又关了门（那时每条街都有这种“泡水馆”的），他只好自己动手煲开水。公共厨房在天台一层，房间集中在下一层，谁料他煲下水后就下楼一头钻进书本里，生火煲水的事就完全忘记了，一直把水煮干，锅里发出异味，被邻居女孩敏聪发现，及时提醒才没有把锅烧焦。

事后，父亲对着敏聪说：“谢谢蚊虫（谐音）。”令她哈哈大笑说：“看不出这个书呆子曾叔叔还会风趣幽默。”

父亲经常将每个人的名字都用谐音字来代替，一来是他幽默，二来也是他经常练习作诗的平仄韵律而养成了注意每个字的音韵的习惯。

在那个时代，母亲宝碧分到的这套房子，对普通百姓来说是相当满足的。两个房间的窗子都朝向东南和西南，冬暖夏凉，又能远望海珠

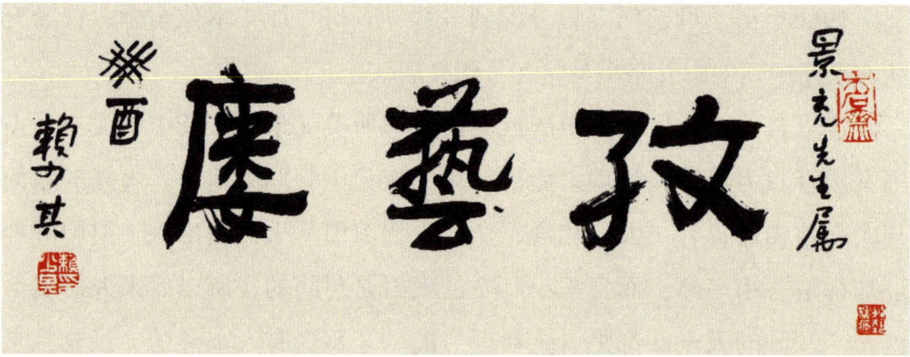

赖少其题《孜艺楼》

桥、石室、广州宾馆等高大建筑物，从早到晚阳光就从宽大的玻璃窗透进来，明亮通爽。

父亲为自己的陋室取了个斋号：孜艺楼。顾名思义，当然就是表明他对艺术孜孜以求、义无反顾的决心了。

在我童年的记忆里，父亲总是埋头在窗前的书桌上习字、看书、绘画，书桌上堆满了各种书法字帖。他总是聚精会神地用印水纸摹临或双钩各种不同类型的字体，台上不够放了，就按顺序排列堆满在旁边的床上，按隶书、魏碑、行草、楷书等书体来逐一分类编排，按偏旁部首编排。例如同一个字，碑帖里有很多种写法的，他就一一临摹下来，一丝不苟。有时，临得不好的他就重临。他总是选择最好的贴到旧杂志上或贴到稿纸上，集够一本后，配置封面和封底，用锥子在边上打洞，然后用麻绳缝成线装书的模样，按部首编成书册，像是在自编书法字典。

春夏秋冬，埋头苦干。在寒冷的冬天，他要吐气呵手，方可拿笔书写。我的妹妹小敏回忆说："小时候经常为父亲贴这些字，有时酷暑时节，他干脆赤膊上阵，在案上大汗淋漓地临摹个不亦乐乎。然后把好的剪下来让我贴在册子里，组成一本一本的书法字册页。"

父亲非常珍惜这些经过他自己精心临摹（有些字是自己将其变形一下就显得更美）自制自编的书册。他总是有些孤芳自赏地微笑着说：“世界上最好的书法字都在这里面了。”

那些经过反复琢磨精挑细选出来的书法字，使他受益匪浅，令他每读必有新解，每解又必有新意，常常打开欣赏，学习，领悟，或与人分享研究成果。如此翻来覆去的研究，为他扩宽了视野，更为他后来的书法成就打下了坚实的根基。正所谓博采众长，集历史大成，上至先秦汉魏，下至唐宋元明清，所涉碑帖之多，所用功夫之深，一般人难以想象。由此才使他的书法风格多元发展，有深厚的功力，使他的书法线条厚重灵动，韵律自然；造型美妙多姿，千变万化。

在整理父亲的遗物时，我们收集了这些临本多达数十本。父亲按篆、隶、楷（魏）、行、草等书体分类，编成《隶锦》、《行法》、《草珍》、《魏撷》、《寐叟探奥》，各有十本左右，均是认真整理总结前人书法的精华，为研究学习书法留下了极佳的范本。二女婿魏锦光粗略算了一下，总共60册，每册约25页，每页50字左右，达75000字！

此外，还有数十本集某家某碑帖的字写成对联或者诗词的。魏锦光说：“更可贵的是，曾老师并不一味地满足临摹，而是用心去理解比较，然后上升到理论层面分析，往往编完一个系列后，他会整理一篇文章，放在册子后面。例如，在《草珍》后面，他用非常精美的蝇头小字写了一篇2000多字的论文《草书简论》，对各家各派的草书进行系统的梳理分析，并对如何写好草书提出非常实用的训练方法。更难得的是，对各大名家，哪怕是他最崇拜的沈曾植，他都有具批判性的评价分析，指出其不足并提出解决的意见。”

当曾景充把这套集古今群贤之最编制而成的“奇书”示与书法行家，像商承祚、秦咢生、方人定、吴三立、杨和明、关晓峰、陈振濂等时，他们无不爱不释手，赞叹景充用心刻苦的求学精神和惊人的见识。

陈振濂更赞扬景充日后必有成就。

鉴于他对魏碑的深刻钻研，《书法》杂志编辑特约景充写文章《谈谈魏碑》，发表在1987年的《书法》杂志上。其他如《书与画》、《书谱》、《岭南书艺》、《科学文化报》等杂志都常有发表他的书法和文章。

那个被命名为“孜艺楼”的居室，一直以来既是研书学艺的课堂，又是朋友、学生们的相叙之地。20世纪80年代以前，一般人家没有装电话，事先无法预约，常常晚饭后，周末间，总有人来找父亲谈书说画，他就会拿出近期的作品或不知又从哪里“淘来”的藏品（有些是用自己的书法换取得来的作品）与同道爱好者分享。父亲不敬烟，也不饮酒，只会亲切而风趣地用他的才学和深厚的修养，吸引着大家畅叙一堂，品味诗书画艺术，品味天南地北的古玩收藏，也会和你一起走入足球世界。有时大家还抢着说话，笑声穿插其间，不到晚上十一二点钟，大家聚在一起总是舍不得离去。

任何人与他聊天相处，都会很快对他燃起仰慕、崇拜和敬爱之情，当你同他一起待上一小时，就会有胜读十年书的感觉，这是他博学多才令人难忘的特质。节假日，特别是春节，学生们更是相约而来。而春节前，父亲就更忙了，除了参加社会上的文化活动外，稍有点时间就要整理、分类自己一年到头积累下来的书品杂项，处理一批用处不大的书籍，补充源源不断而来的新书。

1981年，我们全家搬进了惠福东路395号，两次搬家的地点都位于市中心花市地段附近。自从1976年羊城花市重开后，伴随着花市的音乐声，父亲就知道应该要收拾内务，准备最重要的事情。每年过旧历年之前，讲求书艺创新、时出新意的父亲都要作一副对联亲自挥写，将家里的一对醒目的酸枝镜框里面的旧对联换掉。

对联反映景充的新年愿望，或是他这一时期的座右铭，有些则是表达他内心的情感，这也是我们家里迎新年的特点之一。朋友、学生来访

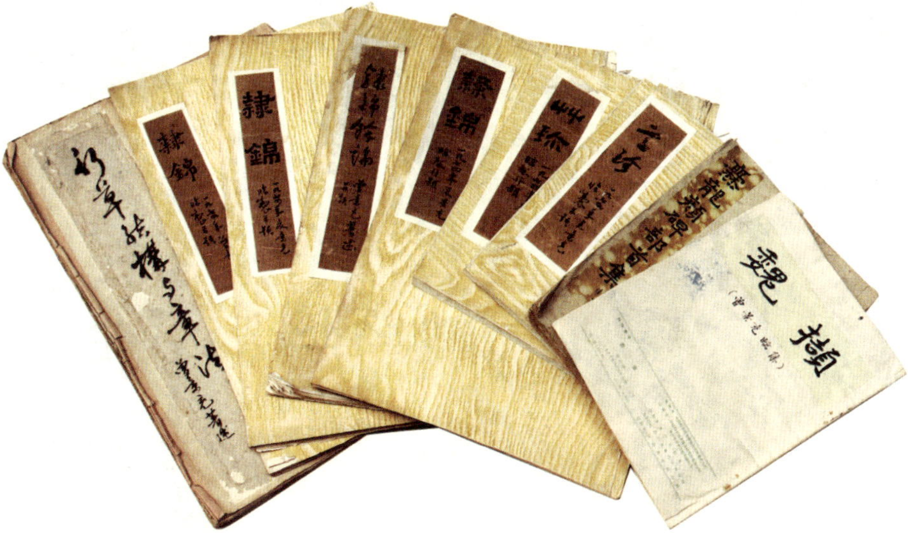

多套自编书法字典

总要将对联读一遍，然后景充又讲解一番。例如：常怀远志，岂畏近难（1974年）；爱画有情常拜石，学书无日不临池（1979年）；承先岂袭旧，适我无非新（1985年）；离尘净虑思新进，避扰澄心刷旧书（2007年）。这是过年的热闹气氛，而煎堆、油角、糖果之类的东西就会被冷落一角。每年都有新对联、新面貌展示出来，让人精神振奋。

在孜艺楼的客厅里，父亲又总是不定时地换挂上一些前人的真迹书画，让人家欣赏学习。如张大千的人物山水扇面，吴石仙的烟雨山水，居廉的花鸟四屏，张瑞图的书法扇面，沈曾植的书法，蒲华的石竹图，黄君璧的人物，黄宾虹的山水，任伯年的花鸟扇面，石壶的山水斗方，康有为、曾熙的中堂，梁启超的书法，黄牧甫的书法，陆俨少的山水，罗岸先、梁于渭的人物山水等等。名家手迹辉照着孜艺楼，满室芬芳，使人如坐春风。

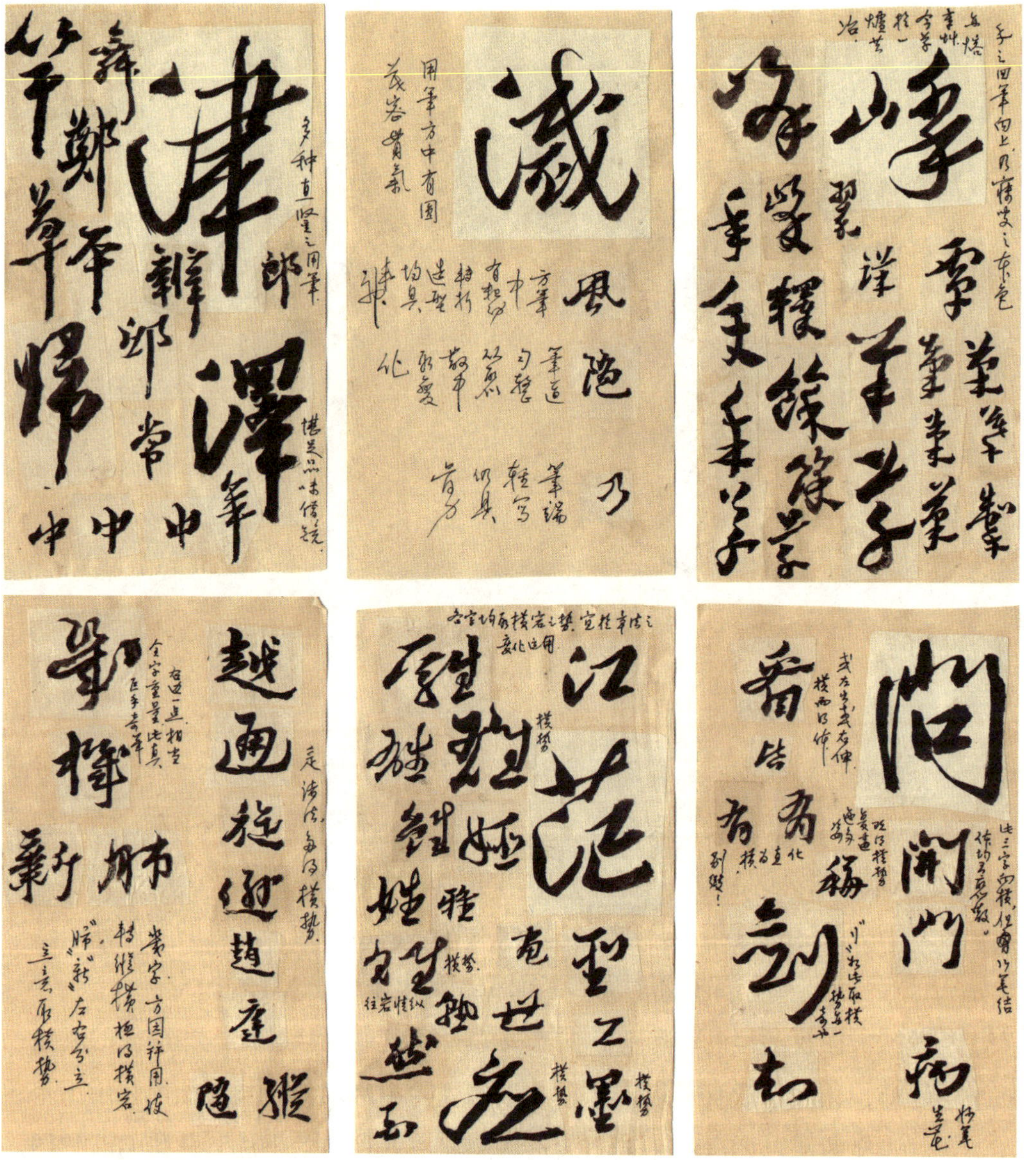

《寐叟探奥》手稿一组

1985年的全家福

那座充满辛勤耕耘、桃李芬芳的孜艺楼，那个风貌独特、诗情画意的孜艺楼，那凝聚着情真意切、欢声笑语的孜艺楼，那一段段美好的时光，那些青春的岁月，都已一去不回，但曾景充的孜艺楼里的书艺之梦，却长存在许多人的记忆里。

人至年老，怀旧之情必浓。“常怀秋月朗，孜艺半生缘。”这是父亲在孜艺楼所作的最后一副对联。

捌 逍遥派并不逍遥

“文化大革命”开始不久，与父亲相依为命年迈体弱的奶奶病逝。

那时候，全国各地的红卫兵纷纷进行跨省跨市的大串联。1966年底，厂里也组织一批年轻的职工上京串联学习，父亲是宣传骨干兼职校教师，也参加了。

受“一片红”思想的影响，后来厂里把所有高大的建筑物都写上红彤彤的领袖语录或歌颂领袖的标语，人们称之为“红海洋”。于是，工厂几条六七十米高的大烟囱和几个三四十米高的水泥库，这些标志性建筑物一时间写满巨幅标语。所有车间、办公楼的墙壁上也写上领袖语录。

父亲成了搞“红海洋”的主力军。据他回忆，当时要在巨大的建筑物例如烟囱上写满两三平方米一个的大字，是颇费周章的，操作起来甚为惊险。站在几十米高空身系安全带，胆子小些干不了，体力小了也不行。他说：“现在想起来，那时竟有那么大的胆子，最后安然无恙，真要感谢上苍。后来电视直播在舞台上巨笔写大字，也是靠当年练出来的胆子和气魄。”

后来，衣襟上佩戴一个铜制的领袖像章或语录章，这是当时的一个时尚。父亲很积极投入到“造领袖像章”的运动中，他精心设计了几十款精美的像章造型，这些设计原稿还一直保存下来了。他投稿去像章出版公司，有两次被采用出版发行了。在工厂里，以工人阶级紧跟领袖为主题的像章，他又设计了几枚，其中有两枚被选出来印制，很多职工一

曾景充创作的部分像章

直还保留着这些纪念章。

随着“文化大革命”运动的发展，工厂里形成了两大派系开展夺权斗争，出现武斗局面。工厂生产处于瘫痪状态，父亲做了个逍遥派。

实际上，他这个逍遥派并不逍遥，而是躲进他的艺术殿堂里拼命钻研学习。他向广东书坛的老前辈请教，大批书画名家和学术权威这段时间都“靠边站”了，相对空闲，正好让景充寻找到更多的机会向他们学习，像吴子复、麦华三、朱庸斋、秦咢生、李曲斋。

父亲更经常到中山大学向容庚、商承祚两位教授借书、借碑帖，请教学问，成为这两位老前辈的忘年之交。

父亲出入于各名家的门第，但他始终没有固定成为哪一名家的入室弟子。这是他对书法的追求，不想随波逐流，有他自己的书法主张和追求的目标、发展的方向。这种强烈的追求和主张，这时正在他的心里孕育着，对自己书艺的走向有着更加高瞻远瞩的要求，他要向心中的目标奋进。

玖 命运的第二次转折

“文革”进入“斗批改”清理阶级队伍的时候。一天上午，工厂的高音喇叭突然响起来。“军宣”、“工宣”读着一份很长的名单，并让听到有自己名字的人即回家取些日用品，到工会俱乐部报到参加学习班（这就是“文革”时期工厂的“牛棚”）。父亲曾景充早有准备，心知自己早就被列入“牛鬼蛇神”的名册了，怎能不进“牛棚”呢？

回家后，他像往常一样着迷于书法研究，把被点名进“牛棚”的事置之于外。而家里，母亲宝碧要集中在文化局的学习班里进行学习，两个孩子（我和妹妹）还小无人照顾，他就留在家里迟迟不去报到。

这还了得？过了两天，工厂里一群手臂佩戴着“工纠”（工人纠察队）袖章的人闯进家来（其中两人还是父亲在职校时的学生）。我当即被吓了一大跳，父亲马上把我拉到他的背后。

只见那帮人翻箱倒柜，又把书架上的书全都扔到地上，任意乱翻了一阵。也许是父亲在工厂里人缘好吧，那帮人只撕掉了徐悲鸿画集里面人体写生和一些画集中他们认为是“四旧”的东西丢在地上。

一个高个子说：“不要再搞封资修的东西啦。”总算简单地完成了“抄家”的任务，然后要把父亲带回工厂里参加学习班。

父亲只好让我马上去找母亲。我快步跑去中山五路的文化局，心里满是惊慌，“那些人为什么要抄我们的家？爸爸有什么错？他们会打爸爸吗？”害怕得不得了。

我们这一代人当时还小，“文革”对我们心灵的伤害是非常大的。记得有一次，父亲把我从幼儿园接回家的路上，车站前的大树上挂着一具胸口还流着血的尸体。父亲带我去上学的第一天，我问父亲为什么阳光普照却带着雨伞，父亲答“防止乱石横飞”，结果，还没走到学校，雨伞就被打了一个洞。同时居住在大楼宿舍内的两个大人，因在“文革”运动中受牵连而自杀身亡。一幕又一幕，当时无法理解的太多太多，可怕的怪事烙在童年的记忆里不可磨灭。

回到家，父母亲赶快互相吩咐几句话，父亲捡了两本有关书法方面的书籍，带上一些日用品就跟着“工纠”们回工厂了。母亲也赶紧收拾一下被打翻在地上乱七八糟的东西，带着我也回到了文化局的学习班里。妹妹则由外婆带养。

父亲进“牛棚”后，天气骤冷。那是1968年的12月，特别寒冷的冬天，父亲连棉被也没有带去。母亲挂念着，星期天放假，挺着九个月的身孕，抱着棉被送去工厂。

据父母回忆，“牛棚”设在工厂俱乐部，是一座两层半的楼房，地下铺满草席子，住满了人，十分拥挤，大约有两百人，晚上就脚对脚睡在地上。在“工纠”的监督下，每个人用书面交代自己的各种“反动罪行”。

第一次受这种形式政治审查的人确实是惊恐，但对长期受政治监控和审查的父亲来说，则不那么惊慌了。他很快就把自己所为“罪行经历”重新写了一遍。但是，一些文化低，又初次受这么“大阵势”政治审查的人，按照“工纠”的意思，就只有“请别人代笔”了。于是，作为职校老师的父亲，自然不少人争着找他代笔，他也有求必应。一位政治家有一句名言：“面对命运，忍耐似乎是走向成功的唯一法门。”这时的曾景充随遇而安，把书法的学习作为精神的寄托，潜心钻研。

经过多次的动员和交代政策，各人自我交代后，这帮“牛鬼蛇神”

便被转入公开监督劳动改造。由于寒冷的天气和劳累过度，“牛棚”里的人感冒互相传染，父亲得了重感冒，又转为肺病而吐血，被送入工厂的医疗站医治后才勉强被放回家。

一个半月后，皮黄骨瘦、黑黝黝一身泥巴的父亲回到家里，才第一眼看见刚刚满月的儿子。一番清洗后，他把儿子抱在怀里端详半天，待孩子睡了才问宝碧“怎么办”？“把孩子放在床上吧。”母亲答。

其实这一句“怎么办”的问话里，包含着沉重得不能再沉重的心情。带着“牛鬼蛇神”的罪名，刚刚病愈后的父亲，他怕母亲担心，没有告诉她自己的病情。他知道那时她正在坐月子带小孩，承受着工作、家庭的双重重压，不能再给她增加负担了！

直到40年后父亲的肺病复发，照X光片时，医生发现肺里有痕迹，问他什么时候发过病，他才告诉了她。

那时，父亲是要把一切的责任一个人背起来！

父亲常说：“人生承受得起挫折痛苦，才能锻炼得更坚强，更有毅力去做大事情。吃得苦中苦，方为人上人，要苦中作乐。”

在逆境中，父亲始终没有泄气，他有一股与众不同的坚强韧劲，能把生活的艰难塑造成自己坚强的性格，他坚信有志者事竟成，坚持下去终能成就一番事业。

拾 中大书结缘 二老忘年交

从踏上社会工作开始，父亲曾景充就受到各种政治运动的冲击，但他却在逆境中坚韧不拔，为追求自己的梦想而默默钻研。他是幸运儿，虽然没有上大学，却能受到国内顶尖的古文字教授容庚先生的关怀、爱护和鼓励。后来，他又得到另一位著名古文学家商承祚先生的奖掖、扶持，让他一直铭感于心。

书店，文物店，是曾景充的第二个家，也是他与很多学者名家交往的平台。据父亲回忆，“文革”初期的一个星期日，他在北京路的古籍书店巧遇中山大学著名古文字教授容庚先生。只见容老穿着一件露出唐装领口的罩衫，头发雪白，精神矍铄，清癯的脸上带着他那儒雅温和的经典式微笑。

父亲上前和老人家打招呼，一见如故地攀谈起来。他们谈到文字的演变，从远古的甲骨文到西周的金文，周代的大篆，秦代的小篆，汉代的隶书等等。容老在这方面是专家，他娓娓道来，景充听得津津有味。对于各种书体的特点，父亲也发表个人的体会。耿直的容老虽然比景充年长三四十岁，又是蜚声海内外的知名学者，但毫无架子。他见年青的曾景充文质彬彬，才华横溢，特别对历代书法艺术很有见解和研究，非常欣赏他。两人站着一谈就是两个多小时。容老临走时，还请景充有空来中山大学找他。

从此，景充便有幸经常带着自己的习作到中山大学拜访容庚教授，请他指导，提意见。那时正值“文革”期间，在“时代烈焰”之中被冷落的“臭老九”都靠边站了，容庚被列为这一类的人。父亲倾慕容老的学识和耿直的为人，不避嫌疑，经常到中山大学找他讨教，看他的书籍和藏品。这段时间父亲如鱼得水，快乐地畅游于艺海里，受益匪浅。

容老看到曾景充对书法艺术的研究很投入，认真钻研，特别对清末大书法家沈曾植的书法专注倾心，颇有见树，极为赞赏。一次，他们正谈得起劲，容老走进书房，掏出一卷书轴，拉开让景充观赏。只打开少许，父亲就认出是沈曾植所书的中堂。他聚精会神地欣赏这件书法真迹，爱不释手。牵着书轴另一头的容老会心地笑着，他和蔼而又从容地说：“累了，拿回去慢慢再看，不用拿回来了，作为见面礼交个朋友吧。”

父亲顿觉受宠若惊，执意不受。容老却一再表明：“你临沈曾植的书法临得这么好，几可乱真，应该奖励你的。”

父亲感激万分，但他明白这份珍贵的礼物里包含的意义。他经常向学生或朋友讲述这个令他在书法道路上奋发向上的感人的真实故事。

父亲在自己的记事笔记里写道：容老几句深情的话，包含几重意义：1. 扶掖后进，殷殷至切。2. 知我追求，选我所需。3. 有教无类，悉心关怀。我——一个书坛小辈，竟与盖世大名的容老交个朋友，能不受宠若惊！当时经济困难，我只能做些寒士的回礼，更主要的是不忘师恩，努力深造书艺，加倍报答教授恩情。

这件寐叟精品，父亲加倍珍视。恩师的关怀和爱护，使他在书法的道路上更加努力开拓和进取，直至为书法事业奋斗到最后一刻。

他还这样地写道：“中山大学名老教授容庚先生，人品、学问、成就皆为我辈之楷模，我有幸拜识请教，受益匪浅，我无缘当中山大学学生，藉容老恩荫，有幸到中文系古文字研究室里（不对外开放）饱览阅读，观看珍贵的藏书及资料。那里有一套《汉魏六朝墓志集释》（全

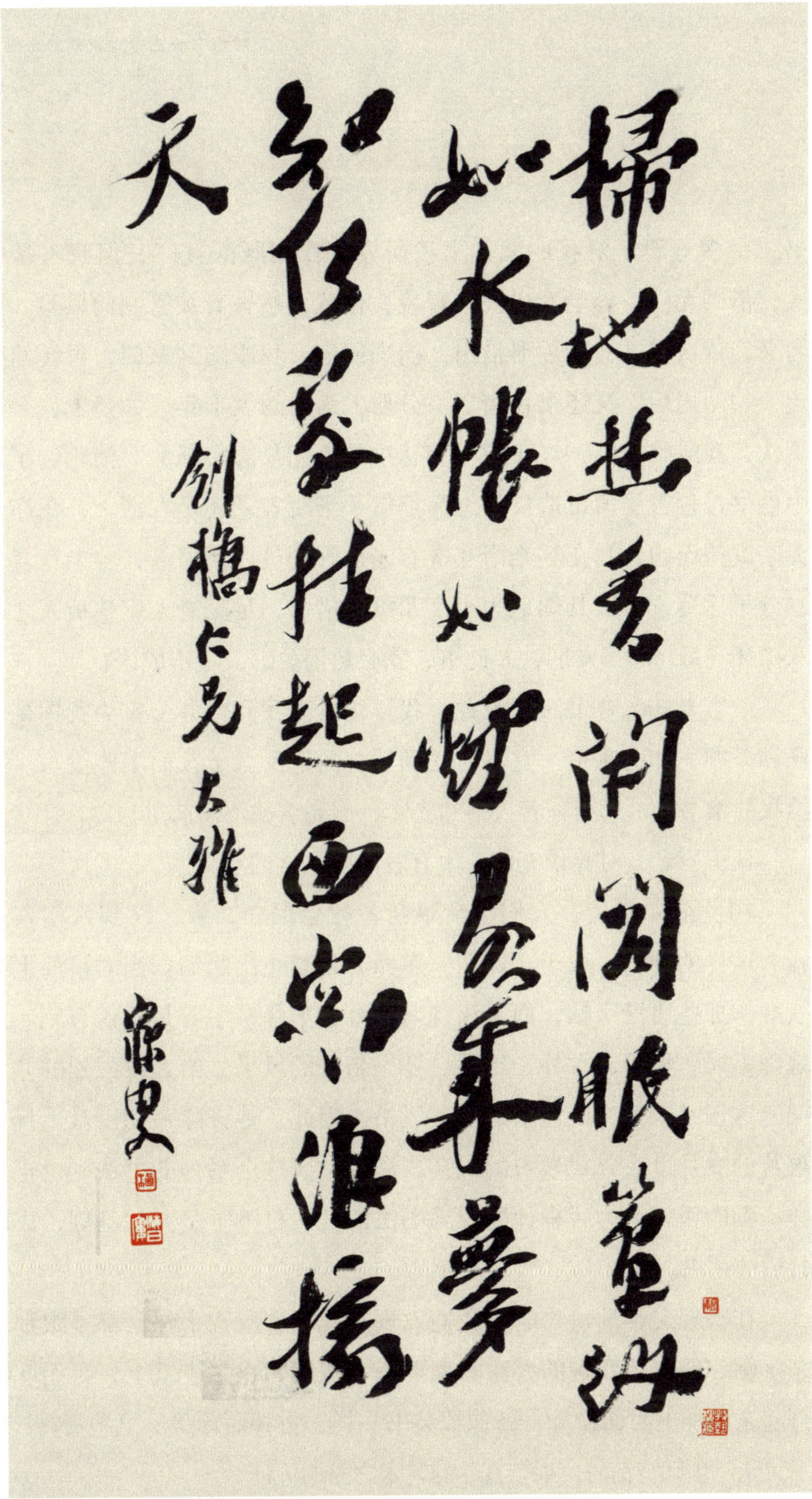

容庚所赠沈寐叟书法，有容庚收藏印章和题签

书二十多分册）对我的北魏书法研究，作用既深且广，但我不是中大人，借书无门，容老看出我的窘境，他竟决然冒着被管制的风险，以其名义，依次把这套书逐册借出，携书回家，我跟随到家门，再转给我拿走，约两周后，又还书再借下一分册，为时约大半年，如是者，奔走若干次，我或临或摹，终于把一套《汉魏六朝墓志集释》'消化'了！其中借书过程曾受值班造反派怒斥停借（当时容老还是右派），我亦只能无奈失望而归，我在场亲睹几次容老被管理员斥骂停借，容老竟冒着极左分子斥骂，不厌其烦地为小字辈挺身借书，足见老人家扶掖人才，云水襟怀。每与学子友朋谈及此事，我必热泪盈眶，噎不成语！"

"容老知我好书法和收藏，我拜访时携我到他办公室为我挥毫写楹联和条幅，如此雅事，竟不时受到巡视的造反派干预而屡停屡写。容老给我的赠书，永远闪耀着人格的光辉，照亮着我不断前进！"

认识容老，对曾景充的一生有着非同寻常的意义。

20世纪60年代，人们生活艰苦，社会保守，像《汉魏六朝墓志集释》这样的碑帖，属于"四旧"东西，是禁止出版的。当时市面上只有欧颜柳那些唐楷字帖，而《汉魏六朝墓志集释》主要是北魏石刻。这种魏碑书风，焕发着古朴、雄强、姿态新奇的风采，给人以强烈的艺术感染。这正是曾景充所追求的书艺风格。因此，他排除一切困难干扰，在艰苦的岁月里去寻找学习的机会，深入钻研这个系列的书法。也正是这样辛勤的耕耘，为后来他的魏碑书法的发展打下了坚实的基础，成就了日后的硕果。

在整理父亲的遗物时，我们发现有几十本双钩字帖，都是跟别人借来字帖，回家用双钩的办法临摹下来，然后贴在牛皮纸上，再用麻绳装订起来，加上封面设计，就像线装书一样，古朴而珍贵。这些资料，也成了父亲一生勤奋钻研，艰苦奋斗的艺术之路的佐证。

全国著名古文字学家商承祚教授爱好文物，富藏古董、字画。他在北京大学读研究生时，就经常到琉璃厂和东安广场这些地方淘宝，尤其是老北京一年一度的厂甸庙会，更是必去之地。

那时候，自西河沿起顺新华街东侧直至海王村公园门口，都是鳞次栉比的书摊，除了琉璃厂原有书铺在此设摊外，内城隆福寺、东安市场的书铺如三槐堂、宝书堂、文奎堂、修绠堂、带经堂等也在新华街各有摊位，甚至东安市场的书铺如中原、春明等也来此售卖洋装书和旧杂志，随处可见古旧书籍，以及各种真假古董。因此，眼光独到的商老在这些地方“淘”了不少宝贝。但他对自己的生活却很“吝啬”，反对浪费，用过的纸张反面还用，信封也是反复再用。这方面父亲与商老十分相似。也许共同的志趣和价值观，令他们师生成了忘年之交，结下不解之文缘。

商老虽然体形瘦小，但铁骨铮铮，有着一股知识分子的傲气。他那自然自在、潇洒脱俗的人生态度，是典型的中国文人本色。他一生专注学术，著述甚丰，坚持原则，不媚官，不谋私，这种精神对父亲日后的人生影响极大。

在维护真理、原则问题上，商老从来“不给面子”，常常与人激烈争论，义正词严，态度坚决。而对景充则循循善诱，使他如沐春风，师生亲密无间。

从20世纪60年代末开始，父亲就经常去中山大学找商老谈书艺，看字画藏品，常来常往。后来景充工作繁忙，好一段时间没见面。1977年秋天的一个早上，商老去广州市青年文化宫（当时父亲已在青宫工作）找景充不遇，竟然向青宫领导打听住址，自己就找到家里来了。这件事在青年文化宫里一时传为佳话：“堂堂著名大教授，远道来找曾景充，‘曾’够体面的。”

当时父亲见到商老，真个意想不到，喜出望外。商老和蔼地微笑说：“就想见见你，闲谈诗书画。”

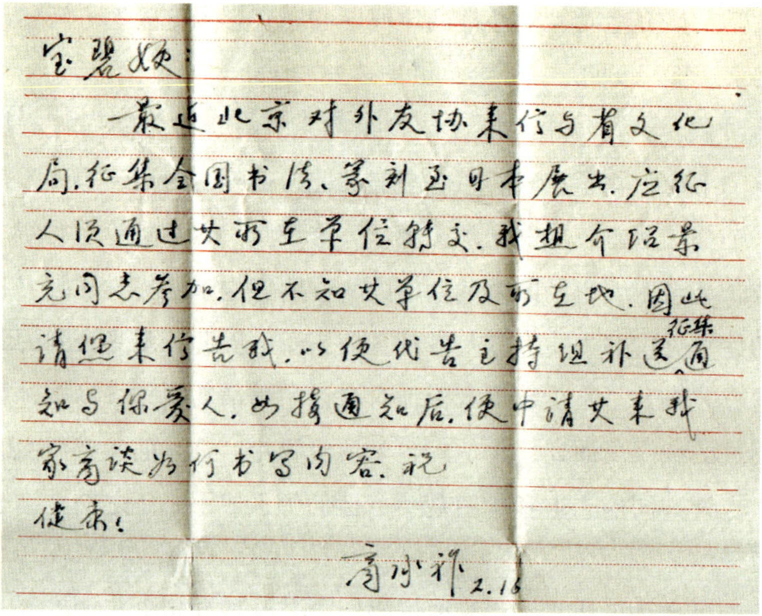
宝碧姨：

　　最近北京对外友协来信与省文化局，征集全国书法、篆刻赴日本展出，应征人员通过其所在单位转交。我想介绍景充同志参加，但不知其单位及所在地，因此请您来信告我，以便代告主持组织送征集函知与保荐人。如接通知后，便中请其来我家商谈书写内容。祝

健康！

商承祚 2.16

商承祚致信郭宝碧，介绍曾景充参加书法展

年过古稀的商老一头白发，穿着庄重而传统，一身柔软舒适的白绸带暗条纹的中山装，身体硬朗。他从中山大学远道而来，那时交通不方便，要转车才能出来市中心，还要左问右问找到这个地方，再爬上四楼来见一位书坛晚辈，父亲感动得眼里充满热泪。

捧上茶后，父亲和商老一聊就是数小时，他们开心地侃侃而谈。母亲下班回来，刚踏入家门，商老儒雅稚气的面上，嘴角微笑着，甜甜地叫了声“宝碧姨”，那真是最可爱的“返老还童”一幕啊！大家都情不自禁地笑起来了。

早在50年代中，母亲宝碧在中山大学附属的书店工作时，容老、商老还有商老父亲商衍鎏就常来看书，买书，因而彼此认识相熟。后来她调回北京路外文书店工作，“二老”与父亲交往的一些书信，都是寄到书店由母亲转交，所以商老称母亲“宝碧姨”。二老在与父亲通信时，

也总是称父亲为兄，称自己为弟。

母亲简单地做了饭菜，又吩咐我去饭堂加了两个菜回来。我看见商老吃得不多，细嚼慢咽，不挑剔，但吃得津津有味，我才放下心来。吃饭前，我还担心，他是位著名大教授，能习惯吃我们普通百姓的饭菜吗？

在我的记忆里，我们住在小马站20号四楼时，商老就来过家里几次。有次他谈到，1974年赴长沙对马王堆出土的帛书文字进行考古研究，十多万个由笔墨书写的汉代文字，是两千多年前中国书法由篆书向隶书、草书、楷书形式过渡所露出的端倪。

父亲兴致勃勃地说："这些马王堆帛书，夹杂着率真随意的趣味。"

商老点点头，说："有些话只能说给懂得的人听。"

两人心有灵犀，都笑了起来。他们的笑容和谐默契，让人难忘。

商老什么都与父亲聊，古文学、考古学、诗词、书法、篆刻、文物、绘画、收藏等，也有对不同问题的争论。他说他曾上书中央和市政府，提出保留珍贵的文物遗址。他常常自谦说"自己既非科班出身，又无任何学术头衔，是一个白丁"。又说"年轻时到北京大学研究所只读了一年便退学，专教甲骨文"，还自嘲"学书不成去学剑，后来学剑亦不成"。他说话总是言简意赅，长话短说，点到即止，只说大意让人去慢慢理解，留有余地，引人入胜。他认为父亲最能和他谈得来，最能理解他话中的深层意义。父亲若是新购得字画，必拿出来请商老过目，说说真假，评骘优劣。

商老订阅的出土文物图录，一直都是由父亲帮助征订。他们之间的来往相处，亲切、安闲，是极淡逸的人生享乐，又是极难得的心灵和谐。他们之间的谈话，因文化积累的丰富，修养、禀赋、品行、爱好、趣味等诸多因素的和谐默契，情调高雅而韵味悠长。

父亲曾景充在书法成长的道路上，受商老的指引帮助良多。父亲填表参加中国书法家协会，商老作为入会的介绍人，极其认真负责地填写了推荐书。中山五路的人民公园和儿童公园，招牌均由父亲书写。后来，人民公园的领导想找商老写“音乐亭”几个字，但都无法可求，父亲就以他与商老的深厚情谊，求得在患病中的商老写下“音乐亭”这几个字（这也是商老为外界书写的最后的一幅字迹）。而人民公园的牌坊的四个大字和音乐亭的另一面“与众乐乐”的牌匾，是园方领导请我父亲书写的，并刻石作永久留念。至今这两幅匾额仍是人民公园的一个景观。

当年，《广州研究》同时约请商老和景充为刊名题字，编辑向商老征询意见，如何编排，商老竟然主张景充写的作封面，他自己写的放在扉页。

商老还赠送了两幅清朝画家何丹山（咏秋老人）和黄少梅的山水人物扇画精品给景充留念。

商老的深情厚爱，父亲感恩至深，在他日后的教学里，在他的书法集里，常常提到商老对他的影响。

商老生前无条件捐赠了一批珍贵字画给广州美术馆，这批字画就是商老指定由父亲把藏品翻出来清点、过目、写清单的。商老多次寄信通知景充更改清点时间，然后和他一起去捐赠给广州美术馆，由当时的副馆长谢文勇签收。

在此之前，容庚老先生捐赠给广州美术馆的藏品同样是由曾景充经手的，当中还有一段小插曲。当时，父亲帮助容老把藏品清点工作完成后，容老书写了两幅作品送给父亲，后来，父亲为感谢容老经常借书给他研习，特意去买了一只鸡送给容老补身体。那时正当经济困难时期，父亲一介书生也不懂分别是公鸡还是母鸡。岂料次日清晨，那只鸡就现出原形，“咯咯咯”打起鸣来，一大早就把容老吵醒了。一星期后，景充去还书，容老则吩咐太太把鸡杀了，请景充吃了一顿“一鸡三味”的“公鸡宴”。回家后，父亲兴致勃勃地和我们分享了这件趣事。

前辈的厚爱和榜样，让父亲感激铭记，每与学子友朋提及前辈对自己的关怀、鼓励，都会动情到哽咽落泪。而他自己也是秉承前辈的风范，对后辈扶掖有加。

他的学生梁伟超回忆说："2000年我同曾师去澳门拜访常宗豪教授（常教授退休后居澳门），言及容庚前辈，曾师竟不禁失声哽咽……我由衷敬佩曾老师，尊师重道。"

另一位学生陈金华对曾老师也有一段难忘的回忆，他写道："那是一个普通的下午，一位普通的书法教师在讲授一堂普通的书法课，却让我看到终生难忘的一幕。老师讲到书法艺术的追求时说，'追求艺术的道路永无止境'。他举了雕塑家潘鹤创作《艰苦岁月》的例子，作品中小红军依偎在老红军的身旁，专心致志听着悠扬的笛声，作品把艺术家唯美的思想情感表现得淋漓尽致。或许老师对自己的书法艺术追求进行了自省，或许是对从教书法数十年尚存遗憾，或许……老师竟然在讲台上哽咽，说不出话来，继而潸然泪下。老师的心情是复杂的，而那种情感是发自肺腑的，是震撼人心的。其实，对我们而言，老师的书法造诣已经让我们望尘莫及，他的艺术成就已经可以笑傲书坛。然而他在艺术面前表现得如此低调，对前辈又如此深情。我想这就是大师的品格！"

拾壹 黄埔建港 山城出差

“文革”后期，被挂上“牛鬼蛇神”标签的曾景充，被工厂无理停止了他热爱的教学和美工宣传工作，分配到车间参加劳动和学习。幸运的是，不用再次下放到农村去。只是无休止的“思想改造”和“斗私批修”，把景充追求人生梦想的锐气也消磨得七零八落，但也练就了他坚毅的意志和淡泊明志的人生观。

1973年初，周恩来总理针对当时我国对外贸易繁忙、港口外轮泊位严重不足的状况，发出三年改变我国港口面貌的号召。中央成立了建设领导小组，广东省也成立了由刘田夫同志挂帅的省建港领导小组，确定立即建设黄埔新港。由当年广州市委主要领导梁湘任黄埔建港指挥部领导，建港指挥部的工作人员则由市大型单位抽调组成。曾景充所在的工厂里的一名副厂长被调去当领导，他和几位同事也调去随同前往，当时他是不想去的，因在工厂里工作了二十多年了，对工厂也有感情，加上建港指挥部离市区远，因此对调动深感无奈，只是工厂领导安排，他只好服从。

1975年元旦刚过，曾景充离开工作了二十多年的广州水泥厂，到了黄埔建港指挥部报到，在欢迎仪式上，景充作了几首诗，代表了他们满怀豪情的革命精神，立志要为建港创造一番事业，其中一首诗写道：“英勇建港不畏难，拦江截海战狂澜。路线为纲齐鼓劲，誓夺新港志不残。”

他被分配搞物资材料采购的工作，后来人事部门的一位同志认识曾景充，特意照顾他，分配他为驻广州地区的物资材料采购员。由此，他的工作从工厂走向了社会。这份工作好处是不用坐班制，他可以在工作之余更多时间研究书法。他从零开始学习采购工作，到各处厂房、基层进行调查。他详细地记录设备的使用数目，发现有些厂房漏水，很多变压器放了几年已生锈，供应科与基建所需的设备管理混乱，账目不清，有账无物或有物无账，仓库制度不严等等，于是他将调查结果写成总结报告向上反映，促进尽快解决问题，他工作积极认真负责，受到省计划委员会的好评，被评为“工作积极分子”。这项工作对曾景充来说是人生的另一种经历。

1975年5月17日，国家计划委员会《关于进行全国机电设备库存普查的通知》，提出为适应新的形势所编制的国民经济计划提供依据，要求各地进行有关普查。曾景充和市计委普查员6人一组赴西南进行普查工作。第一站到武昌汉口的长江航运公司，一连几日的会议，听取各处专业人员的介绍汇报工作，到各仓库观看物资库存情况等等。景充疲倦之余更由于地方口音交谈的困难，加上业务不熟，也较难深入发现问题，他在笔记里写道：“时刻有愧于心，难以完成组织交给的任务，惟有暗下决心尽力而为。”他努力地勉励自己，也反省自己。这天会后回招待所吃过晚饭后，大伙儿打牌作乐，而他就没兴趣参加，独自写工作报告和追忆日记，翻阅他随身携带的书法书籍，那个年代，还没有进入电视机年代，工作之余，打扑克牌就是人们的唯一消遣项目，而景充常常笑着戏言：“自己是用别人打牌睡觉的时间来学习的，因为笨鸟只能先飞。”

在武汉停留了四天，5月21日，他们乘飞机往重庆。这是景充第一次坐飞机，新奇与惊喜在他的日记里被记录下来：

“飞机腾空而起后，每前进一段机身即上升一些，轰轰的机声略有震动，依次前行，至一定高度即平稳按航线直飞，下面的马路蜿蜒如蛇行，火车像玩具，人也看不清了。再高则每为云层阻隔，那天是久雨初晴，云层特多，云下有投影，乘飞机俯视天地间，在我有生以来还是第一次，由于没有比较，所以高速飞行还是不大感觉。

“难怪，宇宙飞行之彗星，本身不觉有多快。再高则下界为云层阻隔，根本看不到什么东西，只是一片强光反射的白云，远望云海处是蔚蓝色无尽的太空，也有金光的云气，但总的是向下弯的苍穹，实则无穷无尽，与地球作同心圆，把地球包起来了。此时感觉虚渺轻清，浩瀚无际，光辉璀璨，遨游太空，仿如神仙上界。

“白云有情，至一定的地点，即稀疏留空，可以直窥下界，如宜昌沙市的工厂和繁杂的港口皆历历在目。长江蜿蜒西去或明或灭，直与太空浑然。后又见两河南下，大概是运河，也有湖泊。在沙市过后有一机场，有十多架飞机停放在草坪跑道之间。整个机场像个衣架一样。逐涌的水心无数如海潮涌起，作层波巨浪，回首天际，霞光衬托，始现峰峦顶状，然犹时隐时现况矣，奇观！

“此后则由平原丘陵渐入山区，平地人家较少，但见郁郁葱葱从山脊直望各条山脉，虽纵横交错，但亦可见龙脉。正假寐养神间，飞机突然在平稳中上升，身心感觉不同，事后据说是路过三峡。此处山高，飞机随之上升，可见此处山之高峻，在整个中原是罕见的，下窥三峡，但见高山峡谷，峻峭险窄，一江如带，其中阵阵银白细密或明或灭，推知是波涛汹涌。在如此高空看见，可见波涛之大。此后山中人家渐多，田地渐露，闻已靠近山城，此时飞机每段逐次下降一些，身心顿稍难受，一段下降后至机场则轮子张开。在摩擦机场时真是十分剧烈，经过一段冲跑终于结束了历时2小时的飞行，跑了700多公里。”

在一本先进工作者纪念册里，记录了曾景充这次一个多月出差的经过。连续三个多星期，他们分别到重庆交通机械厂、东风造船厂、江南造船厂等大型企业单位进行普查工作，听取汇报，参加各种会议。利用星期天放假，他们参观了重庆的一些名胜，如白公馆、渣滓洞、红岩村鹅岭公园、新温泉公园等地方。

在完成任务后，父亲利用星期天半天的休息，抓紧时间前往重庆博物馆，拜访馆长邓少琴先生。孰料，邓先生已退休，经查访才寻到了邓先生家。景充说明自己是中山大学容庚教授介绍前来拜访的，邓先生热情地接待了他。

邓老先生学问渊博，好考古金石和收藏书画，并对长江地区水文之学颇有研究。景充与他一番闲谈后，他首先端出《汉隶集录》来观赏，后拿出一些余培初（公孙长子）的双钩作品观赏。

公孙先生是民国时期四川著名的民主主义革命家和书法家，早期是同盟会会员，从事革命失意后专攻书法，孜孜甚勤，沉浸于汉魏之间而融会贯通之，特别是双钩和飞白书法被誉为“举世无双”。景充评价公孙的作品：“双钩隶真有汉人之八分书风，具鼎篆之古朴，力近秦汉，而魏碑除有猛龙黑女之功外，更力追汉法，故很高古，真是耳目一新。特别是结体时出新意，目不暇接。”

父亲拿着公孙的作品爱不释手，但当时的经济状况并不好，买下来很困难，只好盘算着要找机会双钩临摹其作品。

父亲把自己的书法作品拿出来向邓老先生请教。邓老提出：景充的草书很熟练，很好，而方笔魏碑笔画结构严谨，可惜未够开张，气势不够磅礴，宜在二爨灵庙的基础上参以石门颂之姿态，求其开放，则有机会创造出新的面目。他特别以公孙长子的书法作范例，其高论使景充收获良多。言谈中，景充当场研墨钩摹了公孙长子一些隶书条幅作品。可惜时间不许，魏碑部分未有钩到。为答谢邓老先生，景充请客到餐厅去吃了一顿丰盛的牛肉餐。

之后父亲坐船返回江南船厂参加会议讨论，第二天下午趁着一些空余时间，便请了假再次乘船去拜访邓老先生，他的心早已飞到公孙长子魏碑书法上了。

这次老人家热情满足了景充的恳切要求，创造条件给他一连钩摹了六幅公孙长子“魏体”部分的书法。他继续向邓老先生请教公孙氏书法的结体和章法，特别是如何善于变化。邓老先生指出：“此公吸取了钟鼎之长，融汇于魏碑之中。由是他一字万别，如是字亦不下五六个，但无一写法相同。”

几天之后，普查小组原定要到汉口，但因船票问题而延迟一天。那是一个最理想的机会，景充得以第三次拜访邓老先生。

他抓紧时间把剩下的公孙长子“钟鼎”部分的书法作品钩摹。看见景充这样用功，邓老由衷地鼓励说：“曾同志，你一定能赶过前人，大有作为的。”

他们之间的一些书法交流情况留在了父亲的日记上。例如邓先生认为，沈曾植字是很有变化的，特别是转折处和收笔处更妙。又指出，邓石如密不透风，疏能驰马，正是结构和章法之所以变化的原因，父亲都有同感。

关于金石味问题，邓先生说：“金石味也应该是写出来的，试看吴昌硕写的石鼓和石鼓原文比较就可以看出如何掌握金石味问题。任何好的书法都是极富神韵的。”他多次强调神韵。父亲点点头说：“这就是书法中以意取气，生动有韵致。”邓先生赞曰：“真是高见也。”

三访邓先生，景充共计钩摹了十几幅公孙长子的作品，收获很大，对如何写好碑体书法启发不小。他还总结了钟鼎文之特点：金石气味浑厚，大小变化悬殊，正侧意态多样，全篇气格充足具有荒野朴茂之气。

直到二十多年后，在1998年的一场书画拍卖会上，当父亲见到一幅公孙长子的魏碑书法真迹条幅时，不由得勾起他对昔日艰苦学习书法的一段回忆，无论多少钱也把它拍了下来。

这幅只有两行字的条幅，结字优美，线条劲厚，又刚好条幅左边的

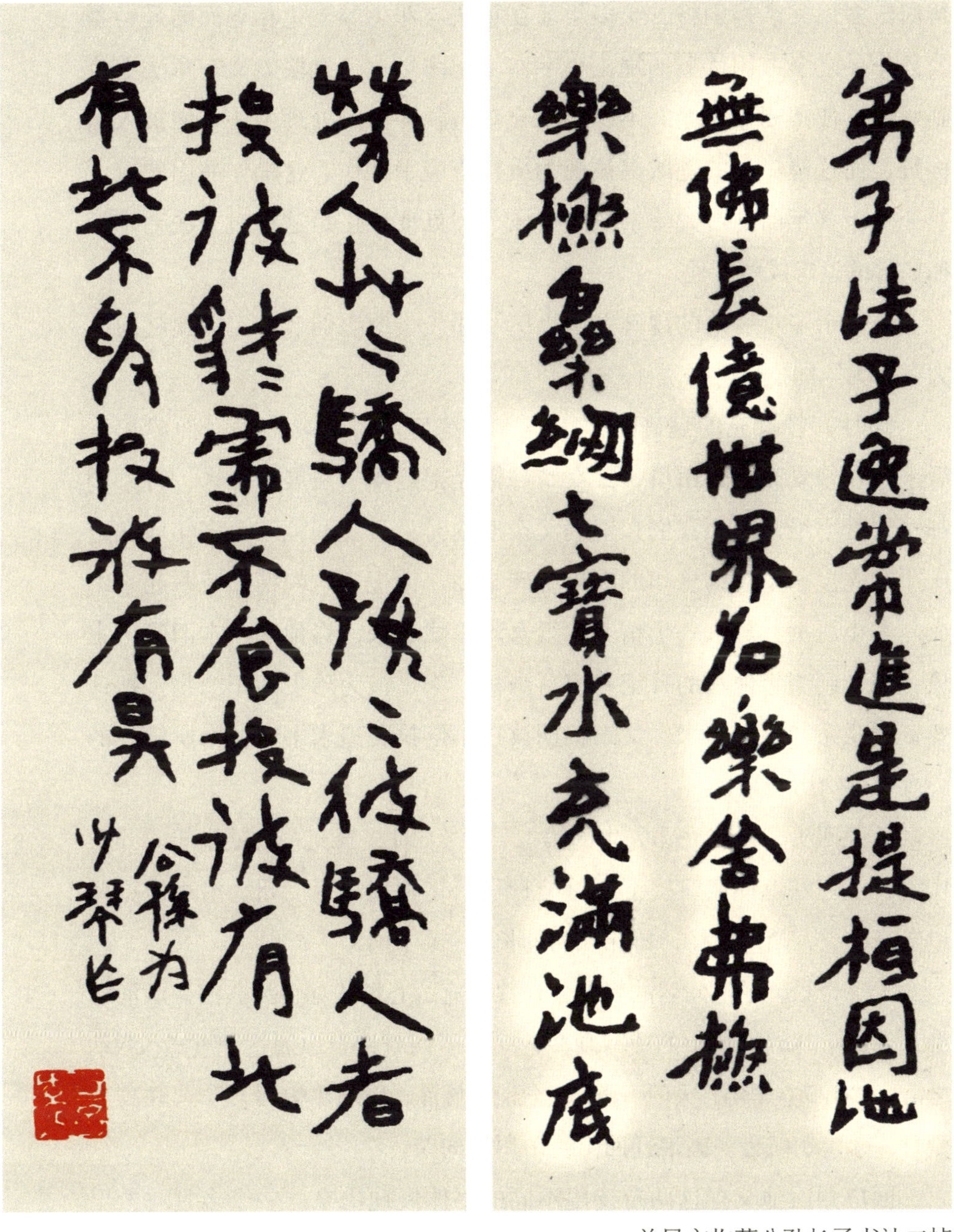

曾景充临摹公孙长子书法二帧

留白较多。父亲特别将二十多年前在重庆与邓少琴先生相遇而酷爱钩摹公孙作品之事，用优美的蝇头小字作了题跋忆述。这段妙文在章法上恰到好处，使整幅作品增辉不少。景充对边款补白的处理手法一向被人们称赞，而这幅作品的题跋更被视为最得心应手之作。这幅作品因此成了景充二十多年前学习魏碑书法的一段美好见证，正是这种对书法艺术如痴如醉的追求成就了他。

而二十多年后他的魏碑书法也应了邓先生所讲的“一定能超越前人大有作为”的预言。

此时，曾景充的魏碑书法——曾氏魏碑已成为岭南的一面旗帜。后来，在曾景充艺术馆里，二女婿魏锦光把这幅书法展示出来，行家们都一致赞不绝口。而我们在整理父亲遗物时，又找回他三十多年前在重庆邓老先生家里双钩摹印的六幅魏碑小品。他把这六幅精品装联起来编成一本小册页，放入一个精美的纸盒内珍藏起来，在他的一本旧笔记本里，还看到当年他写的日记和速写画稿，都是极为珍贵的纪念物。把这些资料联系和整理出来，父亲长期孜孜不倦执着追求书法艺术所倾注的心血和感情历历在目。

话说回头，拜访完邓先生的第二天早上6时，景充一行就坐船离开重庆沿长江三峡返回武汉，汇报总结行程，转乘火车返广州。沿途饱览两岸奇峰陡立，峭壁对峙，雄伟壮丽的长江三峡山水。

天下奇景，举世闻名的三峡，令曾景充的心情犹如惊涛骇浪，汹涌澎湃，他拟了几幅航行中的速写画稿，又作了两首诗，以表达他震撼和激动之情：“峭壁立千仞，天门一线开。急流波旋涌，稳送片帆回。”“峰高遮丽日，滩险锁航程。破浪迂回出，山川尽向荣。”

回广州后他又把这两首诗用不同的书体展现出来。一个多月北上出差工作，在完成工作的同时，他的书法也得到了提高，特别从钟鼎文吸取金石之气，使魏碑书法更具韵味。

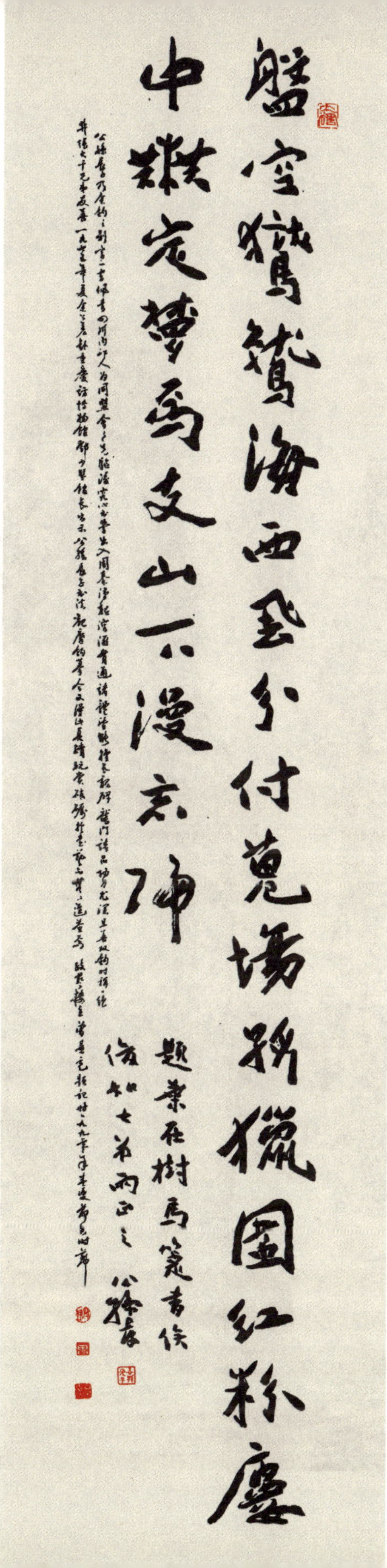

曾景充收藏并题跋的公孙长子书法

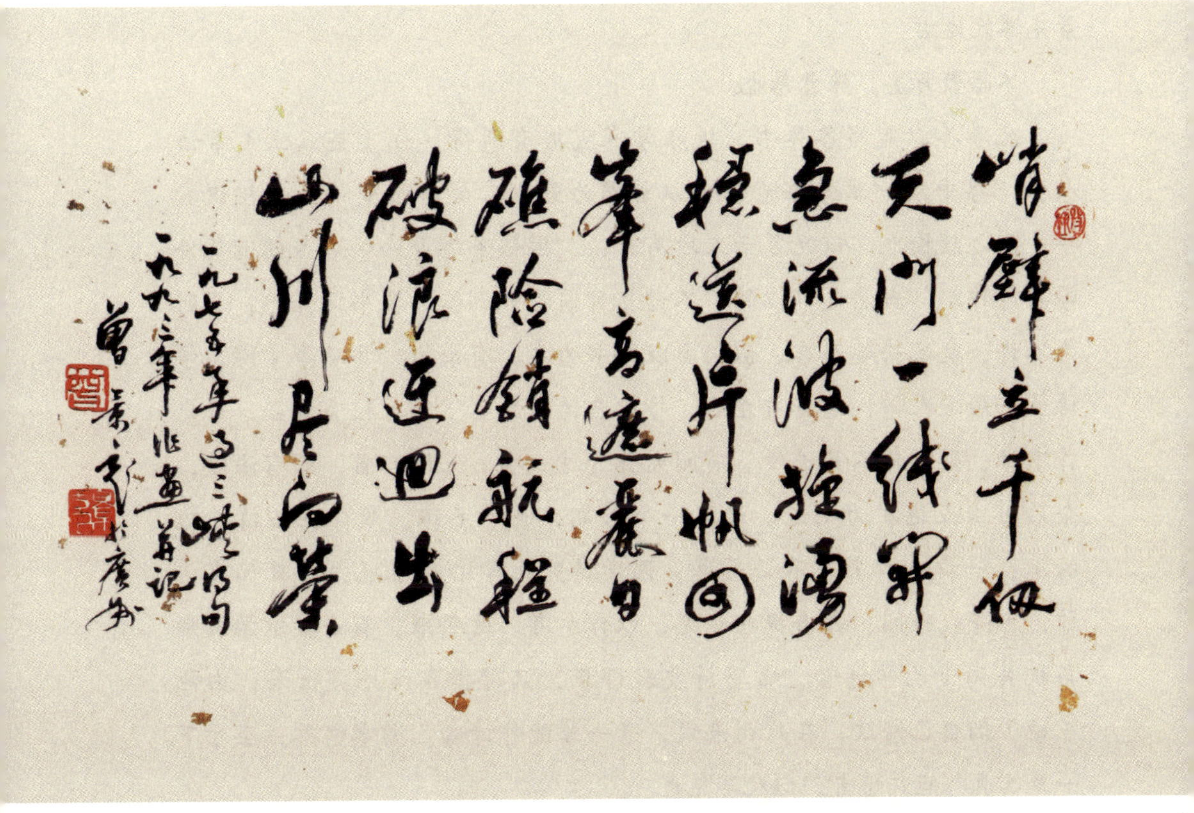

曾景充国画《三峡》及自书诗

他把这两首诗寄去华师教授、诗人吴三立先生，向他请教。吴先生回信给景充：

景充尊兄左右：

不晤数月矣，殊悬悬也。

兄学善以能写各体书，近年学寐叟亦有所得，立（吴三立）常语人："粤中后一辈学书者，当以曾君为最勤，最有希望"，盖相识数年，知之颇捻也。前兄复示末段有云："因俗务缠身……可否创造条件学点诗作？"当然是可以的。不过兄目前工作剧忙，要书诗并学，恐肘力不许，就兄兴趣而言，似仍当以学书为主，有余力，才从事学诗，学诗最好唐宋人诗，选百首左右，抄出熟读，然后下笔，较有效益，如光作不读，则所作不易进步。前阅大作《过三峡》五绝二首，颇有法度，今后可由五绝扩为七绝。过了一个时期，再学七律，或学五四诗（短的），一步一步来，不必着急，因学诗究比学书为难也，容日如有诗作，可寄我一阅，我当提些意见，以作参考。近年来，有一些中学教师与机关高干已学诗者，常写诗要我评正，只得据我浅见提出来，由他（她）们自己修改，在广州来说，老一辈能作诗者已凋零略尽，至于下一辈"真"能作诗者，似犹罕见也。

……

写了满满三页多的信纸，其中谈及他自己住在北京时跟沈尹默老师如何学习书法。沈公写字笔法要求是悬肘运腕，力求中锋，用羊毫笔练习，乃练得力量出来。当年沈公教他学书方法亦不自秘地透露出来："作书要中含活力，才能生动地拨出纸上，要达到这要求，非用腕运之功不成。特别是：作书要有活力一语，是无上要诀，兄是聪明人，希多为体会，对兄学书多有益处。"他极力赞扬沈公书法，并把他知道的沈公经历二三事告诉父亲。

父亲对沈尹默的行书十分崇拜，从前就学习过他的书法，所以，他们之间有很多共同的话题。在信中，吴先生同时指出社会上的不正之风，其中写道：“今天有些书家以故做气势的吓人，或剑拔弩张而表示雄伟，但将其笔画细细解剖一下，无一笔稳实，无一笔精健，如像欲烂的大冬瓜。惟社会上真知书者少，便赞为好好好耳。立手虽硬，而眼则高，平日暗然自修，不喜表露，不求人知，亦不敢以能书之书家自居，成一书家谈何容易，现在能书者固少，而真知书更少，前年兄评拙书为：北碑南意，无比知音，因这本是我的志向。”

吴先生长长的信向曾景充倾诉学书的心得。他认为景充学书有扎实的功夫，眼力高，一言道出了他学书的志向，真是无比知音者。

拾贰　转益多师　独辟蹊径

满头白发、浓眉大眼、声音响亮的吴三立先生，谈起诗词书法学问，就像大江大河，滔滔不绝。他当过西南大学、岭南大学、华南师范学院（现华南师范大学）教授，同时也写得一手端庄整洁的魏碑和行书。父亲曾景充从小喜爱诗词文学，有时也去华师大向吴先生讨教诗词学问，交流书法心得。

有一天，拄着拐杖的吴三立来访，父亲马上放下手中的笔迎出客厅。气呼呼的吴先生说："我按地址找到小马站20号去了，左问右问，人们才指我走去大马站！"

父亲怎么也没有想到，行动不便、七十多岁的吴先生，会特地从当时的郊区五山来到市中心找他聊天。以前都是自己去拜访请教老人家的啊！所以，父亲并没有告诉他按地址是要从大马站进入的，让他老人家白走了一段路程！

吴老先生满头大汗，但兴致勃勃地说："没关系，见到你就好啦，我就是喜欢和你谈谈，研究学问，除了你就没有人谈得那样开心和有建树了，现在真正懂学问，知书达理，对书法深入研究者甚少啦。"

这一次之后，吴老每出来广州，就一定要来找景充谈上数小时，就好像只要见到景充才算出访了广州城一样。

在与吴三立先生的交往中，父亲吟诗作对的水平也不断提高。在他看来，书画家如果不会吟诗作对，难免要落入庸俗之列。所以他经常看书学习，提高文学修养，优质的天资加上敏捷的思路，令他随时能吟诗作对。他原是广东省楹联学会的常务理事，向他来要求写书法的朋友，往往都是一举两得的，得到他的书法作品的同时，又得到他的诗作或用对方的名字嵌入对联。

就如他用“纺织”二字为纺织公司所作的对联：

纺出万机云霞辉世界呈异彩，织成经纬业光照人间展伟才。

用“南园”为南园酒家所作的对联：

南粤珍馐百味，园林玉液千杯。

1976年，“四人帮”倒台，“文化大革命”结束，“莫道浮云终蔽日，严冬过尽绽春蕾”。祖国大地重现阳光，中国迎来了改革开放的时代。不久，黄埔建港主体工程建成投产，指挥部的“建港工程”也告一段落。曾景充被批准离开建港指挥部。

1977年初，父亲被分配到广州市青年文化宫宣传科工作。二十多年在工厂里搞宣传工作的经验，优秀的水粉画根基和能善写各种书法的丰富技巧，让他在创作电影广告的工作中得心应手。他工作能力强，水平高加上勤快有效率，他的工作备受好评。在完成工作任务之外，他更思量着如何让中国书法艺术发扬光大和把书法教育传承下去。

市青年文化宫坐落在广州市最繁华地段的北京路中心位置，是广州市文化活动的重要园地之一。曾景充因地制宜开辟了一个富有特色风格的书法橱窗，取名“挥毫”。他应时之需地分期为该书法橱窗提供各种书体展现出来，匠心独运，颇具巧思，成为一个多姿多彩的小型书法展览。在当时文化生活匮乏的年代里，这里便成了广州地区较早期颇有影响力的书法园地，为市民提供了一份欣赏书法的精神食粮，影响了一批书法爱好者并带动了广州书法热潮，是“文革”后书法发展的有力推动者，有很多人从此跟随他学习书法，走上书法的道路。现在已经在书坛上有所成就的人当中就有在此认识、仰慕曾景充而后来跟随他进入书法殿堂的。

著名古文字学家商承祚先生每到市区，都要来到这里驻足观赏，并赞扬景充：“办法多，书法路子宽广，可谓开书法风气之先。”书法老前辈秦咢生先生住近此处，每过北京路必停留仔细观赏，不时提出一些见解，并赞曰：“在闹市中也可随时参观书法展览，很好，为市民提供了清新的书法艺术园地，是功德无量。”

有前辈们的鼓励支持，后学者的拥护爱戴，承先启后，曾景充对弘扬祖国的书法事业有着神圣的使命感。此时的他更放开胸怀，要为书法艺术的发展而多做贡献。他提议要在广州市成立一个市级的青年书法协会（当时刚进入80年代，办青年书协在全国也是先声），他想：“要弘扬书艺，在少年宫有书法班，成年人有省、市书协，而青年这一环不能空白”。他曾不厌其烦地三次上书团市委申请，草拟章程，在青年文化宫内申请活动场地。

1978年9月，他拟订计划书，寄去商承祚教授征求意见，得到了商老的支持，亲笔书信赞同方案，并建议景充书协要定期举办书法讲座。经过他的辛勤努力，他的申请得到了团市委、市青联的批准。

1980年9月28日上午，在曾景充的主持组织下，广州市青年书法协会在广州市青年文化宫成立，曾景充与秦咢生、李曲斋、黄文宽等前辈书家共7人担任顾问，曾景充是其中最年轻的顾问。同年由市政协、市文史馆、市参事室等单位合办，由曾景充主讲的广州书法研究班成立。1981年5月25日在广州文化公园举办了首次广州青年书法展览。景充在此期间，定期邀请一些老前辈如商承祚、秦咢生、黄文宽、李曲斋等来进行讲课，定期举办书法展览，培养了一批又一批的书法人才，如今不少已

曾景充在青宫创办并书写的《挥毫》宣传栏其中一期

是广东书坛中坚。曾景充可以说是当代广州市书法发展推动的先驱者，也是广州市青年书法协会的缔造者。

在书法道路上，曾景充是踏着坚定、扎实的脚印刻苦钻研努力探索，一步一步地向前迈进的。最早期他热衷于写行书，学王羲之、李邕、苏轼、赵孟頫等。他的行书造型美，线条清逸，70年代初已在书法界崭露头角。但他没有只停留在一种字体内，同一种字体也绝不满足于一家一派。抱着对书法事业全面发展的雄心，他同时又研习隶书、魏碑、章草，使书法的线条、笔画更有节奏和韵律，更稳实和厚重。

在学习书法上，他没有固定跟哪一位老师或是成为哪位名家的入室弟子，从一开始钻研书法，他就明确树立书艺之路的走向，明确自己要发展的方向和奋斗的目标，一头扎进书法历史长河，奋力遨游。他很欣赏著名书法家林散之的一首诗：“独能画我胸中竹，岂肯随人脚后尘。既学古人又变古，天机流露出精神。”这正符合他的人生观念。他凭着

广州青年书法协会成立大会合照，前排有曾景充与秦咢生、李曲斋、朱庸斋等前辈书家

聪慧的资质与超乎寻常人的勤奋走自学成才的道路。

当然，虚心向前辈学习，刻苦钻研，是他的书法成功的关键。在他自己的记述中曾多次讲道：“七八十年代，我常到老书法家秦公（咢生）家中闲谈，话题以请教书法为多，秦公平易随和，畅所欲言，多有共同的话题，对我的书艺点拨不少！”景充不忘恩师，在他的书法集《永怀篇》里，特意记录了秦公对他的关怀和鼓励，其中一段写道：“1986年8月，我在广州文化宫举办‘曾景充书法及所藏书画展览’特邀秦公光临指导，秦公参观后，我奉茶请教，秦公给我的批语：‘景充书艺之有成，源于：一、本身是个美术家（早在1956年已是广东省美术家协会会员）；二、又是一个收藏丰富的鉴赏家；三、更是一个勤奋不懈的书法家，三位一体。’可谓言简意赅、深入浅出地道出内外功及个中艺术规律。越二年，秦公又为本人举办的‘孜艺楼师生书法展’撰写了贺诗，诗曰：‘硬涩枯藤字，缤纷矫凤姿。孜孜论授受，致用见风仪。’并以严正的爨宝子碑体为展览题写了会标，该贺诗道出本人书风特点及教学成就和敬业精神，对我鼓励至深。”

早在20世纪70年代初，秦公就介绍父亲认识了佛山书法家林君选。从此，父亲就经常骑上自行车去佛山“寻宝”，一方面去佛山寻找石湾公仔，石湾陶瓷，另一方面去请林先生谈书法见解。

林君选是佛山书法家协会会长，他独特的鸡毛笔书法，线条筋骨雄强，韵味生动，恣意洒脱，是曾景充的书法需要吸收的地方。林先生见年轻有为的景充写得一手好行书，在书法理论方面也深有研究且虚心好学，悟性很高，将来书法发展一定很出色，于是他把自己的书法见解心得和盘托出。

他做着手势说："书法的线条筋骨是要静心地慢慢练出来的，如果练好了，那就任何字也会写好，也就是要练好腕力，线条笔力在于腕力，腕与指结合运力。腕指亦根源于肘乃到于全身元气。"

景充一边听一边用手比画着，将气运于腕力中，腕指结合运力，顿觉手指的力度。

林老还主张景充的隶书要多一些一波三折，一画一撇都要讲姿态，直之余则起波磔，此谓三折平直有余则折，不是简单领会的曲折，而是自然的有韵味的波折，无折则无姿也。谆谆的指导，让景充获益不浅。他用笔记录了下来，并付诸实践加强练习，在创作实践中进行探索思考。

除了向前辈请教外，父亲更善于独立思考，秉持信念，深入探索钻研。当时，社会上只流行着千篇一律的吴某人隶书，他不跟风从俗。他则琢磨如果在隶书加入一些不同的书法元素，就会让人有一种新鲜的感觉，"百花齐放，推陈出新"，应是一种新的突破。

他从方圆笔结合的《嵩高灵庙碑》中得到灵感，悟出一种新的写法，也从陈鸿寿、伊秉绶、金农吸收汉碑化为己有中受到启发，又从六书的字体中吸收字形结构变化，或运用繁体字、异体字的笔法使其字美观出新意，如"豕"、"遠"等。

他认为，这种隶书应追求自由，活泼，抒情，努力摆脱其装饰性的意味，努力从汉简中吸取营养，充分表现人的性灵。应随笔画多少、字的形态而起大小、长短变化，不拘于方格之中，用笔要方中有圆，圆中

曾景充（右三）与吴子复、秦咢生等老前辈一起到肇庆创作后留影

有方。如平字的平画，亦运入汉简的洒脱用笔，使其活跃自然。在字的变化上要多下功夫，如密者疏之如“汉”字，正者侧之如“家”字，小者大之，齐者错之，如“韦”字，干湿浓淡，正侧粗细，曲直波折，即参以对立的元素在内。

他辩证地分析中写道：就当时自己写的碑帖《爨龙颜》而说，用笔应有峭劲粗细间杂，行笔用逆势，让人有脱俗多变化的艺术体验。写任何书体都应变革，变革才有创新，这是很重要的精神思想，不要怕被人说杂或不伦不类，要坚持写出自己风格的隶书。这种隶书主要以“石门颂”为神髓，有“爨宝子”的用笔，以“灵庙碑”为主要形态。

于是，一种全新感觉的汉简意味的隶书——毛泽东诗《七律·长征》出现在1972年的迎春书画展览中。当时意见纷纷，有的说：“书体不纯，杂七杂八的，不知是哪一家。”有的说：“曾景充的书法越写越怪，不如过去的行书。”景充都虚心听取，尤其是一些善意的宝贵见解。同时，更激发他不断去追求创新和提高。

又是一个新年伊始，曾景充辛勤耕耘练笔，屋里充满迎春花和中华墨汁的芳馨，床上、地上、墙上堆满了书法新作品。

这一年，他的书法又有了很大的突破，其书写的运笔展示出以碑入行书的肌理，孕育出一种新的书写风格。他以方笔入行草写了一批新作，拿去给前辈和行家们拜年时提意见。

在父亲的笔记本中记录着1973年2月21日冒雨拜访林君选先生的事。主张筋骨线条的林君选先生，看见景充这些新作，惊喜之余更加以鼓励，认为景充能悟出以方笔入行草的书法路子是很好的开端，这可以免去书法上的熟、俗、滑，使人耳目一新。他又建议景充参考学习章草的作品，从这方面顺势发展，一定会有很好的前途。林先生具体指出，有些字笔画由于追求隶法或硬摄取某些法帖的东西，故出现用笔勉强和弱笔之感，可通过熟临字帖，使用笔有较大的把握，结合字的不同结体能有更多的办法，就能左右逢源地写好每个字。林先生的宝贵意见，景充牢记于心里，并在实践中加强练习改进。

直至晚年，曾景充都没有停止对隶书的探索，而是不断求新求变，以达到人书俱老的境界。在他最后一本作品集中，有一幅王维诗的隶书作品，把《好大王碑》、《张迁碑》、《褒斜道石刻》、《广武将军碑》等多种隶书经典融会贯通，并参以简意，在章法上更大胆穿插避让，已经到了出入汉魏、随心所欲不逾矩的境界，是他在隶书上一辈子不停探索、突破藩篱的巅峰之作。

拜访完林先生之后，景充又赶去佛山中山公园看佛山迎春书画展，抓紧机会学习。对于每一次的展览他都会认真去观摩，从中吸取好的养分，并对好的作品进行临摹，做笔记心得或写出见解。

他在笔记里总结出书法的奇正："所谓正者，偃仰顿挫，提按照应，筋骨威仪，确要有节制是也。所谓奇者，参差起伏，腾凌射空，风格姿态巧妙多端是也。奇即连于正之内，正即列于奇之中，正而无奇，虽

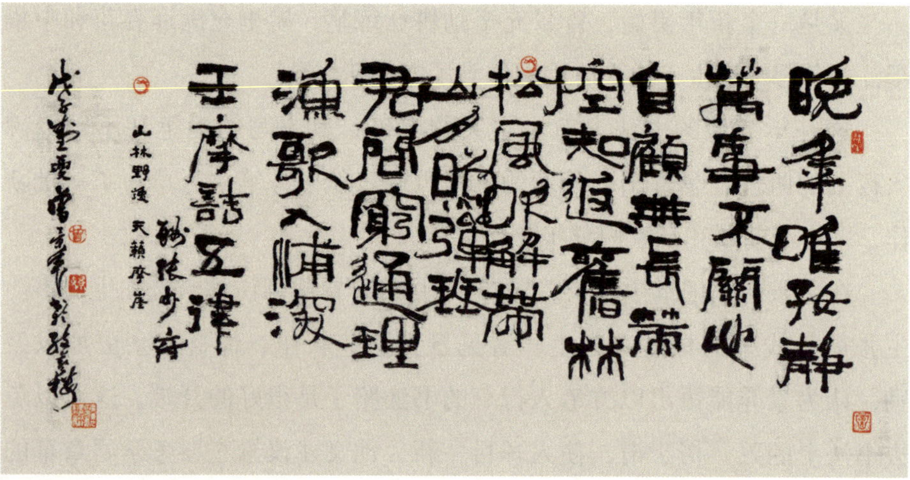

晚年创作的变体隶书《王维诗》

庄严沉实，恒朴厚而少放，奇而弗正，虽雄奕飞妍，多谲放而乏雅。”

1973年阳春三月的一个晚上，父亲带上最近期的一些书法作品，去拜访他的绘画老师方人定先生。见景充到来，老人家高兴万分。方老师因患病已谢绝会见客人，但对景充却例外。

针对景充的近作，也不客气，方老一针见血地指出：“笔画要避扁薄，要写得更加厚重、圆润，行笔不宜太快，太快则有些转折顿挫写不出来，且有断笔断气出现，现在有太快的感觉，应注意。”最后又说：“笔够爽，够活，字体造型也很好，你的书法进步得很快，看得出你下了不少的功夫，书法的成绩比画更为突出，发展的潜力很大，但不要放弃绘画，有时间还是要练练笔。”

画得一手好画、写得一手好诗、师从岭南派创始人高剑父、又是岭南画派一代宗师的方人定先生，早在1926年就发表过文章《新国画与旧国画》，提倡国画革命，主张把东方绘画和西方绘画的长处结合，“一炉而冶”。他批判旧国画的因循守旧，从唐到今没有多大变革。父亲青年时代在广东美协就认识了方先生，对他的学识、画技和创新思想十分欣赏，并

曾景充题款并收藏的方人定《护花图》

一段时期跟他学习绘画，后来景充转型专门研究书法，但师徒二人感情非同一般。“文革”期间，方人定备受批判打压，景充却不顾一切地与他们家人保持着友好来往。在方先生病重期间，景充经常去探望他老人家。

方老对父亲十分关怀爱护，知道他爱好收藏书画，在他病危时把他自己画的一幅六尺巨作《护花图》送给了父亲珍藏。父亲一生把这幅画作为国宝一样地收藏着，后来方氏家族征集出版《方人定画册》时，他的这幅画作为精品被借去出版，父亲也在这幅巨作上题跋以作纪念。

曾景充从1956年就成为第一批广东省美术家协会的会员，所以他与早期的画家、雕塑家来往较为密切。20世纪60年代，他就从绘画转向研究书法，他的书法，其时也得到过一些前辈画家的好评和指引，如黎雄才、黄笃维、黄志坚，雕塑家尹积昌、唐大禧等，都有与景充分享见解，让他从多方面去吸取艺术营养。

就当时那个阶段的行书，父亲敏锐地察觉到，单从方笔入行草容易出现火辣焦躁之味，如渗入一些北碑的厚重、金石味，使行草书中流动的线条中，存有古朴、深沉、含蓄、雄厚等气质，形式更加和谐，含量更加丰富，这是他对书法艺术追求更高的目标之一。

清末民初著名书画家邓芬，除了善画山水花卉外，还擅画人物，画鸟雀三两笔就生气蓬勃，意趣生动，故有邓芬三笔雀之称。父亲特别喜欢邓芬的作品，早期就收藏了几幅各种类型的扇面，分别镶在四屏酸枝镜框内悬挂在厅堂上，常常欣赏品味。其中一幅邓芬的书法，让他更明确地悟出了以碑入行草的书写方向。

这幅有点发黄的泥金扇面书法，粗细轻重对比，用笔工意交集，字体大小变化，十分精彩，而字的形、神却有碑的格局。父亲认为这幅扇面书法水平很高，把严谨的碑体变化为潇洒雄逸的行书，大胆创新，解放思想，因而进入新的境界。

从此，父亲曾景充的书法更加致力于把已经纯熟自如的帖学技法融

曾景充收藏和题跋的邓芬山水画

入碑学。他对中国历代的碑帖进行深入全面研究学习，尤其是六朝书风与北碑石刻，那强烈的朝气蓬勃的艺术感染力，像惊涛拍岸一般激荡着他澎湃的情感；那古朴、雄强、姿态新奇的魏碑书体焕发出来的神采，使他像蜜蜂酿蜜一样，长期艰苦地在其中徜徉以致流连忘返。在不断地磨炼、不断地探索思考中提高，不断地吸取灵感，不断地得到升华，从而达致新的境界。

当时而言，广东书坛上一窝蜂地流行一种麦体书风，跟风者写得熟、俗、滑、中规中矩。曾景充对这种秀气有余雄健不足的书法持批判态度，认为这种字体缺乏刚健、雄深的书法力量，岭南书风的发展，就要摆脱这种柔弱之气。他站到一个更开阔的高度俯览书坛，提倡要发展碑学，提振广东书坛的雄风。

在当时要说出这样的话，是需要很大的勇气和魄力的。在岭南书坛较为封闭、帖学独大的时代，曾景充却敢于推广提倡碑学书法，就像推开一座牢固的城门，替岭南书坛解禁一块长年的禁地，在那个时代不是一件容易的事。他自觉地肩负起继承发展和创新的神圣责任，身体力行地实践着碑帖结合、北笔南意的书学主张，最终他成就了自己，也照亮了书坛。

正像世界著名艺术家罗丹所说，“独创性是艺术的生命，而生命总是推陈出新的，真正的艺术家总是冒着危险去推动一切既存的偏见守旧的东西，从而表现和发展，创造新的东西”。这段话父亲端正地抄录在笔记本首页，正是他一生奋斗的方向。

为推广和发展魏碑书法，他特别从沈曾植的魏碑行书入手，写活刚健的魏碑行书体，为魏碑书体创造出更广阔的书写空间，发展和创作出新的书法体系：魏碑入行书——曾氏魏碑。

沈曾植又号寐叟，乃清末书坛巨擘，早期精通帖学，其后由帖转入碑，笔法受包世臣的影响，用力甚多，提倡主攻北碑，尤得力于《爨宝子》、《爨龙颜》、《张猛龙》碑，熔南北书法于一炉，写字强调变化，取法广泛，融入汉隶、北碑、章草的笔意于行草之中，创造了独特的魏碑行书。其用笔方侧翻转，锐而不峭，厚而不滞，涩而不滑，拙而不浮，意韵生辣，特别是波磔突出构成的特征强的主笔，从多角度取势使字势俯仰起伏，富有节奏，上下相承，横向容温，造险破险，以方笔顿挫带动行草书连贯意味，在不断交替流畅挥洒的过程中勾连吻合，自然呈现，章法气势磅礴，宽厚而充满张力，独特的创意对中国现代书法走向富于启迪，被尊为“三百年来第一人”也。

这种魏碑行书，令曾景充为之振奋，更有灵犀一点通的感动，也正是他所追求的风格，更是他砥砺自己在书法上要攻阙补足的地方，特别是侧而不薄、露锋险绝、波磔翻转的方笔的表现形式非常之难学，但他却认为难能才可贵，有着一股知难而进的勇气。

美国著名女作家哈柏·李，在她的经典小说《梅岗城故事》中，有一段名言：“我想让你看看什么才是真正的勇气，而不是以为勇气就是一个人手上握着一把枪。勇气是你在开始前就知道前有荆棘，但还是知其不可为而为之。”他要突破那种“不可能”的难关，用努力来肯定自己存在的意义和价值，在他心灵深处，早已看见将来书艺发展所要追求的方向，他有梦想，有目标，有动力，有实践，坚定信念，一步步地勇往直前。

曾景充就是凭着自己对学识的不懈追求和过人的毅力，硬是把难度高的沈氏魏碑钻研下去，彻底消化吸收。他抓住沈氏用笔波磔翻转、逆势行笔、正侧锋交替的特点加强练习，极力揣摩，常常练到手心都出汗了。经过长期的深入学习临摹，他无论从笔法或章法上都深得沈寐叟的神髓和气韵，使他的书写风格和笔力更加扎实和丰富，造就了不俗的书法功力。他对自己这段时期的书法有过阶段性的总结。他在笔记里简要地记下已提炼的几种方法：1. 变化隶书（含汉简）；2. 聚散魏碑加雅拙方圆；3. 以碑入行；4. 金刚经摩崖；5. 沈曾植一路。

当曾景充拿着魏碑行书和魏碑书法拜见秦咢生先生时，秦公首先指出，学什么东西都一样，重复前人，学得很像无非都是奴隶，跳不出来，入了应能出，不宜全学，应善学，从中吸取营养，写好自己的一手字。他指着景充的近作说：“有方有圆多样统一是好的，但如何‘搓匀’，‘搓’不‘匀’又怎么办？”

这都是提醒景充在研究魏碑书法时要注意的问题。他把沈氏书风视为自己书写的精神导师，进一步对沈氏的书风进行探索研究，并撰写了《北碑南帖熔冶一炉——沈寐叟的书法》一文，发表在《岭南书艺》杂志。文章对沈寐叟书法的源流、特点作出了精辟的分析，并把前辈容庚先生相赠的沈寐叟书法中堂和沈寐叟临皇象帖刊载出来，附上自己的见解。又编写了《寐叟探奥》一书。他决心要在魏碑书法里注入新鲜血液和蓬勃的生气。

“学养弥深功独苦，挥毫朗豁艺斯成。”这是他发表在《岭南书艺》1990年第三期的一副自作联，参以寐叟波磔翻转、逆势行笔的笔意，形成方圆兼备的自家风格，为其当时的代表作。

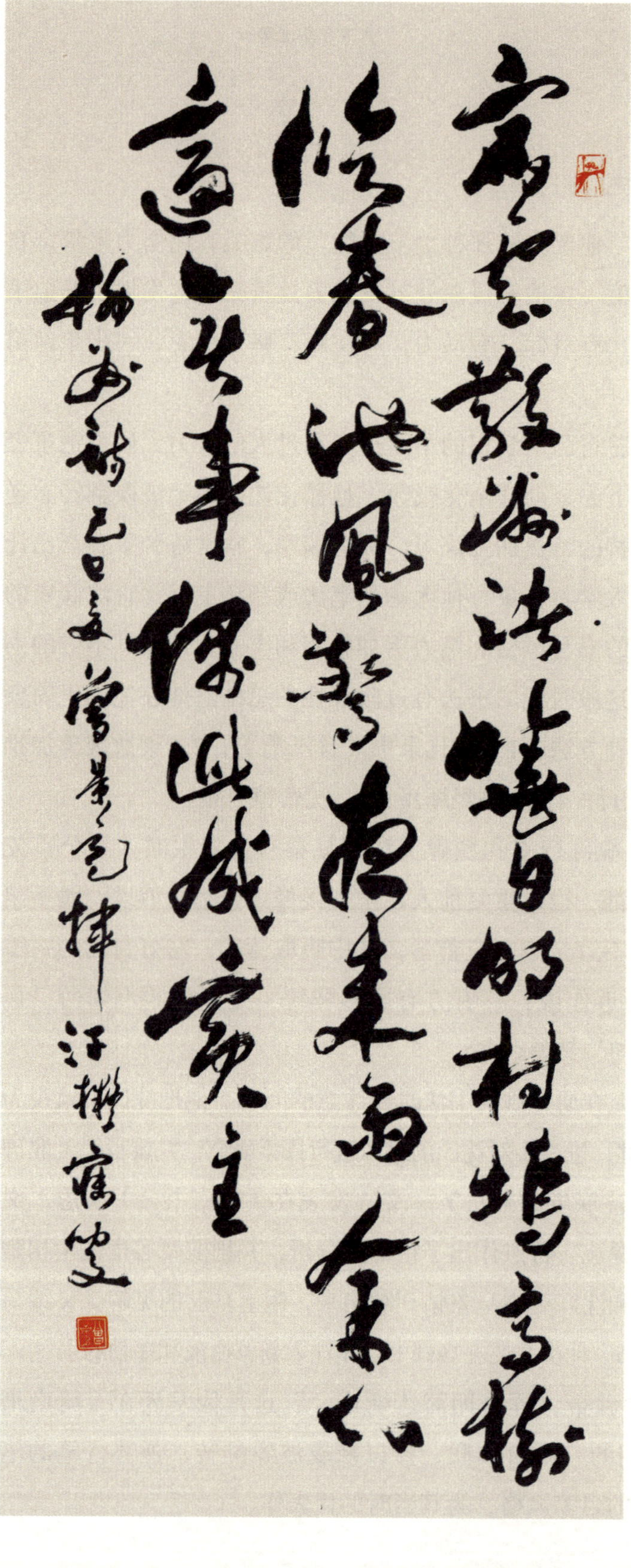

曾景充拟寐叟笔意书法

上帝是公平的。
历经磨炼，
曾景充就像一块璞玉，
越来越闪耀出璀璨的光芒……

中篇

盛年怒放展姿彩

壹 明媚曙光 冷暖人生

水滴穿石，日久见功夫。经历时间的磨炼和酝酿，曾景充的魏碑功力初露锋芒。

1974年1月30日，即农历年甲寅大年初一（1月23日）晚上7时，在广州文化公园举行春节书法春联挥毫表演。这次活动是“文革”后期首次举办老、中、青、少书法即席挥毫表演，曾景充应邀出席，全市约30人，分成两组表演。

那时，全国正兴起一股书法表演的热潮，出现了一些“书法神童”。但是，据说有些表演者都是预选练习好几句对联或诗句，然后表演时写同一样的字句，纯是为了表演而挥毫，不是真功夫的书法。

针对这一问题，组织部门决定此次的挥毫表演不预先告知书写内容，到现场后临时确定那一位写什么内容。于是，有些所谓“书法家”缺席了。

父亲被分配到的指定对联是“提高医疗质量，增进人民健康”。他拿起对联想了想，然后用爨龙颜笔调一挥而就，在场观众纷纷拍手叫好，顿时记者的闪光灯镜头也对着他咔、咔、咔拍摄留影。这个时候真是能体现过硬本领和真功夫。

再看现场的一些书法家，却是写了几张都还未能写好，有些更是要回家写好后再交卷的。主办人李曲斋先生见景充一写就是件好作品，要求他多写一联。这次景充用魏碑书写。

挥毫结束后，省市首长接见，勉励大家要为书法艺术繁荣发展而努力。

事后，这批挥毫表演的书法作品在文化公园里作为广州市革命春联书法展览的作品展出。李曲斋特派一学生来找景充，多补写条幅以丰富展览内容。景充以魏碑入行书写了一首鲁迅诗《自嘲》：

运交华盖欲何求，未敢翻身已碰头。
破帽遮颜过闹市，漏船载酒泛中流。
横眉冷对千夫指，俯首甘为孺子牛。
躲进小楼成一统，管他冬夏与春秋。

对此，李老先生很满意。

这次挥毫表演展览，曾景充的即席挥毫表演，在群众中传为佳话，并以多种书体受到了广大书法爱好者的赞赏和书法界的注目。后来，很多重要场合和单位都请他作挥毫表演，每到节假日，他都成了个大忙人。

胜不骄败不馁，在成绩面前，父亲更多听取专家们的意见，自己再作综合分析去改进存在不足的地方。李曲斋老师虽然赞赏父亲，但作为老前辈还是毫不留情地指出："景充现在的书法不如过去的行书。可能最近的新作还不够成熟，要书写更自然些。"

景充虚心接受宝贵的意见。有些人则建议他不要学寐叟，太难学了。画家黄志坚、书法家关晓峰也向景充提出了一些看法。

父亲却认为，要知难而进，难才能可贵，从事艺术，该当如是，作品才能脱俗创新意。他确立魏碑入行草加之章草形成一种新的书风，并把侧笔中锋的用笔写得更自然深厚。正义感极强、好打抱不平、大胆说话的漫画家曾钺先生，人们称呼他"曾公"，他和父亲亦师亦友，他经常手里总是拿着一卷画或书法作品，神情肃然来到我们家里，父亲上了茶后，一边刻印章，一边与他攀谈。

他是看着曾景充最早成为美协会员，其后又在书法道路上成长和发展。言谈中颇具火药味、喜欢骂人的曾公，对景充友善爱护，见景充的书法初具成就，而社会上有些人却嫉贤妒能说三道四的，他就给予反击，帮景充打抱不平。他更鼓励景充要敢于创新，创前人所未有的书法。

曾公饮一口茶后，燃点起一根香烟，说道：“议论的声音也不见得是坏事，有议论才能有共鸣，要有针对性地批判墨守成规、死命模仿的倒退书风，书法是发展的、有阶段性的，所以书法也应有时代书风。”说了一大套理论。

那时，父亲同时也搞过一阵篆刻艺术。曾公就提议说：“阿充，你也搞些魏碑篆刻。”一言提醒了父亲，他就此真的研究了一段时间的魏碑篆刻。他的印章浑厚刚健，由于对魏碑的意法达于娴熟得心应手的境地，打好草稿后就直接反写印文于章石上，然后胸有成竹以刀入石雕刻，很有“天然去雕饰”的妙趣和风雨剥食的金石味，作品发表在当年的《广州日报》上，自己也刻了几方作为闲章之用。只是后来，父亲书法教学工作日益繁重，才放弃了篆刻艺术的研究。

随时“准备扫射一切丑恶事物”，十分幽默、真实地把好打抱不平，为善敢击石的曾公性格概括出来。1989年，广州市书法家协会成立，初时极力邀请曾景充加入，也投票通过选为副主席。由于派系之争，有人建议景充让出副主席之职。此事其实挺“有趣”，都投票通过了，却可以“让出”？

事后，曾钺闻此大声疾呼，“不平！不平！不平！曾景充不当副主席太不该也！”

他向上级反映上诉此事，更当面责怪某负责人，“以景充对书法事业所做的贡献和书艺水平，比起在位的都胜于一筹”。

无话可说的某负责人只好找个理由说：“曾景充人际有欠。”

曾公马上顶过去：“什么人际，拉关系，拍肩膀，拍马屁，极尽造谣中伤之能事，搞不正当的歪风的就是人际吗？景充认真教学搞学术研究，对社会有较大的贡献难道这就人际差了？”

为了不卷入这种社会的歪风，父亲决定离开广州市书法家协会，“以退为进”有时是让自己前进的最好捷径。他认为从事书法艺术的研究是他终生的事业，何必斤斤计较于职位名利，书艺停滞倒退，明争暗斗，争名争利，乃真正之悲哀耳。他讨厌一切虚伪和不正当的歪风，骨子里充满一股正直的力量，不屑于计较物质名利。他始终相信人世间的真挚情意，他以诚恳的心去对待每一个人，所以在他的生命里永远充满着光与热，他的作品也永远闪耀着人格的光辉。

对于有利于书坛的人和事，他是热心帮忙去做的。“文革”期间，香港某出版社约了知名书法家麦华三书写《老三篇》的字帖，出版多年后稿费都没有着落。麦老向我父亲抱怨此事。父亲知道后，觉得这不仅仅是钱财小事，而是对老一辈书法家的态度问题。于是，他与在图书出版界工作的我母亲宝碧一起，热心奔走，找到中商办事处的负责人反映，寻求帮助。几经周折，终于为麦老如数追回稿费。事后麦老主动写了一幅书法送给我父母，并再三道谢。

1978年5月8日，曾景充一行四人乘火车赴杭州、嘉兴、上海等地，沿着铁路观光游历。当火车开进上海时，他心情兴奋，激昂地在日记里写道：“大上海冲向我的心坎，我投进大上海的怀抱了！”

在繁华富丽的上海市，他们参观了各种不同的展览，其中较为特别的有朱屺瞻、颜文探、谷量、孙拍基四人画展和关良、潘思同、洪世清等人的画展，还两次观看了法国画展。

父亲更怀着思念之情，特意拜访了老师、著名书法家李天马先生。据父亲说，早在20世纪50年代初，就曾跟李天马学习书法，那时还有区潜云、林威、陈永正等，李天马师法二王，创新求变，后来专攻王铎书风，1962年移居上海。十多年后师生相聚，情深谊长，书艺的投合让他

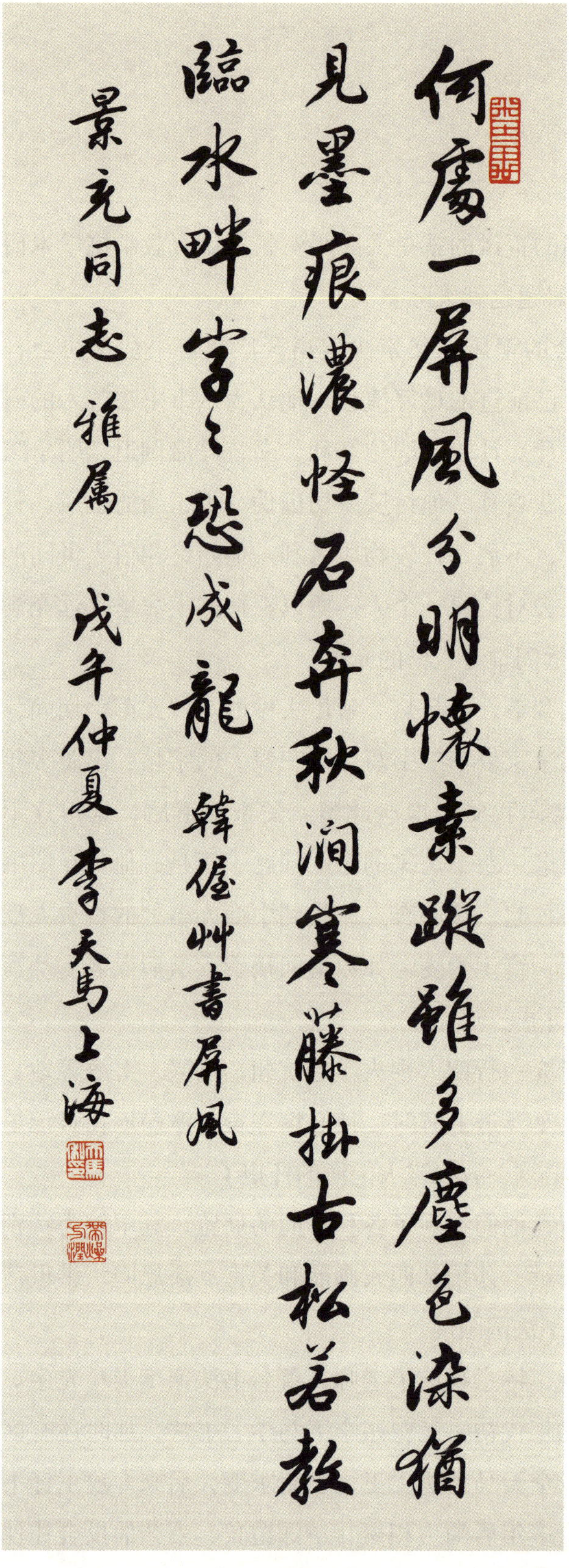
何處一屏風分明懷素蹤雖多塵色染猶
見墨痕濃怪石奔秋澗寒藤掛古松若教
臨水畔字字恐成龍 韓偓艸書屏風
景元同志雅屬 戊午仲夏李天馬上海

李天马赠书

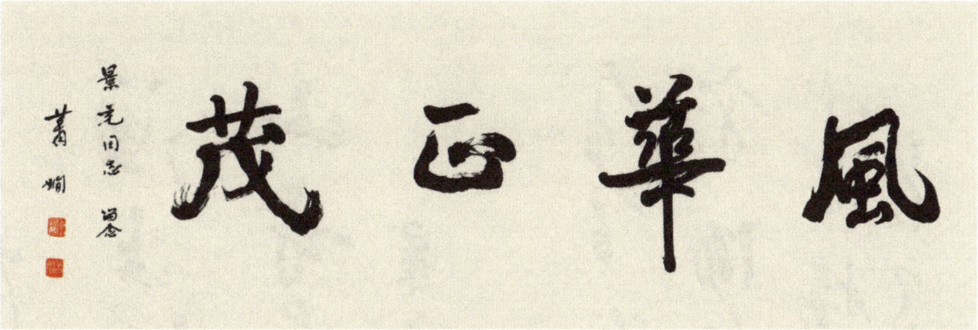

萧娴赠书

们之间亲切无间，令正处于书艺发展阶段的曾景充受益良多。李天马先生为人刚直，治学严谨，把自己的从艺之道娓娓道来，亲切和蔼，诲人不倦。他赞扬曾景充的书法面貌全新且功夫扎实。他很理解景充对书法深入的研究探索，最后，李先生特意书写了一幅书法作品送给父亲留念。他们长谈达三小时之久。

第二天下午三点半，李天马先生和夫人盛情迎候景充往西餐馆共叙，精美的菜肴，有奶酪蘑菇汤，茄汁牛舌，牛肉面，鲜美甘香。

席间，李先生出示他早已准备好的部分法帖资料让景充参阅，有吴镇诗卷（日本版），宋克的章草，沈寐叟的遗墨，还有李先生的自书章草39首，大草39首，行书39首，及其十多年收集的大草字聚，真是精华荟萃，功力精绝。他还将一些珍贵的资料交给景充，望他传其薪火，希望广东省能有真正搞书法创作、传授书法教育、认真负责的人才，不宜把时间花在追求名利上面。他指出广东较少人搞雄厚苍劲的书法，对景充的书法赞扬外又提出一些意见，如用笔要高雅戒绝鄙俗、粗野之气，力求含蓄、妍润、劲利、漂亮的线条，而这种线条是要经过苦练所得来的。

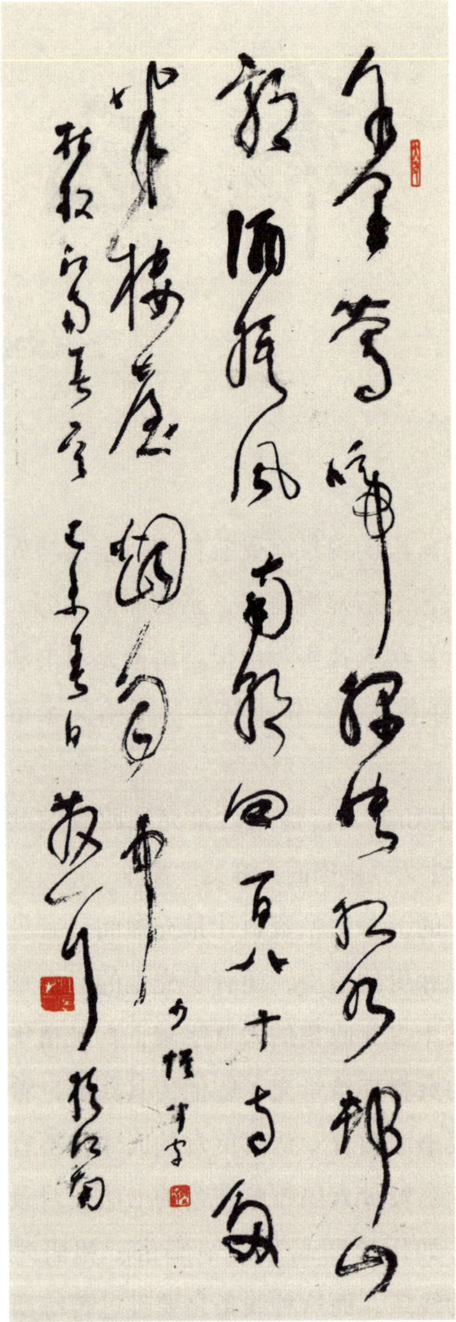

林散之赠书

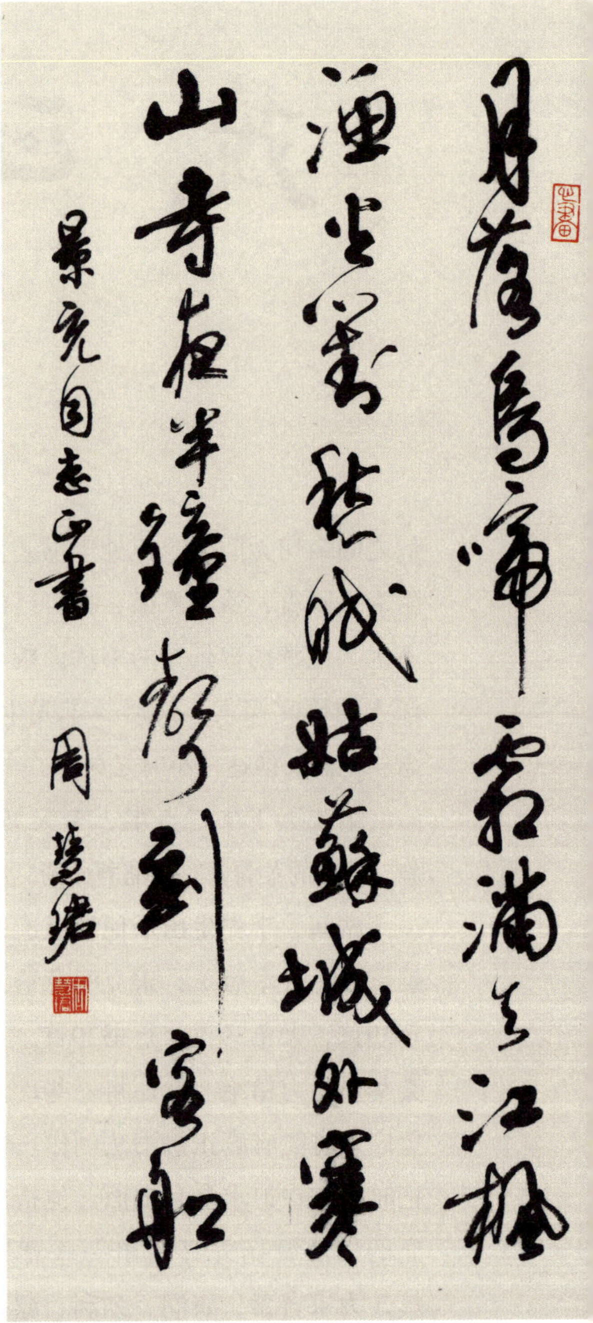

周慧珺赠书

专注书法创作，传授高等书法教育，早已是曾景充的人生理想和愿望，多年以后父亲果然秉承李师天马的书艺治学精神，努力去做。并在广州书画学院创办了大专院校模式的高等教学研修班，与李师天马一直保持书信联系。日后景充的书艺创作和教学成绩卓越，也有李师的早期指引之功。

在这次行程中，曾景充抓紧时机，有选择性地与上海的一些著名书法家作书法交流，如林散之、萧娴、费新我、周慧珺和赵冷月等，大家互赠书法作品留念。

贰 游历山河 书写情怀

改革开放后，神州大地迎来明媚曙光，人们被压抑的激情像一团火焰迸发出来，闪耀出巨大的光和热。随着改革开放的深入，人们眼界开阔了，新的艺术思潮汇入老文明的艺术长河，显现出现代人强烈的自我意识。

这个时期，正是曾景充不懈坚持，精心钻研，艰苦探索，造就深厚的书艺功力，为他的书法事业打下坚实基础的时期。广博的书法理论和艺术修养，纵横南北和贯通古今的眼力，北笔南意和熔冶碑帖的书学主张，对书艺精益求精和勇于开拓的精神，是他书法创作的源泉。

为了更深入探研魏碑书法，曾景充多次赴西安、洛阳、开封、大同、山东等地，实地观摩碑林、石窟、石刻，感受祖国文化的伟大，感受山河之雄伟和大自然的美妙。

1984年6月，曾景充参加了广东书协组织的为期二十多天的访碑之旅，游历祖国的大好河山。他们先到北京参观故宫博物院，还特意逛了琉璃厂的荣宝斋、庆云堂，买了一些字画、文房四宝和拓本等。随后到山东、河南，游览了四大庙宇，经石峪金刚经，记功碑刻石、碑亭等。他不畏艰苦，三次登上泰山写生研究碑刻，又浏览了曲阜孔庙的碑刻，邹县的孟庙和铁山摩崖，最后到了开封、洛阳、郑州。特别探访了嵩高灵庙碑（“文革”后期他在容庚教授处看到灵庙碑拓本时已有很深刻的印象）、龙门二十品和少林寺等地的碑刻。

祖国灿烂的历史文化让他眼界大开，他激动地以八个字形容这次游历的收获：艰朴欢娱，见识丰硕。

随后，他把带回来的资料，包括搜罗到的拓片认真整理，反复临摹，特别是对泰山经石峪金刚经和铁山摩崖，从这些资料中吸收整理，写出大量集字对联。其中有一对联“泰岱微观经石峪，铁山宏铸佛摩崖”，是其吸收消化之后的得意之作，收进了他后来的作品集里面。

在这次行程里，曾景充访问了多位书法名家，如济南的魏启后、方启云、孙墨龙，曲阜的白虹老先生等，和书法老前辈交流作品。魏启后的书法取法晋唐宋元，具备深厚的传统功底，得汉简、章草、隶书之神韵风采。他和魏启后老先生聊了半天时间，受益良多。

为争取有限的时间访问书画家，那时的父亲常常以最后时间追赶火车，跑到车厢里几欲气绝。正如他所形容“上车时已无力取票，说话维艰”。

在回程的车上，他写了几则很有趣的打油诗《旅途几苦》：1. 登山旅途脚板苦。2. 访友太晚无车步行苦。3. 无水冲凉干熬苦。4. 食用简单粗糙苦。5. 目的多样时间短，兼顾不暇苦。最后，他又写道：“然而过此都是乐中之苦，因而是苦中之乐也。”

1987年10月，曾景充又和弟子们一起，历时半个多月，游览了西安兵马俑、小雁塔、大雁塔、草堂寺、乾陵、延安宝塔、凤凰山万佛寺、洛阳、龙门、白马寺、郑州、少林寺、开封、禹王台、包公寺、相国寺这些地方，画下一幅幅速写。在黄河游览区，他为黄河碑林题字“浮天阁”、“河清轩”，题写诗句“激浊扬清，时和景泰。惊涛巨浪，马跃龙飞”，并受各处博物馆邀请，题字作永久收藏。

1995年秋，曾景充带领一批学生再次探访山东泰山碑林，并向碑林题赠了“弘扬国艺、光耀千秋”的大字，又作对联“龙门摩崖孝堂画壁，云冈造像石室写经”。和学生们一起登山访碑林，年逾花甲的父亲

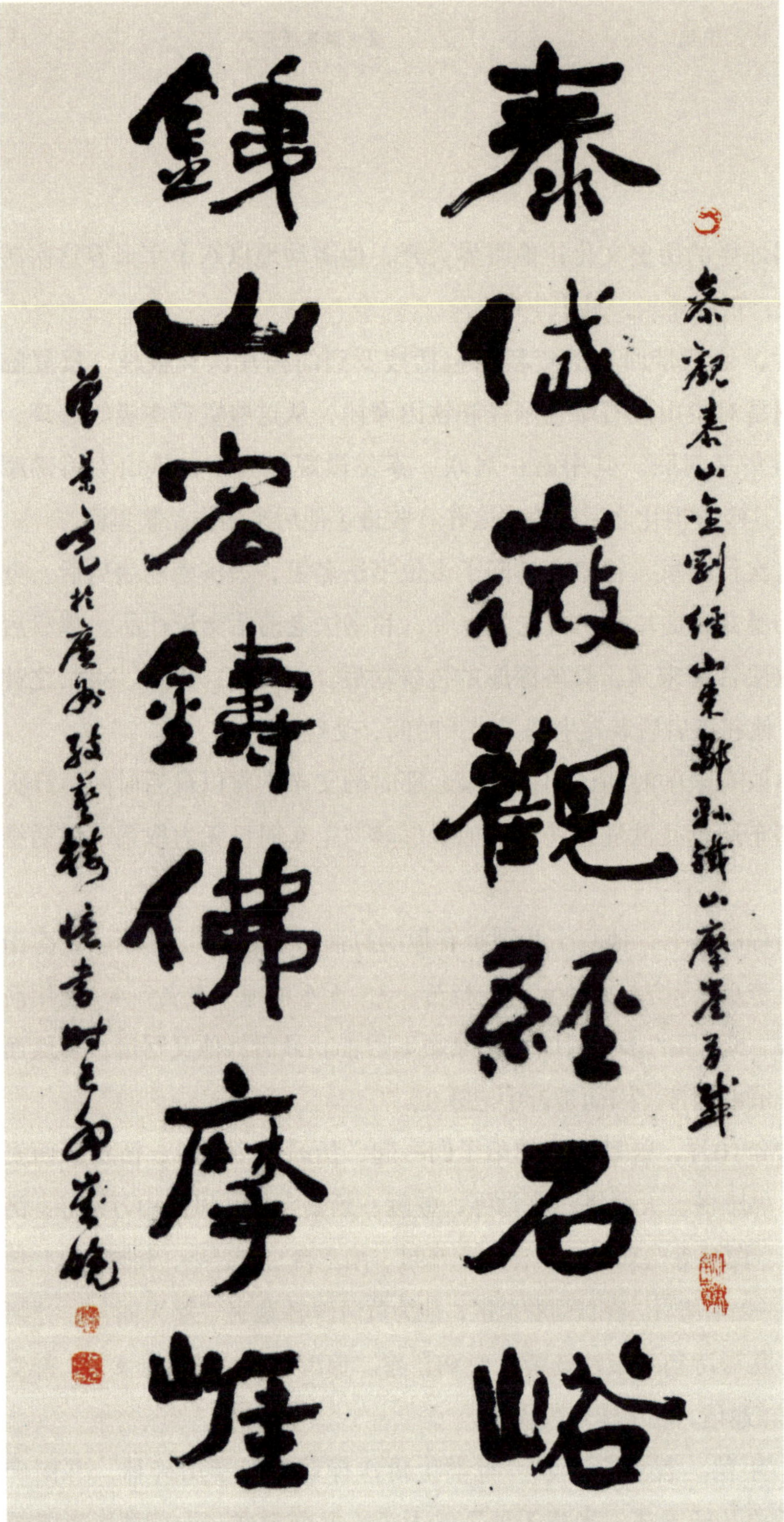

自撰泰岱铁山联

步伐依然轻盈，比一些年轻的学生们走得还要快。

实地对北魏碑刻的考察，使曾景充对魏碑书法的完美有着更为强烈而执着的追求。他更深刻体会到：摩崖上的刻字，更有大自然风雨剥蚀的金石味，从大自然中感悟书法、感悟人生，能赋予他更多的创作灵感，也赋予书法更丰富的内涵和生命力。书法的美一直是与生命相通的，而书法的创作是有生命意义的创造，能将简单黑白的线条幻化出具生命力的艺术语言，表达人类尤其作为个体生命对于自然世界的感知和理解，以及一切难以言状的复杂情感和人生体验。

他感慨地认为：作为一个优秀的书法家，必须既深潜于浩瀚的传统，又应密切地关注现代的艺术发展，站在艺术的前沿来思索自己所从事的艺术。所以，他决心把弘扬魏碑书法作为一生的事业和历史赋予的使命，倾注全部的心血和力量。

叁 大师盛赞“美在斯”

大约是在1983年初，艺术大师刘海粟来广州度假，下榻风景秀丽的南湖宾馆。适逢广州市青年文化宫组织集体旅游于此地，父亲曾景充得此良缘得到大师的亲自点评和指点，成为人生之中一次特别重要的经历。

这天，他背起自己的习作，敲响了大师的房门。出来开门的是刘海粟的夫人夏伊乔女士。

刘大师接见了父亲，父亲把自己的书作一幅幅地铺在地毯之上请大师过目。大师一边看一边点头，不同的书作再三反复观赏，并击节赞扬，对景充说：“现在世上只有两三个人看得懂你的书法。”

刘老曾经师从清末大家康有为，当然看得出曾景充书风的渊源，都源出于康有为所倡导的尊碑之道。刘老以同道喜悦的心情赞赏道：“继承魏晋六朝书风，而对碑学有所弘扬，真不容易啊！”大师说出如此心灵相通的赞誉，景充万分感动。

观赏良久，刘海粟欣然为曾景充题字——美在斯。虽然只是短短三个字，但赞赏之情洋溢，是对父亲的书法艺术高度概括的激赏，父亲无疑从中得到了巨大的鼓励，更加坚定了自己对书法艺术独辟蹊径的奋斗目标。大师的赞词和一番话语激励了他一生（见扉页）。

此时，有个香港老板也想请刘老题字，刘老却推辞了。

那天父亲回来，脸上洋溢着自豪的喜悦，他把刘大师的赞词展示给我们，并分享了事情的经过，我们沉浸在欣喜当中。夜已深，但大家却

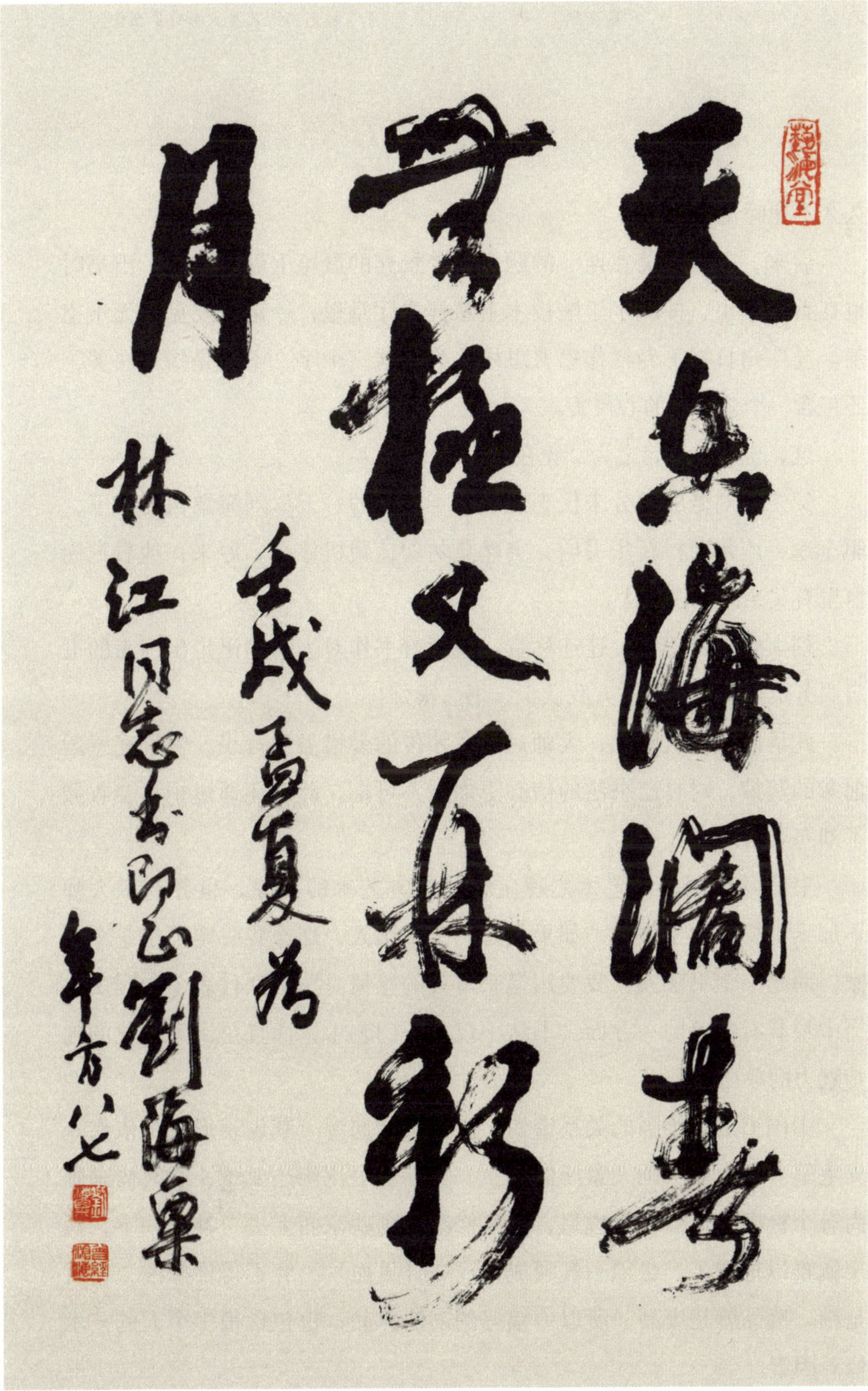

孜艺楼后来收藏的刘海粟书法

久久不愿睡觉去。

后来，刘老“美在斯”的题字在曾景充的展览上展示出来，出书时也在首页登出，并刻字于酸枝木上悬挂之厅堂里，令诸学友见之无不艳羡。《广州日报》专栏作家曹思彬认为：这三个字，不仅是指书法美，还包含一个艺术家的心灵美。

这，也是本书名之为“美在斯”的缘起。

父亲和刘老的缘分未仅于此。两年多后的一天，刘海粟再度南下，驱车途经广州西村新华书店，突然急匆匆让司机停车。原来，他看见橱窗里有父亲的两张书法。

刘大师驻足观看，连连称赞。他指着书作对当时闻讯走出门来的书店服务员黄强说：“这人我认识，书法很好！”

此情此景让人感动，大师对后辈才俊的爱惜溢于言表，曾景充感激前辈的奖掖，对自己书法的信心更加坚不可摧。此后还通过拍卖会收藏了刘海粟的书法。

书法是中国传统艺术之瑰宝，是东方艺术的灵魂。世界艺术大师毕加索称赞中国书法：“如果我是一个中国人，那么我一定不是一个画家，而是一个书法家，我要用笔来写我的感情。”书法代表了中国文化当中最具有特色的一方面。书法不仅是一门艺术，而且是国家文化的独特魅力的象征。

中国书法和绘画的关系密切，所谓书画同源，其表现形式都依靠一支毛笔。但中国书画大家溥儒说：“实际上书比画还要难，有时候画画尚有个标准，形似或是悦目，或可修改，画些东西上去‘补’一下，写字就难以把握了，必须一气呵成，‘一针见血’，容不得你修改，精就是精，废品就是废品。所以一幅好的书法作品，也包含很多个人的艺术修养因素。”

中国书法以抽象概括的线条，表现人生的艺术，写出自己的艺术语言，写出自己的怀抱是多么不容易！书法是一个时代的美学最集中的表现。

父亲曾景充在他的书法理论中则写道：“书法是一门国粹的艺术，它是最能代表中华民族的文化风尚和民族精神的艺术，是中华民族之瑰宝，是净化的线条艺术，是无色的图画，无声的音乐，传达文字的思想情操，穿透着雕刻的深沉动力，呈现舞蹈的丰姿百态，体现华夏人文的思想意识的崇高领域，哲学伦理的博大精深的艺术，是东方艺术的灵魂，立足于世界艺术之脊。所以，如果中国要只拿一种代表性的艺术去参与世界艺术博览，我认为只有书法。”

他还自豪地写道：“书艺探研愈深，愈觉其精深博大，其精神内涵至上，高超无际，所以，当我能以那么多的书体面貌抒发不同的情怀和美感，我顿感自豪，为热爱投入这一祖国国艺而引为‘骄傲’，我不禁由衷地作心灵的呼号，书法——崇高的艺术，艺术的灵魂！但愿宇宙人间能作出应有的回响。”

肆 投身政协 交游日广

20世纪80年代初，书坛一派欣欣向荣、生机勃勃，社会上各种形形色色的书法学习班如雨后春笋。曾景充不单在家里授课，社会上多处书法班也聘请他任教，课程排得满满的。

曾景充教学出色，但凡以他名义招生的书法班都爆满。有些地方假冒他的名字招生，结果上课时不是他任教，有些人觉得受骗而退学费。

父亲在社会上和书法界的影响力日渐增大，他希望能以自己的影响力和教学经验开设有一定水平、有政府认可的正规书法研究学习班。这个愿望得到了广州市政府的支持，并在市政协负责人梅日新、肖范波、胡根天的支持下，由他筹组广州市政协书法研究班，并把他调去市政协工作，主要担任书法教学。

1983年，曾景充正式离开广州市青年文化宫调去广州市政协工作。他创办了第一届市政协主办的书法研究班。当时就有市级领导带头参加学习，颇有影响。这个研究班后来发展为中国书画函授大学广州分校，不断发展壮大，学员遍布全省、全国。教学相长，曾景充的书艺更进一步力争上游，在社会上影响更大了。接着，岭海老人大学，广州市的大型企业如广州钢铁厂、冶金局、纺织局、石化企业等，都聘任他为学术指导，定期请他去授课。

同时，他参加筹办广州书画学院，草拟学院章程，亲订教学大纲等。在当时，要办成一间“学院”要经多方面的审批，有很大的阻力，但最终在他的精心筹划和努力下，促成创办了广州书画学院。他大力邀请社会上知名的书画家任教，如秦咢生、黄文宽、陈子毅、吴灏等，提升教学质量。

但在当时的编制下，政协并没有专职的书法教师，曾景充除上课外，还要兼职做一些文化方面的组织工作。1981年和1982年，他分别参与接待日本著名书法家、书艺院理事长梅舒适，著名书法家驹形苍丘、柳田秦云等来广州举办书法作品展，与他们进行书艺交流活动。1984年初，应我国文化部邀请，日本著名书法家川上景年来中国举办巡回书展，来广州展出时，挥写大字“云石”，属于日本的少字派书法，给景充留下了深刻的印象，他渴望有一天能亲自赴日本弘扬中国的书法。

这里有个小插曲。当时，父亲通过日方代表的翻译了解到，像这些著名日本书家作品在日本的售价，每件作品在20万日元以上（约人民币12000元），甚感吃惊——因为他的工资每月约三百元人民币，外国的艺术品价格与中国的艺术品价格相差竟然如此之大！

1981年，中日书法共同展览在广州文化公园举行，两国书法家欢聚一堂，即席挥毫表演。曾景充是中年书法家代表，即席写了“一堂情更好，南国笔生春”。只见他临场镇定，旁若无人，挥毫时，笔走龙蛇，潇洒苍劲，一气呵成。日本书法家称赞不已说：如果不是狠下功夫，功底深厚，是不会达到这样熟练境界的。不久，曾景充的书法又被文化部选上，先后送到西德、芬兰、日本等国巡回展出。

在政协，除参加一些接待活动外，父亲经常要搞一些文化娱乐活动，对他来说这就真是棘手的事情了。

有一次，他带粤剧团的一些同志到珠江三角洲旅游，从来不懂财务管理、生活开支一切由太太照应处理的曾景充，却没有申请财务用钱计划就带团出发，结果几天下来的费用、酒店、膳食、出游等，结账时才知道没有领钱或记账单出行，无钱结账，他只好临时写下书法作品作为

“保证金”，等回市政协后才去财务处办理转账手续还清所欠的费用，成了一时圈内的笑谈。

著名粤剧演员卢秋萍就开玩笑说：“跟着曾老师去旅游真好，吃得好，住得好，不用花钱。”父亲则笑呵呵地说：“什么不用花钱，我的书法是无价之宝的啊！”

书生气十足的曾景充通过这个事情，明白到自己不是一位善于组织管理和秘书工作之人，虽然有能力就有无限的可能，但把自己放在什么样的地方才能使自己的能力发挥到极限却大有讲究。他的特长是在书法艺术方面，应该做好自己的专业，教授书法才是他应该做的事情。因而，他理智而坚决地要求调到有关部门去专门从事专业的书法教育工作。

1984年，曾景充正式调入广州市美术工艺职中任书法教师，直到退休。此外，在政协的广州书画学院，他一直保持教职。后来开设了研修班、高研班，培养了一批又一批的书法尖子，不少人现在都成了书法界的骨干人才。

在学校任教，不是坐班制，只有上课才回学校，还有寒暑假期，能有更多的时间研究他的书法和专心地写他的理论书籍。还可利用寒暑假期游历祖国名山大川，感受祖先为我们留下来的丰富文化遗产，从而吸收过来更好地把书法发扬光大，父亲顿时有一种回到正轨的感觉。

转入学校任教后的第一个暑假，1985年6月中旬，在曾景充来说，这是人生的一次大假期。自从1951年参加工作三十多年来，从未放过一次如此长的假，他要和我母亲宝碧一起尽情地游览祖国美丽的河山。

他们计划用一个多月的时间游览桂林、庐山、黄山。那时，飞机票一票难求！在学生的帮助下他们才买到两张不同时间出发的机票。

父亲搭乘上午的飞机先飞往桂林机场，母亲则乘下午飞机，相约在机场出口会合。哪想到，父亲一到桂林，就被那里的风景迷住，迫不及待写起生来，边画边走，不知不觉便远离了机场出口，待母亲到站时他已人影不见了。母亲只好沿路寻找，好一阵工夫才见到正埋头写生的父亲，见母亲来到身边他还笑笑说："就画完啦。"宝碧望望画，又望望他，真是哭笑不得，只有乐在其中，莫逆于心间。这是他们生活中的一点小"默契"。

在桂林游览数天后，他们飞往南昌继续行程。

6月16日，他们从南昌乘直达火车到庐山一日游，画了一幅《庐山锦绣谷》。

次日，他们乘火车到达黄山，在黄山的山麓下开始绕山游历，人字瀑、桃花溪、虎头岩、醉石观赏，游玩于山水景色之间，心旷神怡。父亲边游边捕捉最美好的一瞬间速写。他本身也是一位画家，画家最基本的技能就是写生。他从小就喜欢写生，写生时可以依对象而升华出意念，可以从对象出发自行构图取舍而成一个画面。晚上，在山麓茅舍里住宿，虽然非常幽静，树木掩映，总有点湿凉的感觉，但因白天跋涉劳顿，也很快酣睡入梦。

拂晓，他们循山径绕黄山后山而行，途经天都背、名泉桥、慈光阁。这里是清代画师石涛、八大山人居住作画之处，景充仰慕之情油然而生。此时山间烟雾缭绕，流连一番后，他在小卖部选购了一些毛笔，画了一幅《天都峰》的速写画。在一间小食店里两人分食了三碗肉碎面后，便开始绕山登临，并以文殊院为中心，盘桓数日于此遍游黄山奇观。

黄山以其雄、奇、幻、险称绝于世，山势雄伟，气势磅礴，一步一景观更是黄山的特点之一，云烟变幻的黄山风景确实太美丽了，处处可入画，站站有题材，取之不尽。曾景充就像一只自由展翅的鸟开心极了，沿途一直笔不离手，有时驻足速写，有时快跑寻找最佳景点，把身边的宝碧也忘于脑后了。母亲有时要等他，有时又要追赶，一边走一边嘴巴里嘟囔，"真是嫁鸡随鸡，嫁狗随狗，嫁着猴子随山走"，正好父亲生肖属猴，听老人家回忆时我们儿女辈均甚觉有趣。

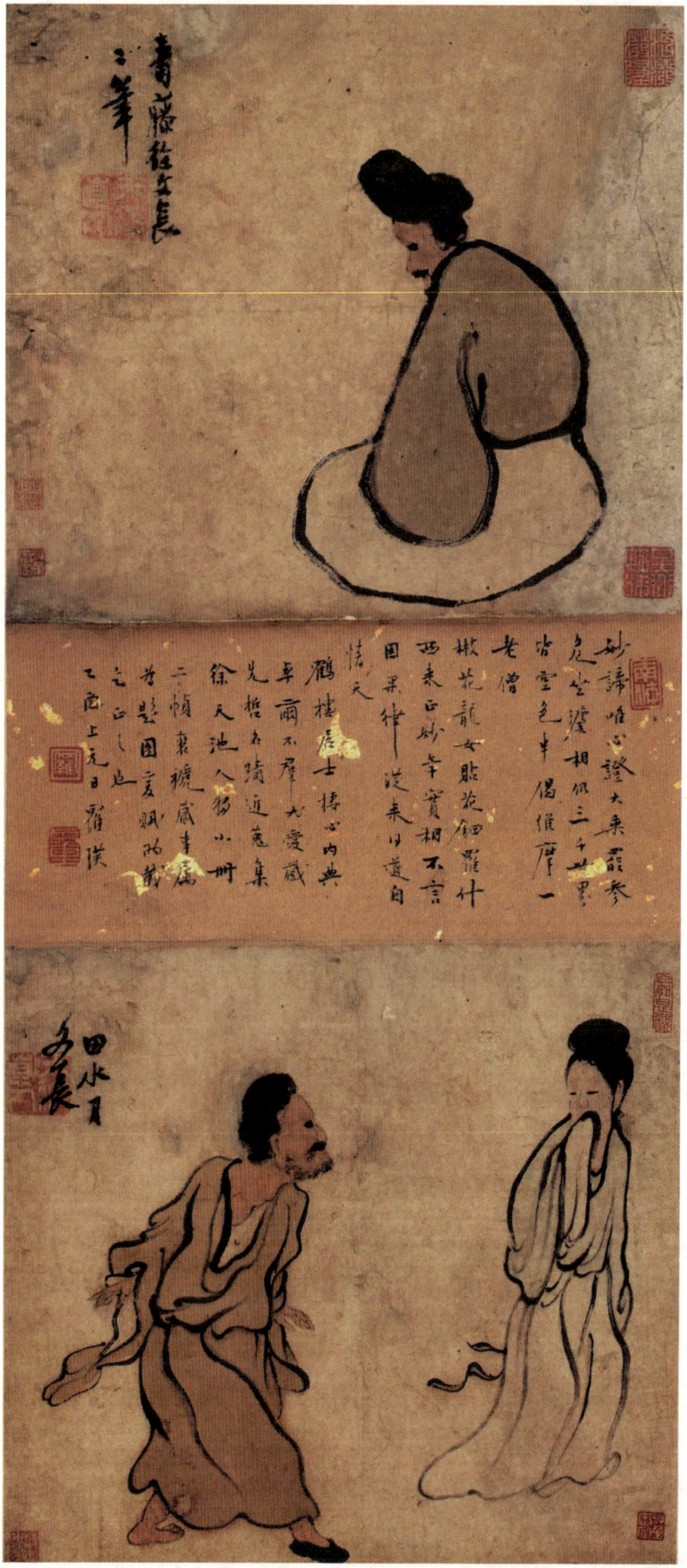

曾景充所藏
徐渭作品真迹

因为怕走丢，他们每隔一段路程就按地图约定在某一处相会。这天，他们穿越莲花沟，登临莲花峰，层峦叠嶂，就好像盛开的莲花，风光奇异。凌霄回顾，天都峰又如天上的都会，美不胜收，另有猴子观海、老翁钓鱼、天女绣花、蓬莱一线天、飞来石、散花坞摇树、梦笔生花峰、玉屏楼，栩栩如生。壮观的云海，更是缥缈奇幻无穷。

父亲专心捕捉着自然界的神韵，有如融入神游仙景物我两忘之境界。他一边走一边赞叹大自然的魅力，一阵云海飘过，他从心底喊出“云起山欲舞，逸兴心遄飞”。这是他在黄山游历时所作的诗句。

在那些刚劲挺拔、苍郁秀美、姿态万千的迎客松、卧龙松、凤凰松前，他久久凝神，专注画下一幅幅形神兼备的画稿。在父亲看来，大自然中的松树，让他的视觉感受到的正是各种刚健魏碑字体的不同形态，可以领悟到魏碑书体雄伟的气魄，在他的心底，更体现到书法的美，一直与生命相通。大自然赋予他书法创作的灵感。在一本厚厚的速写簿里，他画满了速写画稿，并命题记录，用写生画稿来为我们留下了他满满行程的足迹。在山上的第四天，已经是下午四点多了，他们又走散了。母亲找不到他，只好问路下山了。回到旅店，见他回来洗澡了，就生气地问他：“我脚都走肿了，你去哪里了？”父亲笑着说：“我连午饭都还没吃呢！”两人无奈地相视一笑。

6月22日，他们在普陀山玩了几天，顺道又游玩了湖光山色交相辉映的杭州西湖，著名古刹灵隐寺、六和塔、岳飞墓等。

6月底，他们又乘坐长途汽车到绍兴继续行程。绍兴是著名书法圣地，东晋时大书法家王羲之的绝世杰作《兰亭序》就出于此地，景充对此神往已久。这里茂林修竹，溪涧淙淙，更有“鹅池”、曲水流觞等景点。他久久凝神于《兰亭序》碑刻前，观察体会其气韵，将《兰亭序》由头到尾读了一遍，仿佛隔着时空与王羲之阔论高谈，念天地之悠悠，叹人世之匆匆，心中更加强了弘扬书法的决心和使命感。

绍兴还有青藤书屋，为徐渭诞生和读书的地方。徐渭是我国古代十大画家之一，以泼墨写意见长，是青藤画派的创始人。景充特别喜欢徐渭的人物画、山水画和书法，在他的藏品中就有徐渭的书画真迹。所以到此一游自然兴致盎然。

此次游程历时一个多月，父亲买了一些字帖，在博物馆里又买了几幅书画作品，一些黑白摄影照片。回来后父亲给这些照片题上诗句，令照片生色起来，如“云起山欲舞”、“天海玉屏”、“黄山胜景之一”等。

特别要提及的是，这次行程他们还去了浙江西泠印社，会晤了当时浙江美院书法系教授陈振濂先生。陈先生与父亲是好朋友，相互间有多次书信来往和晤面交流书艺。父亲将自己编制的书法“集锦”和书法作品让陈先生过目，陈先生爱不释手，赞叹景充为书法发展所倾注的工夫，预言景充将来一定成大器。

陈先生拿出一些近代藏品让景充欣赏，其中有王个簃、刘海粟、王伯敏等书画家的作品。离开浙江时，父亲托陈先生找王伯敏的画。几个月后，陈先生找到了两幅王伯敏的山水画寄给了父亲。

陈振濂非常欣赏曾景充的书法，特意把曾景充的书法对联“荒岩踞虎豹，古壁画龙蛇”，还有《浅谈魏碑书法》这篇文章推介发表在《书法》杂志上。

后来，父亲收到了很多书法爱好者的信件，其中有信件写道：“景充的魏碑书法在继承和发展中国的书法方面具有很大的推动力，为岭南清秀的书法注入了雄浑有力的强心针，成为岭南书法创新的独秀奇葩。”群众的来信，对他书法的赞扬和喜爱，是他向前发展的推动力。

这时，曾景充的书法已日趋成熟，找他写字的人多起来。在书坛上备受关注和肯定。在《书法》、《广州日报》、《羊城晚报》、《南方日报》等报纸杂志，常有他的书作和文章发表，广为传播，影响深远。

广东电视台对他作《书痴》的专题采访报道，曾景充的名字随着他的书法越发广为人知，因而又得“书痴”绰号。人们谈论书法，就一定会说到能写多种书体的曾景充。他的作品引起人们的赞赏和共鸣。

社会上请他写字和写招牌的人越来越多，有些人更是冒政府的信函来要求他写字。为了杜绝不良的影响，他定下了写字价目表，但对一些慈善捐赠、社会公益、单位团体志庆等要求书写的他一律义务书写，特别是救灾义卖的活动，他一定会抽空参加，为社会贡献他的一分力量。而请他教授书法的人就更多了。

伍 设帐授徒 因材施教

有人说，“曾景充的学生桃李满天下，在广东省他撑起了书坛教育的半边天”。

这话并不过分，在大型书法展览中，当时他的学生或是受他指导过的入选者总有不少。跟他学习书法有如沐春风的感觉，他宛如架设了一条桥梁，让人轻轻松松地从此进入书法的殿堂，甚至成为书坛的中坚骨干。有些学生更是对比过其他书法老师之后，回过头来还是要跟他学习，好像跟随曾景充，才算走上书法的真正道路，而不会走歪路。曾景充能用他敏锐的慧眼根据各人不同的特点指引他们向正确的方向走下去，这对学习书法的人来说是很重要的，这是景充在教学中最令人怀念的。

早在20世纪六七十年代，曾景充就不断总结书法教学的经验。工厂里的一些职工经常向他请教美术字和书法，使他逐渐积累了一些教学经验和理论知识。后来受聘于广州市少年宫教授尖子班的书法，主要对象是有一定基础再深入钻研的少年儿童（当时有书法神童之称的冯维纲也在这个班上学习）。由于他教学方法好，有些家长就请他私下教书法。从此父亲逢周末晚上便在家里开设一个小班，最早期的一批入室弟子如李婉安、凌卓、汤德新、郭杨、李文娟等，他们于70年代末或80年代初移民美国、澳大利亚。每当他们回国，总要到孜艺楼来探望曾老师。父亲1996年访美，在三藩市访问办展览，他们在电视里看见报道，随即从各地聚拢过来，师生他乡相聚好不热闹。

进入80年代，曾景充又相继受聘于海珠区和员村工人文化宫开办书法研究班。他根据多年的教学经验，自编教材，认真备课。厚厚的备课本里，写满了图文并茂的内容。他记忆力好，大脑就像一部超级电脑，存放着大量的书法资料，对历代书法碑帖了如指掌。他认真严格教好每一堂课，每次对前一课的内容回顾一下，有针对性地解决一些存在问题，再学习新的内容。循序渐进，让学生们学得津津有味每次都有收获。

放学了，学生们总是围着曾老师提出永远解答不完的问题，而他总是有问必答，有时往往要推迟一个多小时，甚至忘记吃中午餐的时间。一些进取心极强的学生，恳请曾老师在家里增设研究班，让同学们能有更多的时间跟随他深入学习。父亲便在家里又开班授课，师与生孜孜不倦地教学和研习。这个时期一直能坚持下来并学有所成的学员主要有：徐自生、黄少娥、李志东、杨志雄、黄国桢、叶仲晃、汤德新、梁镇雄、邵喜柱、向尾隆、冯汉光等。

那时我们家住在中山五路小马站20号，房子很小，厅也只有十多平方米，每星期两个晚上上课。改革开放初期，有一段时间电力不足，全市实行分区停电，刚好遇到停电的晚上就要点蜡烛上课。有段时间蜡烛也供不应求，市面缺售，我们只好买火水（煤油），把古铜的灯座灌入火水点燃起来。在闪烁的柔弱灯光下，大家紧紧地围坐在一起，不肯让一点点的学习时间从中溜走。曾景充向每位学生讲解不同的字帖要领，而学生们也兴趣盎然地听着。由于是个别指导，先到先上，因人施教，令学生们乐而忘返，自己的内容学完后也不愿离去，继续听曾老师讲其他学生的作业。父亲正确指导学生们临习每一本字帖，有些字帖在市面上已售罄，他就把自己收藏的拿出来借给学生们临摹学习，又帮学生在书店里找到最合适的书帖买下来给学生学。

曾景充特别强调临摹的重要性。他认为：临摹是书法学习的基础，也是创作的基础，离开临摹的实践，往往出现偏离，理解不到作品妙在

1984年孜艺楼设帐授徒

何方；离开临摹的创作，总是使人感到单调、贫乏、幼稚。艰苦的临摹是书法创作中必要的和首要的阶段，虽然临摹与创作不是一回事，但是在一定的意义上说，高水平的临摹也是一种创作，吴昌硕临摹《石鼓文》终生不倦，集篆书之大成，创造了自己“古茂雄秀”的艺术风格。

曾景充要求学生严格临摹字帖，在临摹过程中，吸取古人的长处，克服古人的短处，教导学生如何领略字帖中的特征，体会和观察字帖中的精神，观察各字形的取势。有时他会放下笔来，做出各种功夫的姿势来引导学生掌握不同的字形特征，有时又在学生的作业处，画出几何图形来指正学生字体结构的不足，提出改正的方法。

为拓宽学生的视野，曾景充经常毫不吝啬地拿出自己珍藏的名家真迹与学生们共享，指导他们学习古人之法，令学生受益匪浅。他又带领学生们参观展览，吸收不同的艺术养分，启发和提高学生们的欣赏能力和创作水平。

1981年初，我们家搬进了惠福东路395号四楼，那是外文书店分配给母亲宝碧的一厅二房的独立单元，房子虽然不很大，但居住条件已得到了很大的改善。和小马站20号一样，父亲仍在家里设帐授徒，孜艺楼的书法教学已成为景充为书法事业的发展而努力奋斗的重要组成部分。如果事业经营讲究永续概念，这也是一种永续经营，为培养书法人才而永续经营。

曾景充在孜艺楼里教授不同级别的学生，后来人数太多了，只好分成三批，分别在星期二、四、六晚上上课。这个时期一直坚持下来、成绩突出的学员主要有关百贤、潘健生、梁伟超、刘广超、何勇当、陆泰泉、李纪桐、林少波、黄宗飞、黄锐才、余超群、尹永杰、黄霭玲、邹军，还有曾霭庄、曾庆丰两姐弟（两人从少儿时期就一直跟随曾景充学习书法）等。

多少年来，孜艺楼一直无间断地进行教学。1984年，父亲又把愿意继续深造的学生组织起来，以小班制形式有针对性地重点辅导教学。这个时期的学员主要有蔡瑞云、杨念池、刘广超、陈广志、梁伟超、曾霭庄、曾庆丰、魏锦光、陆泰泉、李纪桐、卢世婉等。

父亲学养深厚，教学经验丰富，学生们在他的身上总会有学不完的东西。长久以来，孜艺楼把有共同爱好、共同理想的人们共聚在一起，孜孜不倦地学习。在这里，大家共同度过了许多欢乐时光，留下美好的回忆。魏锦光回忆说："曾老师教学可谓因材施教，百花齐放，几乎每个人学的碑帖都不一样，每次上课都是大家拿出作业来给老师点评，然后提出修改意见，当堂给予示范，于是每一个同学每个晚上等于同时听到10多种碑帖的讲解、分析和用笔示范，眼界大为开阔，眼力也大大提高了，这样的教学也为后来曾景充所办的多次师生展展现出丰富多彩的面貌奠定了良好的基础。”

学生李志东结合自身多年的学习体会说：“曾师教学诲人不倦，毫无保留，倾其所学是出了名的。”他在一篇回忆文章这样描述：恩师曾景充先生女婿魏锦光兄嘱找一些当年学习时的资料。翻了一下，在一画册中夹着一叠当年临帖，给曾师面批的作业。如没有曾师的铅笔、毛笔批改字迹，几不认为是自己的临作。在80、90年代，到曾师孜艺楼入室学书的十来位师兄弟中，我是比较调皮的一个，颇为自负，对着帖，经常是按自已的意思临，对所临对象按自己意思有所改造，每次带作业，都给曾师呵斥，批评我太主观，但我依旧我行我素。现在回望这些临魏碑《张猛龙》字迹，实际上并没有越雷池半步，所谓主观，实际上理解不到位，临不到位借口罢了，曾师在批注中一一指出。印象中曾师用批判的眼光看待王羲之、赵孟頫一类“靓仔字”，认为线条嫩滑，像“踩雪屐”，而喜欢魏碑、金文、摩崖、章草及苍劲古朴，浑厚老辣，金石味浓郁之类，如沈曾植、康有为一路书法。另外，曾师也不喜欢方方正正、四面撑满的字，主张字要跌宕多姿，有收有放，像跳舞般有姿态，外框结构要三角形、倒三角形、菱形等等，从曾师的批改字句中可看出其美学思想。曾师极喜康有为老师沈曾植书法，曾说，看过沈的书法，其他书法就没味道了，其临沈曾植几可乱真，容庚先生也曾誉之为“翻生沈寐叟”。

1987年7月，在广州文化公园举行孜艺楼师生书法展，作为广州市书法界首次师生联展，以其人数最多、书备五体、风格多样、水平较高而受媒体称赞。秦咢生为书法展撰写了一首诗：硬涩枯藤字，缤纷矫凤姿。孜孜论授受，致用见风仪。

除一批年青的学员外，曾景充还特别为一些年纪较大、退而不休的书法爱好者增设了一班，在星期日上午上课。这些学员一直跟着曾老师学习，有些学员更是坚持学习了十多年，并誓言曾老师能教多久，他们就学习多久，这批同学有：范卓华、韦家利、龙宝珠、朱善猷、邓新灵、黄静文、陈凯、金恒、谢雪玲、黎国玲、蔡新福等。

在家里设帐授徒人数总是有限。为适应时代的要求，后来父亲与广州师范学院合办学校，取名“广州师院书法培训中心”，由他担任校长兼书法主讲教师，由前师院附中校长韦嘉利夫妇和母亲宝碧负责日常事务，聘请一些社会上的书画精英担任书法、绘画教师，每期招生都额满，一直办了四年，直到1991年父亲赴日本作书法交流和讲学才停办。

曾景充还在岭海老人大学任书法指导，兼任书法系主任。其间还先后在中国书画函授大学广州分校、广州书画学院、华南业余艺术大学、广州军区老干大学等多处执教，并多次受邀到华南师范大学、暨南大学、广东教育学院、香港中文大学、澳门业余进修中心等学校讲学。

作育书坛英才，一直是曾景充全身心投入的工作，永远念念在心、尽职尽责。“得天下英才而教之”，是他生平最快乐的事，甚至可以乐而忘寝。几十年坚持不懈的书法教学，造就了一批又一批的书法人才。他用因材施教的教学方法，引导着每一个爱好书法、前来求学的人，找到合适自己发展的书写方向和道路，很多人也因此进入书坛而成为中坚骨干。可以说，曾景充的书法影响了一代又一代的后学者。他从20世纪50年代踏入社会工作，成为职校教师，到晚年病重住院之前都一直坚持教学，经过了半世纪多的历程。

2005年，孜艺楼的学生们为曾景充举行了50年光荣教学庆祝聚会，师生们笑语欢声，热闹非常，曾景充非常感谢学生们的支持和爱戴，并享受到真正意义上的“桃李满门”的乐趣。

陆 言传身教 独门“秘籍”

长期以来曾景充在书法创作和教学实践中，总结出多种富于独创性的学习方法，行之有效地解决在不同阶段学习书法的问题，例如“拆解法”、“意临法”、“移影法”、“草稿法”等等。学生们使用这些方法进行训练后，不论临摹、创作还是欣赏，都得到很大提高，从而有新的发现和体会。他又以自己书法事业的成功启迪后学者，将他自己学习过程的方式用简单的公式概括为：基本功—对临（形、神、似）—精临—意临—创临—创作。

曾景充始终强调基本功的训练，这方面他提出“拆解法”，将书法学习一步一个脚印地扎实推进，任何一个薄弱环节都会在拆解法的严格要求中得到克服，并强调对它的娴熟运用。

拆解法可大致归纳为以下三个方面：

一、用笔和用墨。用笔提出“线质”的要求，强调笔锋尖端入纸，逆势引笔，力越深越透则质越坚，骨越峻，神越清。再则是强调深入体会与把握运笔过程中笔锋的变化及行笔力量，速度与方向的丰富变化，例如中锋与侧锋（侧锋与偏锋的差别）、铺与敛、按与提、疾与徐、转与折、逆与顺等，使线条富于节奏感和生命力。用墨强调体会墨的丰富变化，干湿浓淡，润燥腴瘦，使作品更富于气韵。

二、结体。提出摹写时要熟练运用“移影法”，他经常用美术速写打比方，强调注意观察字体从直线的外轮廓到曲线的形态轮廓；从笔画组合的粗与细、收与敛，到疏密聚散等等的丰富内涵；关注结体的姿态、造险、唯美。他主张先读字，解字，体会创作者结体的良苦匠心及产生的美学效果，心中有数了再落笔摹写，这样，直觉的、笼统的作品观感变成了深思熟虑的、明晰的实践操作，感性与理性的往复穿梭，各个击破，举一反三地反复锻炼，从而积累结体经验，提高解析能力，不单把结体写得准确生动，而且使审美眼光更加敏锐，为以后更高层次的再学习和创作打下扎实的基础。

三、行法和章法。这是将结体的单位量扩大，例如，在行草的教学中，特别强调行字“三三两两”的搭配，然后再到整篇作品的前后呼应，左右映带，正侧的排布，气势的连贯，主与从，纵与横，大与小，动与静，虚与实，疏与密，等等。这是对用笔控制能力与结体水平、整体章法的把握以及审美水平的更高挑战。

以上三个方面，反反复复贯穿了整个教学过程，因学生和学习状况不同而各有侧重与针对性，强调书法学习的基本功是一大重点，所谓“不积跬步无以至千里，不积小流无以成江海”，只有通过长期坚实的基本功锻炼，才能产生质的飞跃，所谓意境、个体的风格才会姗姗而至。

在基本功的练习方面，他指出不可忽视读帖，认为一般人只知临帖（已不错）但忽视读帖，造成知其然不知其所以然，临起来只是堆砌拼凑，得不到精神和要领，也不知临的意义和帖的精神所在，出现抄帖或死临帖的现象。

他指出读帖的必要在于：

1. 从评鉴和欣赏以得其精要和神韵。

2. 从冷静和分析角度以解决“近视”和浮躁。

3. 从客观和历史的角度去探知其流派和影响。

4. 从精微的比较中，领略技法的要领。

5. 从碑帖与自我的差距中找到便于吸收改进和突破的方向。

同时，他又总结出书法艺能大忌：

笔无按提起伏，线如春蚓秋蛇。
线无干湿浓淡，笔无血肉筋骨。
形同方块木板，状无奇险姿态。
字字等距无致，行无气势贯通。
章法排布平淡，未见起伏波澜。
题款盖印老套，不求正辅辉映。
通篇寡情无韵，天人意境未谐。

只有通过这样的训练，学员的功底才能比较扎实。

为了解决艺术创新的问题，曾景充提出意临的方法。他认为意临是书法创作中必要的阶段。这个方法用于学生对临拆解法阶段已具有较好笔墨功夫后，不要为法所缚，不能满足于对临的形似，而要以己意参之进行意临。“意临法”是帮助学习者从形似向神似飞跃的有效方法，也是进一步创新、形成个性化迈出的重要一步。

意临的方法大致包含三种：

一、要发掘出原帖的“意”，即其精神实质，充分加以表现，以撷取其精华，而不是仅仅表现其表面的细节的偶然特征；

二、临写时参照一种范本为主，对此帖之不足处，则参以他帖，然后将多种风格的碑帖加以融会贯通，创出新貌；

三、临写时解放思想，畅怀己意，即寄予自己的审美理想和艺术的体会，体现书者的个性和修养，使之更完美，更具个性。

至于意临的具体方法，他总结为几个方面：

1. 充分表现或“夸张”原帖的精华所在。

2. 把已经熟临的两家（或诸家）碑帖进行互临，即以某一家为中心，另一家为辅，加以补充或丰富，这样彼此交替多次，自然能融会贯通。

3. 可考虑按照你自己的理想和个性，把原帖某些地方进行加工或者改造，也可把原帖改写成不同体裁的条幅、中堂、手卷、斗方或集字为联等形式，在新的体裁形式下，运用笔墨技巧、字行搭配和章法布局作出相应的变动。这几方面也可相互交替运用，以熟练的技巧去磨炼，追求更新的效果。意临的成功与否，往往需要反复的对临、精临，加上参照名家成功的意临名作，便能融会贯通。

为使学生能深入理解，曾景充对各种碑帖详细分析后，特别书写作意临示范。翻开《石门颂》碑帖，他会讲述道：“开阔雄健的气势，波动拙辣的线条，是《石门颂》的特点。由于《石门颂》是刻在摩崖上的字迹，在凹凸不平的斜道石壁上直接刻字，字迹与崖壁的石纹参差交错，线条笔画也随崖壁凹凸变化自然起伏，没有太多的人工修饰，许多字不按规矩，夸张地拉长笔画，特意铺张线条的气势，用意是摆脱规正的字体藩篱。”

他还幽默地说道：“提倡北碑书法的康有为曾盛赞《石门颂》，认为胆怯者不能写，力弱者不能写，可想而知《石门颂》的笔势恢宏开张，波动跌宕，特意铺张线条的气势。”

他会边讲边拿起笔点上一些墨汁作意临示范，继续讲述：“其用笔取篆法，注意藏锋，圆劲舒畅，切忌锋芒毕露，线条要写出含蓄内蕴而又清劲飘逸，笔酣墨饱，运笔则内劲挺，外舒缓，流畅自如，略带草意，其结体洒脱自然，奇趣横逸。”

他特别强调在原帖基础上加强线条的粗细对比，适当渗入逆涩的行笔，令线质更丰富更沉厚拙辣，而绝不轻滑草率，字势疏宕舒展而不松散，要揖让有度，点画呼应，故有隶中草书之称。

示范了一段之后，他放下笔，擦擦有点痒痒过敏的鼻子，然后与原帖对照，告诉学生，这些临本精神上大体与原帖相通，而细看又有新的与原帖不尽相同的特征，这不似之似正是书者力图体现的意临效果，体现原帖的精华而加以创造新的意趣，这也是临帖的意义所在。

他要求学生要有扎实的基本功夫练习，他强调说："有些年轻人，没有扎实的基础，不肯苦干、实干、走苦学的道路，立刻就要表现自己的所谓'个人风格'，这是不可能成功成才的。"

他的学生都认为，曾老师的意临示范，比原帖写得更精彩，更能体现出原作的精神特征。

对学习不同碑帖的学生，他都在课堂上亲自作意临示范，学生将其每次示范的片段结集装订起来，就成了一本有全新面貌的意临示范临本，学生们非常珍惜，把它保存下来，见证着曾景充教学的良苦用心。

通过"意临"阶段的学习，学生们的书法水平将会提高很快。这些实践经验，收辑在他《五体临池指要》一书里。

曾景充特别强调书法学习中意临的重要性。他写过一幅作品"得形似者有尽，领神昧者无穷"，表达了这个思想。他认为，在临池过程中，吸取古人的长处，克服古人的短处，才能在继承中创造自身风格。而在意临过程中，自有主观的改造作用，自己的理解，自己的批评，自己的情感必然渗入其间，灵感也就自然会产生。

他又分析指出，有人说古人生活干扰较小，操毛笔的机会较多，其技巧一定较今天的人精熟；但从纵观传统、接受历代遗产、呼吸时代气息方面，则古人绝无可能企及今人，基于这一有利因素，临池者必须在专与博方面多下功夫，专就是精于笔墨技巧，专于一家，但绝不能从一而终，不可"一叶障目，不见泰山"。博就是要多读多临各种名碑法帖和真迹，拓开视野，提高鉴赏力，把美的线条、造型、布局等广泛吸收过来，积累，取精用宏，集众长为己有。还要加强"字外功"，加强美学修养，注意生活体验，通过时代气息的感受和姐妹艺术的借鉴，善于汲取和善于创造，然后才有可能按自己的理想和个性，因势利导地对某碑某帖进行巧妙的加工改造，创出比前人更新、更高、更美的书法作品。因此，意临也应极大程度地带上创造意识，这是我们学习书法成功的关键所在。

上面提到的“移影法”，是曾景充匠心独具的创新方法。他不赞成用“九宫格”或“米字格”这一类办法去解决书写的方法。他认为一旦养成习惯，离开这些“格”便写不好字，于是，他提出用“移影法”去临习。

移影法要点是，在临习下笔前，不急于着墨，先对要临的那个字，充分观察，理解字形结构特点，整个字的外轮廓，字的意态、姿势和内在笔画疏密分布，都熟稔于心，透视于脑海里成为一个原型，再“移”于手上，运用已经掌握的笔法把这个“影子”写出来，即把影子移到纸上。其实人的视觉有滞留期，初学者可先用铅笔把自己观察到的影子写在纸上，如果不准确，可用铅笔改正，然后用毛笔填临。慢慢练习多了以后，达到“察之者尚精，拟之者尚似”的效果。随着学习的进步，这个透视的“移”，自有主观的改造作用，自己的理解、自己的批评和自己的情感必然渗入其间，从而产生自然的灵感创造出新的作品。

还有“草稿法”，则是把要创作的诗、词或其他内容，用铅笔或较粗的炭笔先按自己设计的模式打一个草稿，把整幅字的章法、笔墨的轻重、落款等草拟出来，在草稿上把效果整理修改好后，再用毛笔在宣纸书写。曾景充很善用这一方法，每当他要创作书法作品或有创作灵感时，他都先打好草稿，在草稿上把作品的效果拟定下来，且这方法极为方便，随时都能用得上，在没有毛笔的情况下都能进行。他在生病住院后，运用这一方法把创作灵感记录下来，等病情稳定后回家里再用笔墨书写。在生命的最后阶段，他还不忘一遍又一遍打下铅笔草稿，有很多还未来得及写成作品。这些注满他心血的草稿，足以体现他一生孜孜以求把全部的生命贡献给他心爱的书法事业的一腔热情。

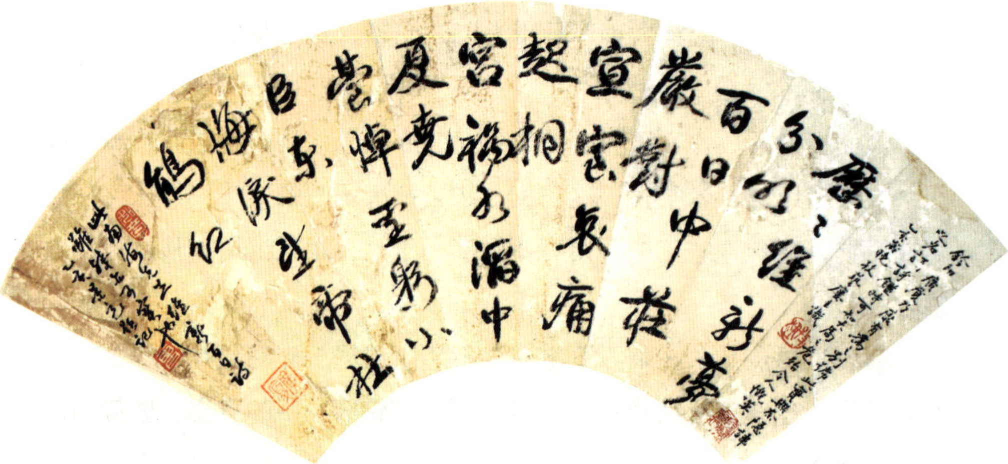

曾景充收藏并题跋的康有为书法

“对临到意临”、“移影法”、“草稿法”，这些方法对学习书法和从事书法创作，无论过去、现在或将来，都是很实用的有效方法，是书法学习和创作的宝贵经验。这些方法，曾景充一生中常常运用，每当他看到一幅好的作品，就会意临下来。

有一次，他看到赖少其先生的一幅书法作品，觉得好就意临了下来。在题款里他写道：“偶观赖老有此帧书法，即兴意临之，略参己意介入行书而出新意，一得也。景充学书于窗下。”

又有一次，他在整理藏品时捡出康有为手书《百日维新》诗，特别意临一遍：“历历维新梦，分明百日中。庄严对宣室，哀痛起桐宫。祸水滔中夏，尧台悼圣躬。小臣东海泪，望帝杜鹃红。”他在题记中写道：“近捡藏品康有为先生扇面书此维新诗作，因感慨而意临之，似略有康气。壬午盛夏，曾景充拜记。”康有为的“百日维新”名垂青史，他每次读着，都有一番感慨。

康有为提倡碑学，反对帖学，这与他“托古改制”、振兴民族的愿望有关，与不满后来的帖学缺少蓬勃朝气有关，特别是唐人的楷书，法度相当森严，但表现力和抒情性不足，进一步发展相当困难。而魏碑气势雄强，拙厚朴茂，体态奇变，一派兴旺的景象。清代人尚碑，像康有为、沈曾植、赵之谦、张裕钊等，都是以碑擅长的大家，都取得了很高的成就。

曾景充深受康有为的思想影响，主张“熔冶碑帖，北笔南意”，认为在传统的基础上要创新、突破、变革，才有生气，才有曙光。“守必腐，变则通”，这几乎是他生命的呐喊。特别是针对广东书坛存在的陈陈相因、千人一面，以及书法作品内容和表现形式都不够深刻、缺乏自信和创新精神等等问题，他立志通过自己的努力，闯出一条创新之路。看到康有为的百日维新诗，联想到康有为无论政治上还是艺术上都敢于变法，因而感慨万千，在该扇面书法上加上自己的题跋。

后期，他多次把康有为的论书诗书写出来，成为他很具代表性的作品，表达他矢志不渝融通碑帖的决心。

柒 展览出书 花果满园

1986年，是父亲人生中的一道分水岭。在这之前，是他努力耕耘、浇灌汗水的季节，这一年是开花结果丰收的一年。

暑假刚开始，曾景充的书法理论处女作《行书要法》由广东省新华书店在全国发行。他充满信心，自己设计封面，用赭红色和暗瓦当图案的底色，配以行书字。原定先出版一万多册，经全国征订后增至七万多册。

这本书的特点：一、立意新。景充根据多年教学、实践碰到的行书问题，从笔法、字法、章法进行了系统全面的论述，填补了我国行书结体理论的空白。二、观点新。直接抒写他自己实践收获的新见解，冲破传统旧法的观念。如“解决行书问题的移影法”，这是根据他多年教学经验把绘画的素描、速写方法运用到书学上来，还有以“钢笔促毛笔”的打稿方法，都是前人从未提出来的好方法。三、要旨分明，图文并茂。他通过多年积累的可贵行书资料，每提出一个问题都引出自己书写的行草字样加以举例。如“平正有致”、“奇险多姿”、“潇洒放逸”等，初学者容易理解，有基础的人可从中领悟，触类旁通。四、经验可贵，金针度人。景充以其书作墨迹为例介绍其学书甘苦经历，提出了他的独特书风形成的主张，走碑帖结合、刚柔相济的道路，学书者大可从中得到启益。

这本书由当时的广东省书法家协会副主席杨和明先生写序，他在序里写道："《行书要法》突出了'要'字，要领分明，言之有物，既可供欣赏研习，又可作行书教材。"

新加坡书法家协会主席陈声桂在1988年底，曾拟定邀请父亲赴新加坡作书法讲学和访问，特从新加坡打来电话与景充访谈书法，并道及他到北京开会座谈，也去逛书店，特别购买了《行书要法》两本，一本是自存参阅，而另一本则是交新加坡书协有关人员业务学习时作书法教材之用，并指出这本书的出版填补了历史上行书理论的空白，实为一本很好的行书典范教材。后来，去新加坡讲学之事，因签证问题而未能成行。

天津名家孙伯翔与父亲因为同好魏碑而惺惺相惜，特来广州拜访景充而成为书艺好友，常有书信来往，《行书要法》的出版，孙先生也来函表达敬意。

《行书要法》这本书在书法界引起很大回响，是当时最畅销的书法书，销量直线上升，连续三次再版，发行了18万册，仍销售一空。这是当时曾景充不曾预料到的。更令他意外的是，此书在我国香港、台湾，乃至新加坡也有影响。

在第二次再版时，父亲曾撰写了"行书探美"、"行书通病"等三个专题的内容，从而对研习行书问题作更深一步的探讨，同时增加了示范作品十余幅，用纸和印刷质量也得以提高。据新华书店发行部的负责人陈光华先生说，"书画专业的书籍从未有过这样的发行纪录"。报章、杂志上的书评也不少，广东省书法家协会也接到了很多书法读者的来信。"曾景充"这个名字在书法读者心中奠定了地位，该书也为全国书法爱好者提供了很好的学习教材，影响深远。同时也得到约四万元的稿费收入，在当时，能买到多件好字画。

正当《行书要法》在全国热卖时，1986年8月，曾景充在广州文化公园举办了"曾景充书法及所藏书画展览"，借此与同道分享其创作和收藏的成果。

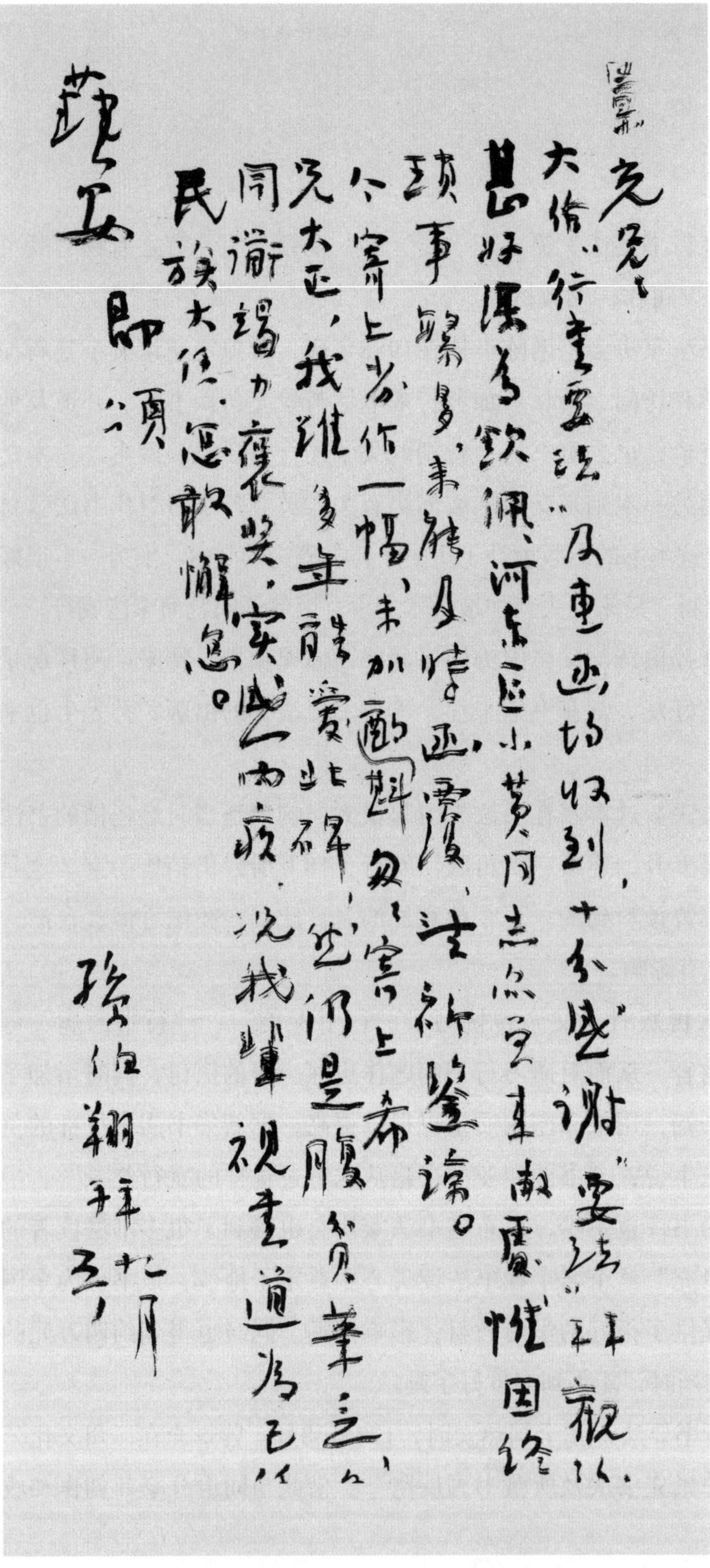

孙伯翔致曾景充的书信

他力求展览形式丰富多彩，要有别于其他让人看得沉闷的书法展览。他想：除自己的多种书体，自己几十年来所积累的收藏品也可以展示出来让大众欣赏。那个时候，书画展览大都是团体形式的，在大型展厅里搞个人展不多，只有能写多种字体的书法，内容足够丰富多样，又有高的艺术水平创作才能让观众留下深刻印象。

这样形式的个人展，在当时广东省内是首次举办，引起了很大轰动，各大报纸均有报道。其中专栏作家曹思彬在当年9月21日《广州日报》上题为“‘美在斯’——记中年书法家曾景充”的文章中，有一段写道：“打开曾景充著述的《行书要法》，首先看到艺术大师刘海粟为曾先生的书法题词：‘美在斯’。不久前在文化公园举办的‘曾景充书法及所藏书画展览’，同样给人‘美在斯’的感觉。‘美在斯’，这不仅是指书法美，还包含一个艺术家的心灵美。”

陆锡安先生在《科学文化报》上写道：“曾氏书法，以其北笔写南意，刚健中含婀娜的独特风格赢得了观众。步入展厅，一幅艺术大师刘海粟题写的‘美在斯’映入眼帘，如此赞扬，足见景充书法功力之深。接着就是他的106幅展品，篆、隶、楷、行、草各样皆精的书法，给人总的感觉是风格鲜明，有个性，有新意。如其楷书，将北碑的用笔糅合南帖的意态，外方内圆，峻险凌厉，雄健中见飘逸，富有动感，隶书则出于金刚经又吸取钟鼎铭文的浑厚沉实，使之圆劲而带有金石味，同时又在笔画上加以起伏变化，一波三折，造成灵动古拙的美感，他的《爨宝子碑》也有相当深的功力，用笔方折，端秀凝重。草书则讲究气韵和章法。有时在浓淡墨韵上追求情味。总之其书既有雄强朴茂的金石气质，又有潇洒利落的灵秀之气，耐人寻味。尤为可贵的是展出作者数十幅临帖墨迹，这既可看到曾氏学书之用功，又可从中看出他的独特书风的形成来之不易。他从北碑到南帖、从晋王羲之到清沈寐叟，无所不临，临得形神俱备，几可乱真。如此精收宏取，确是难能可贵。然而曾氏并不

陪同商承祚参观展览

食古不化，而是博取前人精华，变为己有，取北碑之雄强骨格，融南帖俊逸丰神，加钟鼎古朴韵味，出时代之新意。”

开幕那天，七十多岁高龄的商承祚先生和当时的市委书记欧初亲临现场参观。商老是在电视上看到新闻报道特意前来的。他本来不再参加任何公开活动，父亲也没有预料他会来。商老特别作了一副对联祝贺，书写好乘公交车送到父亲手上。父亲感激万分，马上腾出一个位置悬挂起来。嵌“景充”二字的对联曰“墨歌笔舞新景象，转折顿停气充盈”，隆情盛意，为展览增添不少光彩。

商老边参观边称赞道:“景充的书法功力深厚，面貌创新，为时下中年书法家最为优秀、最有潜力。”

景充和宝碧陪商老共进晚餐，然后“打的”（叫出租车）送他回家。车在等，但商老却一再拒绝上“的士”，定要只身坐25号公共汽车

与商承祚合影

回去。大家一万个不放心，父亲只好指派当时在检察院工作的学生尹永杰随车护驾，直至他平安回到中山大学。

欧初为展览题写了横额，对曾景充是个极大的鼓励。观展时在一幅明代文徵明的花鸟扇面前，对收藏也是行家的欧初用放大镜细心观察，边看边赞道：“好嘢，真好，真好！”他对尚在中年的曾景充能有如此精湛的真迹收藏叹为观止。

这次展出的珍品有文徵明、袁崇焕、康有为、梁启超、曾熙、金农、张瑞图、何绍基、杨守敬、左宗棠、伊秉绶、苏六朋、居廉、吴石仙、张大千、方人定、黄君璧、黄宾虹、吴昌硕、石鲁等三十多幅书画藏品。事实上，对于当时的曾景充来说，拥有这么丰厚的真迹藏品，是很不容易的。

展览之后的9月份，鉴于其在书法艺术和教育方面成就显著，广州市

孜艺楼学生合影

人民政府文史研究馆特别吸收曾景充为馆员，证书上是时任市长的杨资元的签名。对他来说，这是一份巨大的荣誉，标志着政府对他的肯定和认可，彰显他在社会上的地位。同时，他当选为市农工党文化支部副主任和友声诗书画研究会副会长。

同月，由香港中文大学和广东省书法家协会联合主办，曾景充应邀赴港作书艺交流和挥毫表演，香港著名歌星罗文也参加了这次活动。香港的《书画》杂志第二、第三期发表了曾景充的文章《谈爨宝子碑》和书法对联。

继《行书要法》之后，1987年5月父亲编写和出版了《曾景充钢笔书》。他指出，钢笔字是汉字的骨架，是结字的基础，写好钢笔字有助于书写毛笔书法。他的钢笔字兼有毛笔的法度、效果。书中既有端凝的行楷，又有流美的行草，并附有实用的书写碑体，内容包括古典诗歌名篇，优美的现代散文诗，名人信札以及实用书信，是一本讲究质量、精美大方、内容得体、雅俗共赏的钢笔字帖。这本书同样供不应求连续再版。

为了更好地普及和弘扬书法教育，广州日报邀请父亲开专栏《书坛拾粹》，从1987年4月20日起至1989年底，连载跨越三年时间。文章精练地将中国书法的发展作了介绍和评论，该专栏被评为1988年度《广州日报》的最佳栏目一等奖，这些文章结集起来就是一部简明的中国书法史。

1987年12月，为表彰他在书法方面做出的贡献，广州市文联授予他1982—1986年广州市文学艺术创作首届红棉书法奖。

1988年9月，《魏体千字文》问世。这是一本以字帖形式写成的魏碑书法范本。魏体是古代魏晋六朝的一种书体，由于年代久远，大多见于残损模糊的碑刻拓本。在这本帖里，曾景充通过精湛的书写技艺，对这种古旧石刻进行再创造，刚健丰厚，奇伟宕逸，兼有隶书、楷书的精华，有很高的实用性和艺术价值，能体现时代的书风。在这本帖的篇末，景充还特别温馨地附上千字文的白话译文，对了解该文渊博的含义大有帮助。这本魏碑字帖是曾景充的传世力作，在国内同类型的书帖中极为罕有，适合临习、欣赏之用，又是书法研究的重要资料。

魏锦光曾经记述："早年的曾景充对帖学有过很深的浸淫，尤其对赵孟頫钻研最深，但随着深入学习，勤于创作，加上广泛收藏，又供职书法教学，眼界渐开，很快就不满足于帖学，转而主攻碑学，举凡三代金文汉碑诸品及魏晋碑版无所不学，其中《张猛龙》、《龙门二十品》、泰山《金刚经》、《铁山摩崖》、钟鼎文等尤为出入自如。其一直在践行自己提出数十年的书法主张'熔冶碑帖，北笔南意'，进而更提出'融通书法'的主张，并认定它是书法艺术发展的康庄大道。由此把帖学的流美俊逸和魏碑的雄强厚重有机结合，达到刚柔相济的境界。1988年其出版的《魏体千字文》这种风格已经初露端倪，被诸多同行方家誉为'曾体'。让他在岭南声名远播的诸如人民公园、陈家祠牌坊上

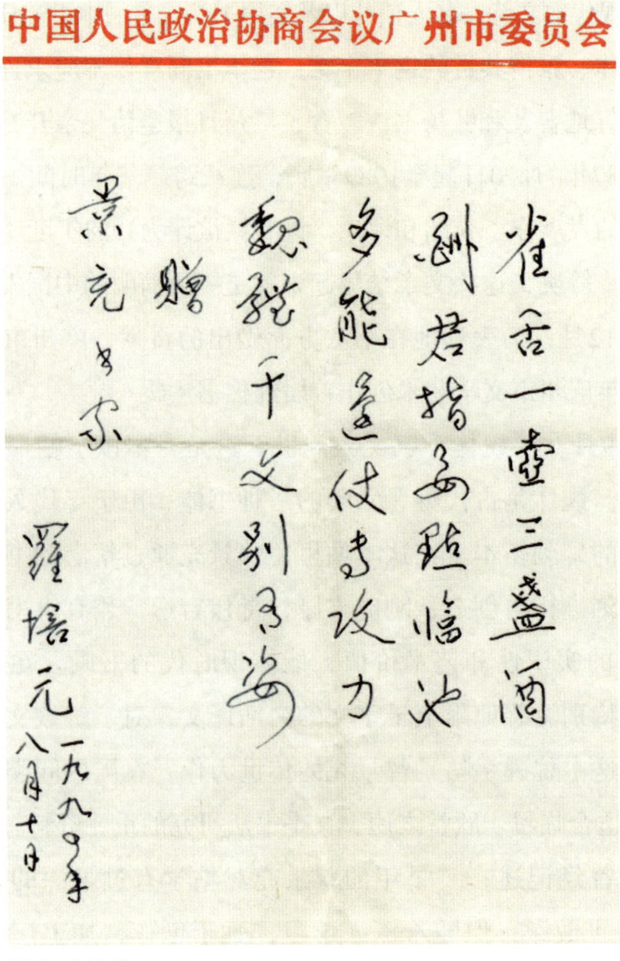

罗培元诗稿

的长联和‘皇上皇’、‘黄振龙凉茶’等公共场所及民间老字号招牌留下的墨宝，也是这种典型的风格。”

曾景充引导岭南书法大胆摆脱流美柔媚的束缚，大胆走向个人风格的表现，在“雄浑”与“飘逸”的抽象感觉里领悟书法的融通变化，表现书法的多种形式、丰富内涵和审美意义。

把碑写活的曾景充一生致力于魏碑的研究，有志于发展魏碑书法体系，让魏碑有更广阔的书写空间。他认为：中国的书法，自明清以后，碑学得以提倡和振兴，可是较完备而又足供学习的以碑入行书的范本就没有出现过。自从《魏体千字文》一书出版后，社会反应强烈，其书体被同行、方家及社会上誉为具有独特风格的“曾体”书法，要求学习“曾氏魏碑”书体的人群越发激增。为了后学者能得到完整系统的魏碑书法的学习和具有指导意义的“以碑入行”的行书范本，本着对弘扬中国书法艺术的雄心壮志，他后来还出版了一本“以碑入行”的《千字文——曾景充行书册》。

曾任广州市政协主席的罗培元把曾景充几部著作的名字入诗，赞颂其“雀舌一壶三盏酒，酬君指要点临池。多能还仗专攻力，魏体千文别有姿”。

1994年5月，曾景充撰写的《蒙学精选·钢笔书法》一书由广西民族出版社出版。

2001年秋，曾景充出版以碑入行书写成的《千字文——曾景充行书册》，作为《魏体千字文》的姊妹篇。他在这本书册的后面，写了一篇《书后寄语》，阐述了他对碑与帖的体会和学习心得，并为后学者提供可资借鉴的学习方法，此处原文转述以飨读者。

书后寄语

冒着辛巳大暑，挥汗一口气写成这一行书千字文，就像完成了一桩好事一样，欣慰之余，我记下点点随感，聊抒拙见，愿作引玉之砖。

（一）

我写这本千文，一是为了体现和检验一下自己的碑帖结合和以碑入行的形象和成果，二是为了满足同行、学子和群众多年来热切的渴望和厚爱，我又为书坛尽了点绵力，心情很是快慰。

“书如心画，字如其人。”这本千文，反映了我是个完美主义者，我对书中每一个字的结体，都像美术家一样视作一个构图，那一千个字就是一千个构图了，它的造型、正侧、向背、动静、疏密、势态都运用自己过往的积累、审美、见识所得而结成之，是故可以看出它的来路是多元的，带有各方面的影子。所谓：“集众长归于我，斯为大成。”这是美的态势体现，也是美的艺能检验。然而，艺术光是美，易流于表面的躯壳，尚有不足，还要讲力度，讲分量，这通过字的线质块面（笔迹应有点、线、面）体现书者的性格和气质，以及驾驭笔墨的功力，赋予书法以生命力，书中的线条，我是极力体现沉着、有力而痛快、洒脱的。也许是个性、趋尚的流露吧，我是不满于单一，而是追求对立统一而又内涵丰富的。

（二）

写行书，一般崇尚帖学，我学书开始受南方书风的熏染以及后来的教学需要，对帖学有过相当的积淀，举凡二王、赵、文、米……都先后研习过。后来，理解书法作为艺术，就必须讲风格讲创造，不应以肖似某人、某派为满足，帖学发展到清初，已是末路穷途了，碑学乘此崛起，发展至今天，它能较好地体现时代的气派，它也较符合自己的倔强、峥嵘的性格，也结合青年时搞宣传美术工作的需要，由是就写起碑来了。清季以降，碑学本身具备很多有利于书法创新的条件和开创了书法弘展的新天地，我在原有帖学的基础上，以碑学为中心，又上溯至秦、汉三代尤其在汉隶方面下过功夫，如是一晃，就二三十年了。现在写出来的字，在结体意气上，就有帖的风神，在线质和分量上，就有碑的力度，这正好实践了自己的书学主张——“熔冶碑帖，北笔南意”，

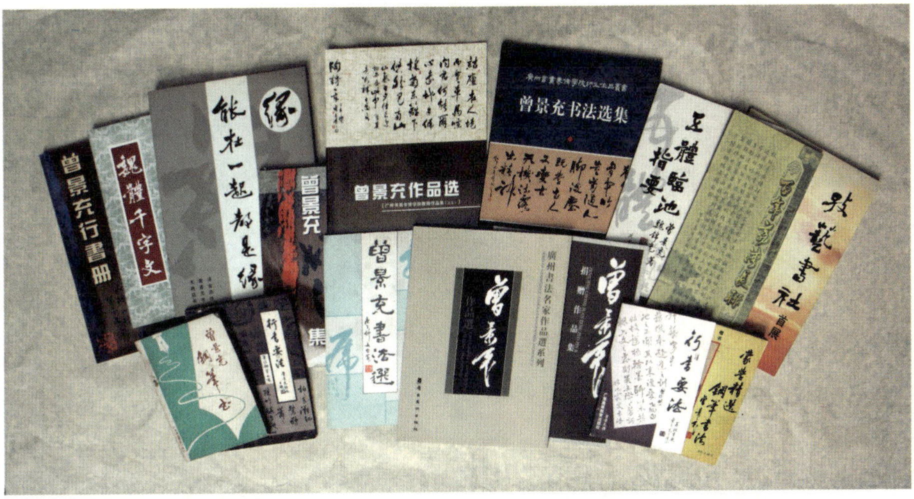

经出版的曾景充著作

具有流美俊逸而又雄健厚重、刚柔并济而又雅俗共赏的品格，较能符合时代的精神，为人们所爱重。证明我的主张和路子没有错，也没有狭隘的孤芳自赏和惊世的哗众取宠，我将在这基础上，加以提炼和升华之。

（三）

碑和帖，按保守的成见，是水火不容、格格不入的，学书者，只能各专一是，不能三心二意。但纵观近代、当代一些有成就的书家，提出一些书学高见，比如早在七十年代浙江美院研究生导师们就提出：一个书家不能“三绝”（诗、书、画），也应“四全”（篆、隶、真、草），这就说明要兼容并蓄，融会贯通，不能贫乏寡陋。从中我又悟出艺术之有成，在于丰富和变化四个字，这就意味着多元，甚至含有矛盾对立的因素，关键在于如何把它们融汇统一，乃至于和谐而臻于高妙，也就是艺术上运用辩证之功，这就要求艺术家必须具有：一、见识。二、思辨。三、熔铸和修炼了。

基于此，我体会到：一、碑帖原来是异源分流的，现在可以而且应该合流，才有新生。二、中锋是正道，“老皇历”认为侧锋（与偏锋混为一谈）是败笔，而现在应视中锋和侧锋各有所长，两者只有兼用才更有节奏和韵致。甚至过往所谓旁门的逆锋等多种用笔也将要善于用上才更有内涵。三、专于一家，是过往学书的准则，然而这本千文却融汇多方，不一而足，所以觉得璀璨琳琅……总之时代不同了，意识和观念也应该改变，守者必死，变者则生！

（四）

这本千字文，是逐个字出现的，大体上，它不解决章法、行法的配搭问题，但求学子把每个字写好，从中领会一些书法的道理，那我的愿望就达到了！（不容忽视这是个基本的大问题，因为一幅好字既要大体章法好，也要求每个字都要写好，有时好的个别字，也是引发好的章法的契机）

面对这本帖，如何学习？我认为：一、要学习用笔的基本功，而且尽量丰富些（如：中、侧、逆锋，方圆等），也要在掌握用笔的基础上，讲究笔势、笔气和笔力，这才能写出多种而生动有力的线质。与此同时，要辅以一定的墨法，干湿、迟速、顺涩等，以助线条的韵味和筋、血、骨、肉的表现。二、要体会并掌握结字的美的造型，字可以状人法（人有动静、正侧、奇夷，甚至有喜、怒、哀、乐等表情），同一个字在结构上有多方的处理，如结合章法的需要则结体更是变化多端了。状人之外，还有状物，大千世界，万物之美通过自己的观感、缔造，也通过自己的美学意识，把结体搞美，所谓“外师造化，中得心源”的画理同时适用于书法。三、还有一点更重要的是师法前贤（包括碑版和墨迹）传统的丰富遗产，已树立典范的规模，足为取法。传统要有深厚的积累，方有筛选取向的余地。回顾自己学书历程：学帖一个阶段；学碑一个阶段；碑帖融汇又一个阶段；如何创造又一阶段。一艺之成，用心良苦，费力何艰！

（五）

前面提过，这本千字文，学子为何如此渴求？我想原因是：1988年间，我曾出版了一本《魏体千字文》（正楷），它概括了魏碑多种之美，写来人见人爱，受到关注，当时被称为“曾体”。学子很是感慕，临习之余，又看到我行书的风格，就十分渴望我再写出一本以碑入行、有进一步指导意义的行书范本。尤其是，自清以降，碑学得以提倡和振兴，以碑入帖的学说是风行的，也有不少这方面的书法家和书法作品集，是较完备而足供学习的，以碑入行（帖）的范本就难寻之极了。因此，这本千字文，可说是前所未有、千字不同的以碑入行的较完整的书作范本，而且具备一定的水平、本正源清而又有着时代精神的书作，这就是受到渴求和欢迎的原因。

曾景充于孜艺楼

2001年8月13日

捌 龙飞蛇舞 时代精神

曾景充认为，书法是一个时代美学最集中的表现，因此，他能因应时世而创造具有时代气息的书法作品。1986年，他用浓淡墨创作的书法“腾飞”二字，造型有如原子弹爆发，凌空而起，又像展翅雄鹰，排云直上。这幅作品参加广州市举办的各界人士大型书画展览引人瞩目，反应强烈。《广州日报》新闻报道将其作为重点作品刊登，报道称作品直抒中国人民振兴中华的雄心壮志和意气风发的精神面貌。此外，大型“虎”字（虎年）、“马”字（马年）、“广州好”等分别被当年的不同报纸刊载。

1988年是龙年，曾景充又创作了一批以龙字为主题的书法作品，用书法形式来表现龙的精神和气势。春节的客厅布置上，挂在厅堂正中的四尺大酸枝镜框换上气势磅礴的繁体“龙”字。

父亲解释说：“这个‘龙’字取意原子弹爆炸和火箭发射的气势，表现了巨龙腾空而起的宏伟丰姿。”脸上满载欣喜的父亲又说：“这种能挥写巨型大字的豪情气魄和本领，是‘文革’在工厂里写大型标语中磨炼出来的。”

春节，学生李志东来家拜访，从“龙”字得到灵感，写了一篇《龙的精神》的文章，配上“龙”字照片发表在当时的《广州日报》上。他写道：“工余之暇，拜访孜艺楼，入门但见赫然飞龙在目，神采飞扬，主人曾景充先生介绍：‘龙年挥笔，以报祝愿吉祥之意。’此龙字墨酣笔畅，一气呵成，大有矫若游龙、游天戏海之势。开笔浑厚雄健，如龙首昂扬，显示飞龙无穷的活力，继而挥运转折，写出龙身飞舞纵横之势；难能者是最后之神笔，下而复上，再显龙鳞、龙尾舒卷之状，既恣肆，又沉着，与起笔呼应，有千钧之分量，确是难能之笔。全字笔法虚实相生，沉雄潇洒，墨法则干湿浓淡变化，极尽神韵。题款以淡墨书写，有机映衬。观其笔墨，可知深得宋朝黄山谷的矫健，又见清末大家沈曾植的雄浑生辣。主人善画，笔下自有书画交辉之意。”

这一年6月12日，广州市举办综合性的龙舟节活动，近五十万市民参加，有几百万人通过电视转播观看了龙舟节的盛况。活动充分显示广州市改革开放十年繁荣昌盛，安定团结，娱乐升平的局面。开幕式在广州文化公园内举行，副市长赖竹岩、市委副书记张汉青分别讲完话后，文质彬彬的曾景充穿着一身功夫式的民族服装格外传统庄重，双手提着一支巨型毛笔在狮子队和三条熠熠生辉的彩龙伴随下走上舞台。

曾景充面向群众挥挥手，然后便扎稳四平马步，屏住呼吸把毛笔饱蘸墨汁，一块12平方米布裱宣纸平铺在地上，但见他奋臂运笔，一气呵成地完成了一幅以龙字造型为主的龙舟竞渡画意书法作品。未待墨汁风干，一头雄狮便携着巨龙画卷呼呼跃上广场中央的一根高杆上，展示在欢乐的人海之中。这个“龙”字成为这次盛会的首要标题符号。

一表斯文的曾景充，写起大字来却有如此大的气魄。他把书法从书斋搬向舞台，新颖而独具现代感，是突破性的书艺表演。各大报纸纷纷报道了曾景充的巨“龙”书法艺术，其中《羊城晚报》记者李汇写道：“今年春节，曾景充在一幅四尺整宣纸上写了一个繁体大‘龙’字，这龙字一气呵成，首尾呼应，笔酣墨饱，神完气足，厚重处见雄浑，洒脱处见飞舞，且能虚实相生，在高度熟练的传统书法技巧和形式中渗入现代意识，达到了很高的艺术境界。在’88龙舟节开幕式上，曾景充又在3米×4米的布裱宣纸上，即席书写了一个横势的繁体‘龙’字，其规模

1988年龙舟节，曾景充巨笔书写的“龙”字

之大，堪称古今之‘最’。这个龙字是作者反复构思的心血结晶，他立足于书法本体，运用了碑学的劲健和浑厚，写出了‘龙’字的矫健和庞大；又运用了帖学的流转技巧，自然地表现了龙鳞的质感。更叫人叹为观止的是，作者还使用稀墨淡彩大写意手法，在龙字上写上了竞渡健儿和水面上的惊涛骇浪，书画结合，体现了‘龙舟竞渡’的拼搏姿态和改革开放后人民奋发向上的精神风貌。历来书法作品多为案头书写，装裱后成为艺术挂幅，然而巨型龙字的书写实践证明，书法将有可能从书斋走向舞台，走向大场面，而成为一种表演艺术。这种表演能让观众目睹书写的全过程，明显地看到笔墨技法的运用，其‘立竿见影’的书法作品，又是一种永驻艺术，可成为盛会盛事的永存纪念品。可以说，曾景充的创作实践，是为书法创作开辟了一条新的走向。”

次年，1989年农历己巳蛇年春节，香港亚洲电视台和无线电视台争相请曾景充表演献技。他相继为两个电视台挥写了两个造型不同的特大“蛇”字，在电视荧屏播出向新年献礼，为广大香港市民所赞赏，有亲戚朋友特别打长途电话来广州向曾景充致贺。

这一年，香港无线电视的“欢乐今宵”节目，首次来穗与广东电视台“羊城贺岁万家欢”十周年庆典同台演出，穗港两地举行首次合作的春节联欢晚会。晚会特邀曾景充现场挥写特大“蛇”字。

现场是能容纳六万多人的广州天河体育中心，作现场直播，应众表演，难度是非常大的，要求具有高度的准确性和艺术性，绝不能出现任何破绽。按要求，这个“蛇”字达16平方米，所用大笔重约十五公斤。那么大的巨制，除掌握好字形的位置结体之外，还要得心应手地挥运沉重的大笔有如七寸管毫一样自如。那就要求除了熟练掌握书艺的提按、

榜书二帧

使转功夫之外，更要讲究内气、外劲和收腹、提携等功力，以求得到最佳的翰墨效果。而且，为了增强表演的观赏性，还要讲究手势、马步、身段、姿势的优美。有关这些细节，曾景充事前都做了一番强化训练。

这台晚会香港派出了最强的阵容，司仪有沈殿霞、钟保罗、卢大伟、李美凤、谭炳文、李香琴，在香港演出的歌手及艺员有梅艳芳、陈百强、邝美云、陈慧娴、梁朝伟、刘嘉玲、任达华等。

那是2月7日农历新年初二，当香港金牌司仪沈殿霞和钟保罗介绍，由广东著名书法家曾景充挥写特大“蛇”字时，只见精神饱满而书卷气十足、身穿传统中国服装的曾景充，手持一支特制的巨型毛笔，带领五位学生走上舞台。

他们将一幅约16平方米预先装裱好宣纸的白布铺放在台上，四位学生牵着纸的四角，一学生提着一大桶墨汁。曾景充双手挥起巨笔，在桶里面翻滚吸满墨汁，然后提起沉重的大笔，用打拳马步和身段往纸上一按一提，一拖一拉，一挥一拽，时快时慢，抑扬顿挫，以文字武写之势磅礴地挥洒开来。

当时笔者也在场，我们每个人都屏气凝神地看着，全场鸦雀无声，从第一笔到末一笔，快慢变化的节奏线条表现出生命的情感和动作的韵律，充满生机和动感。

不一会儿，一个笔走龙蛇的巨型“蛇”字一气呵成，一挥而就。现场将 “蛇”字缓缓升高挂起来，生动而苍劲，全场掌声雷动，曾景充脸上露出胜利的喜悦。

两位司仪盛赞曾景充如此武术般的功底，写出饶有画意、形象生动的巨幅书法作品，非几十年的功夫无法达到，真可谓“台上一分钟，台下十年功”。

这场精彩的表演，使曾景充在广东书坛及广大群众中名声大震，成为一种独门绝技。其后，广州蛇餐馆特邀景充挥写大型蛇字悬挂店堂，

电视直播巨笔挥毫“花开花城”

被穗港企业文化协会选为优秀视觉艺术参加展览。

关于这个“蛇”字的艺术，事后一位记者采访了曾景充。他说：“只要广大观众喜闻乐见，他就理当知难而进，极力创造最美好的作品奉献。”他为此还作一首诗：“巨笔成龙舞太空，荧屏震撼气如虹。非图钓誉江湖术，应时所尚献真功。”

巨作的影响力一直余波未了，每每有大型节目或重要活动，电视直播挥写巨型大字，有关单位一定要找曾景充助阵表演，成为保留项目。2004年，广州申办“亚运”成功，7月5日在广州天河体育中心举办的《亚洲盛会·华夏荣光》大型盛会，市政府又特邀曾景充挥写“花开花城”特大书法，作为申办“亚运”主题。

巨型榜书书法成了曾景充的又一创新风格，显示了他书法豪迈独特的一面，这在书法界中十分罕见，给人们以深刻的印象。通过这类型的书法，曾景充希望，中国的书法能代表中国的文化走向世界，在世界的舞台上展现出它的力量。

玖 蔚为大观的招牌标杆

大型节目羊城贺岁万家欢十周年晚会中心的经典“蛇”字引起轰动后，一座《女娲赋》碑文巍然耸立在深圳蛇口工业园区内。

这座巨型“女娲”雕像是由当时广州美术学院雕塑系主任唐大禧先生主持设计建成。他特意请我父亲曾景充写碑文，父亲用他独特的魏碑书法书写铭文，镌刻在碑石上，蔚为大观。

蛇口的一位大企业家看了《女娲赋》碑文后拍掌叫好，通过蛇口文

深圳蛇口《女娲赋》

化部邹富明先生找我父亲，请他书写公司的招牌（本来招牌已请了两位人士书写即作取消），还写了一批书法作品。

其后，唐大禧先生又请曾景充为山东胜利油田书写了壮观的奠基石大字“创造太阳”。

随着曾景充的书法在社会上影响力不断增加，很多大企业纷纷通过不同的渠道找他书写招牌、碑刻、木刻对联和各类型的书法作品。

一时之间，广东省内、广州市内很多重要地段的大招牌都出自于曾景充手笔；梅岭南雄边界上刻了钟鼓岩对联；潮州市佛教圣地开元寺的多个牌匾碑刻；潮州的“五百罗汉堂”及其对联；清远县的多处游览胜地；南昆山的“画石庙奇观”；西樵山的“三湖书院”、“聆瀑”；西樵福地“南国仙山”；广州碑林的“景泰禅寺碑记”；南海波罗神庙联（刘逸生作联）；六榕寺庙“圆通”横匾及对联；“迎霞”刻石、越秀公园内的

广州六榕寺的对联和横匾

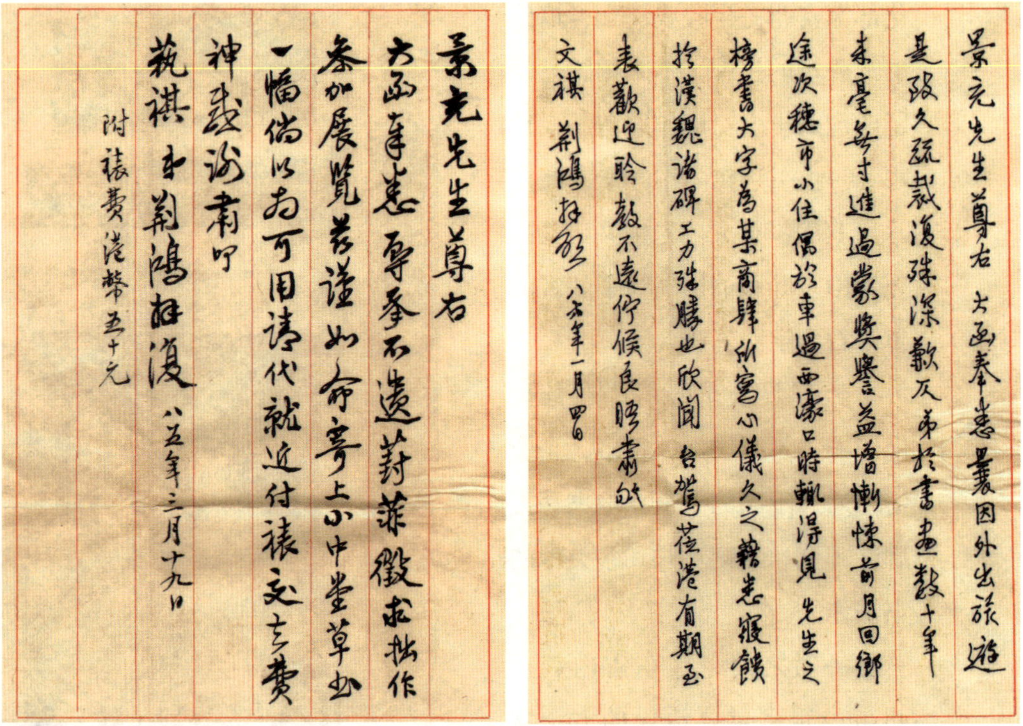

景充先生尊右
大函奉悉 尊委不遺葑菲徵求拙作
參加展覽 茲謹如命 寄上小中堂草書
一幅 倘以為可用 請代就近付裱交之費
神 感謝 肅叩
藝祺 弟荊鴻拜復 八五年三月十九日
附裱費港幣五十元

景充先生尊右 大函奉悉 曩因外出旅遊
是致久疏裁復 殊深歉仄 弟於書畫數十年
未嘗寸進 過蒙獎譽 益增慚悚 前月回鄉
途次穗市小住 偶於車過西濠口時 輒得見 先生之
榜書大字 爲某商肆所寫 心儀久之 藉悉寢饋
於漢魏諸碑 工力殊勝也 欣聞 台駕蒞港有期 至
表歡迎 聆教不遠 佇候良晤 肅啟
文祺 荊鴻拜啟 八六年一月四日

香港著名书法家陈荆鸿信札二帧

“花苑”及“石琴”牌匾；“广东体育宾馆”、“广东武术院”、“广州华侨中学”、“广州海运大厦”等招牌；广州光孝寺笑佛大殿对联；广州天字码头“接官亭”；广州大佛寺正门对联和“藏经阁”、光孝寺内的对联；黄埔港口大字“中国引航”；“深圳体育场”；“广州西关碑铭”；《足球》报报名；市政府现代化建设的大型画册封面“世纪的召唤”；陈家祠牌坊上的“陈家祠广场”和大型长联；“皇上皇腊味店”；“广客隆”大型超市；湖南省《永州日报》报名……

香港著名书画家、鉴藏家陈荆鸿先生1986年1月4日有一信给景充，写道：“前月回乡途次穗市小住，偶于车过西濠口时，辄得见先生之榜

广州大佛寺对联

书大字为某些商肆所写，心仪久之，藉悉寝馈于汉魏诸碑，工力殊胜也。欣闻台驾莅港有期，至表欢迎，聆教不远，伫候良晤肃敏。”足见曾景充书法在广东的影响力。

有趣的是，自从1988年《魏体千字文》一书出版后，更有人从中集字，用曾景充的书体做招牌，曾氏的魏碑书体蔚然成风，在某种程度上已成为广州市招牌的标杆。

一位在花都白手致富的企业家，是书法爱好者，开车出广州市区到处逛，就是要看曾景充的招牌字，各种不同的书体令他敬佩得五体投地。后来，他通过书法协会找到景充拜为老师，专修研习书法，成了最早期的万元户习书成才企业家，更成了曾景充的得力助手。他开车带着他的曾老师穿州过省到处寻访古迹，寻找收藏品，景充也借此机会从中买入或用自己的书法交换“淘”来了一批又一批的珍品收藏。事实上，20世纪90年代以前，还未有拍卖公司，曾景充的大部分珍藏品都是从各处“淘”回来的。社会上更盛传，曾景充书写的招牌，一定兴隆旺盛，例如由曾景充书写招牌的“黄振龙凉茶”店铺，生意兴旺，由单店发展至1000多家分店，分布广州、香港和台湾地区以及新加坡等东南亚地区。更多人赞赏曾景充的魏碑书体功力雄厚，蔚为壮观，正是招牌字的模范，为呆板的商标字体注入新鲜的活力。

在深圳，宏伟的深圳体育场的大招牌“深圳体育场”同样出自曾景充之手，这是著名足球名宿容志行先生特别从深圳指派专人来广州请我父亲写下的。

广东省立中山图书馆馆长李昭淳先生，请曾景充写了一批不同书体的书法作品，由陈一鸣师傅选用上乘木板镌刻对联、匾额，悬挂于图书馆正门、大厅和会议室，一时间夺目生辉。其后，陈一鸣师傅还为该图书馆和广州大佛寺精刻了曾景充的多件作品，悬挂在显要的位置上。

拾 墨海涌心潮 创新有气派

继《行书要法》、《曾景充钢笔书》、《魏体千字文》等曾景充著作发行后，1989年秋，曾景充和魏锦光师徒合作，出版了《五体临池指要》。

这本书曾景充参以自己多年临帖及教学的实践经验，集古今书论之长，深入浅出、图文并茂地介绍各体书法入门路径和要领，尤重于引导临写学习书法的人能辨源择流，对历代碑帖代表作的特点及临写要诀、易犯毛病一一指出，并提出在实际中如何改善和可操作性的建议。

书中特别收录了曾景充临写的各体书法48种，每种附有临写心得，或撷取原迹精华，或略加创意，都作了详细的介绍指引，从继承和发展角度出发，立足于在对临基础上发展为“意临”。书中所临摹的各体范例本身就是一幅幅精美创新的书艺小品，足以启迪后学者，拓展书艺。

1991年11月，香港明天出版社出版曾景充著作《魏张猛龙碑书法入门》，他把张猛龙碑作为魏碑的典型，从技法分析到研习要领等方面作出了系统的讲解，并与其他魏碑进行比较，附上其临写的示范，对后学研习魏碑有很大的帮助。

自1986年至1991年间，曾景充出版了多种不同方面的书法论著，还为一些报章杂志写了大量专栏文章。黄锐才先生评价说：“岭南书家中，论著作之丰，当首推曾景充。”

1990年秋，《曾景充书法选》出版，收入近年作品共九十余幅。

这是曾景充第一次向人们展示他书法艺术的总体风貌，自序以“墨海涌心潮”为题，表达了他书艺创作中涌动着澎湃的激情。序言写得形象、豪迈、激昂，而又耐人寻味，强调了书法是最能表现中国艺术的精髓、灵魂，它庄严地体现着民族的精神，又是最精简最充分地表现人生的艺术，并宣示发扬这门艺术是自己毕生的使命。最后，他雄心勃勃地写道：墨海翻腾，艺无止境，让我们共同以墨浪逐涌着心潮，继往开来，写出时代的书法艺术，写出民族的气魄，勇当书法艺术的时代弄潮儿，不断在波澜壮阔的艺海高潮中冲击！前进！

选集让人们看到，曾景充的书法艺术功力深厚，技巧精熟，五体兼擅，熔碑帖于一炉，集传统各家之长，尤精于魏碑，并以碑入帖，“寓刚劲于婀娜之中，行遒劲于婉媚之内”，创出了北笔南意、刚柔兼备的独特风格，极有气魄，颇具壮美的时代感。既是见证曾景充孜孜以求的成果和目标，也是《曾景充书法选》的显著特色。

郑泳涛、黄锐才两位作者对《曾景充书法选》的评论发表在当年的《广州日报》上，其中一段写道：

曾景充的书法艺术开创了新生面，其书作“纵横汉魏，睥睨晋唐”，以碑入行，隶楷错变，用笔雄劲，体势飞扬，既充分体现了他融汇碑帖，北笔南意的艺术风格及书学主张，又畅快淋漓地抒发了他要超越前人的雄心壮志。他以草书挥写岳飞《满江红》词句，整幅作品一气呵成，行气曲折迂回，不仅体现了他以碑入草的娴熟技法，而且表达了他当时的委婉心情和坎坷的“孜艺”道路。著名书法家陈景舒称曾景充为各路书体皆见“北笔南意”，精湛的各体书法艺术风格是“江南第一人”。曾景充一贯主张“挥毫抒情写意，笔墨当随时代”，而这恰恰是“书法选”的又一特色。他以狂草书写李白的“俱怀逸兴壮思飞，欲上青天揽明月”，用笔方圆兼备，气势豪迈，意态飞扬，借“诗仙”豪句以表达自己的豪情与抱负，使书作具有很强的艺术感染力。他的另一幅书作“是非生感慨，冷暖识人情”，也绝不是“无病呻吟”，而是有感而发；那字的端严之神态，铮铮之骨力，撇捺之上挑，分明是作者横眉冷对不平事、直面世态话炎凉的形象写照，使人读后亦会感慨万千！如果说，像此类作品是曾景充的言志传情之作，那么，诸如“龙腾”、“腾飞”，及其为羊城揽胜的“五岭南来珠海最宜明月夜，层楼晚望白云犹胜汉时秋”，为广东顺德西山碑廊题赠的“翰墨满廊千秋胜业，黄金三角一颗明珠”等等，便是盛情刻画伟大时代风貌和精神的上佳作品。

拾壹 《魏碑大全》的遭遇

1988年《魏体千字文》一书出版，社会反应强烈，广东某大美术出版社社长随即约请曾景充书写出版大型的《魏碑大全》。

出版图书一般都有协议，但当时这位社长说不用那么庸俗了，父亲缺乏商业经验也就算了。他花了一年多的时间和心血完成这部大作，将稿件和示范插图交给了出版社，岂料却一直被搁置未见出版，该书曲折离奇的遭遇便开始了。

不久，出版社以经费不足为由，建议父亲先自费出版一册书法集，再由出版社发行《魏碑大全》，美其名曰“一费出二书”，曾景充同意了。

1990年10月，曾景充自费在该美术出版社出版了《曾景充书法选》，而《魏碑大全》却再度石沉大海，未见音讯。

此时，原来向父亲约稿的那位社长退休了，此稿和示范插图便交给了某先生负责。该先生可不是一般人，在书法界也兼有一官半职。谁知，又拖了多年，该稿件仍不见出版。

到了这个时候，我父亲曾景充才强烈质疑：当初是出版社约的稿，前后却拖了近十年，一直没有片言只语向作者交代，为什么？

直至1998年的一天，曾景充遇见出版社的那位先生追问此事，他却这样说：“很快会出版的，你老兄写一副大对联给我吧。”

父亲是个老实人，也真的写了一副大对联送给了这位先生。没料到的是，这位先生拿了对联便一直拖拉不理。

不久，出版社要搬家，父亲连忙找到这位先生追问，此时的他竟说搬家整份稿件遗失了。一家大出版社，竟有如此“负责”的编辑，实在令人惊讶！

在多次追问及社会舆论压力下（因为这本书已在报章报道过，书法爱好者多次问及此事），出版社才把原稿用一个大信封寄回给父亲，却没有只字谈及十年来拖延不出版的原因，更没有向作者道歉。令人惊心的是，原稿中附有父亲曾景充的书法真迹（示范插图）约二十多张，此时竟全数不见影迹了，再无从追问。

不过，几年后，在广州市艺术品公物拍卖有限公司2004—2005年第一期拍卖目录（拍号183）上，却出现了曾景充书法插图作品八件（估价为3500元）。在此之前，同样在这个拍卖行作为拍品曾出现过一次曾景充的书法插图作品。这些拍品竟然就是上述《魏碑大全》的示范插图附件。

父亲百思不得其解，却又万般无奈。结果，在父亲有生之年也未能把这本《魏碑大全》出版。

清朝大儒曾国藩说：“立身处世，在乎敬、诚二字。”但有些人就像美国作家马克·吐温所说的：“灵魂充满了卑鄙，口袋充满了赃物，嘴巴充满了谎言。”正是这种人造成了社会上的歪风邪气。但父亲没有被击倒，就像浮水石百击而不沉，在无尽的顺流与逆流中，扑闪腾跃，稳健前进，为这个东方古国传统文化的发扬光大而探索不息写下新的一页。他把每个人都当作朋友，以坦诚的心去对待每一个人，赢得了更多朋友和大众的热爱和支持。公道自在人心，期待有一日能够还老父亲《魏碑大全》出版这个宏愿。

拾贰 “翻生沈寐叟”

在曾景充的晚年作品中，有一幅他意临沈寐叟的作品，其中在临后小记中他写道：“先贤沈曾植（寐叟）乃清末书坛巨擘，乃吾心仪至尊者。余生平好尚书艺，举凡金文、汉魏、二王、唐宋乃至明清近代，诸家都有所追摹研习，然以吾之审美理想却最终独钟于寐翁，盖以其奇峭朴厚，宏肆多变，神飞气迈，熔铸汉隶（简）及北碑南帖，加之学问渊博，故形成独有之豪迈风范，为同时代书家之所未及也，论者谓其融汇经典和民间精艺，加之独特的创意，对中国现代书法走向富于启迪。其书法实内涵深邃，不易下手，书界诚以为畏途，亦有善者竟劝余不宜效法。然我却一心向往，深知难能方为可贵，乃孜孜以求，极力揣摩，终于学有所获，前时有不少方家认为吾作大可乱真，亦曾在80年代香港中文大学讲学时，常宗豪教授赐予‘翻生（粤语为再世之意）沈寐叟’之美称，此过奖之誉，虚名也，吾皆视作鼓舞和动力。今见福建美术出版社有沈曾植墨迹刊登，余据之另变作横披，章法墨法等作些处理（章法乃寐叟白璧之微瑕），加上个人书写好尚取长补短，挥笔成此亦临亦创之稿本，有幸供之同好者交流促进，切磋研求。戊子之春病中曾景充临意并记。”父亲曾景充写沈寐叟书法达于乱真，这是当时80年代广东书坛名宿秦咢生、李曲斋、张大经一致认同，书法界众所周知的。

早在1986年，著名鉴赏家苏庚春先生在曾景充出版的《行书要法》序言中就写道：“景充临摹的沈寐叟书法，如果他不署名的话，我会误认为是寐叟所书的。”

20世纪80年代，随着改革开放深入，穗港两地来往频密，消息也不胫而走。广州诗人邓圻同的父亲在香港开了一间书画商店，邓先生特别请父亲写了十多张仿沈寐叟的书法，并叮嘱景充不要落款，摆放在商店里出售，据传销路不错。

一天，香港中文大学教授、中文系主任、香港著名书画鉴藏家常宗豪先生恰巧去商店看字画，无意间发现了曾景充的仿沈寐叟书法，反复欣赏，竟当成沈寐叟作品买了回去收藏。

数月后，香港书画名家谢熙办遗作展览，其儿子谢裕颖邀请曾景充为展览题词悬挂出来。这幅题词是以沈寐叟字体书写的，名动一时。

常宗豪在展览上看到曾景充书写的题词，竟与自己买下的沈寐叟书法是同一书风和笔迹，似有所悟更极其赏识，于是把曾景充的名字记起来，向中国书法家协会理事、篆刻名家黄文宽先生了解，最后向曾景充单位发出了邀请信函，邀请父亲去香港中文大学讲学。那是1987年2月，那个年代出国讲学者稀少，之前被邀请过的广东书法家仅有麦华三和秦咢生。当时被邀同行的还有著名画家吴灏。

在香港中文大学讲学时，常宗豪先生的开场白就是“请‘翻生沈寐叟’曾景充先生演讲”，幽默风趣而贴切。

这次讲学是介绍清末民初书法大家沈寐叟的书法艺术，并作示范表演。这是一场影响颇大的公开课，除校内的师生外，还有社会上的同道和书画爱好者到来。演讲十分生动，深获在场人士的欢迎。课间大家都称景充为“翻生沈寐叟”。

讲学期间，父亲借机拜会了香港国学大师饶宗颐先生，饶先生居然也称景充为“翻生沈寐叟”。饶先生还补充说明，原来在70年代末，饶先生就与景充有神交，通过邮寄互换过作品，并赞扬景充的书法是广东书坛的“佼佼者，常青树”。那时，父亲景充只有四十来岁，由于素未

曾景充与吴灏、邓圻同、许礼平在香港中文大学合影

谋面，饶先生只看作品，以为景充是七十多岁的书法家。

当时在场的饶教授助手、许礼平先生，早就听过饶先生对曾景充书法的评价，素知景充书艺学养甚高，又精于鉴赏，景充多次访问香港，都得到许先生的盛情接待，谈书论画，征询景充对书画真、假、高、低的评价，对景充的书画鉴别识力甚为叹服，并风趣地给景充一些称号“曾一瞥”、“曾一秒”，即“目光一扫，即知优劣”。许先生主持《名家翰墨》杂志和画廊翰墨轩，常有登载和收藏景充的作品。1992年父亲访日回国路经香港时，所余下的书法作品就全部由该画廊收藏，同时再次受到香港中文大学常宗豪教授的邀请，作了第二次讲学。

自第一次讲学后，曾景充就有“翻生沈寐叟”的雅号。事实上，1986年9月，《岭南书艺》杂志就发表了曾景充的《北碑南帖熔冶一炉》

一文，对沈氏书法源流、特点作了精辟分析，并把前辈容庚先生相赠的沈寐叟书法中堂和沈寐叟临皇像帖刊登出来，附上自己的见解。这是曾景充当时较为详细专评沈氏书法的文章。而早在70年代末，他就撰写了《寐叟探奥》一书。

诗人邓圻同曾有一首《西江月》词赠景充："联袂香江讲学，并肩北国串联。淋漓大笔会堂悬，翰墨东瀛画传。百字长联刻石，古词美景添鲜。满门桃李更娇，南粤书坛钦羡。"

曾景充早年由研究沈寐叟到模仿乱真，但到中期以后的他，绝不以"翻生沈寐叟"的诨号为满足。他明白不能食古不化，要消化创新，发扬光大，写自己的书法。有人请景充题字，他慨然挥笔，题了两句："承先岂袭旧，适我无非新"，表达了他"师古而不泥古"的心情和书法创造的态度。

其实，在他研究临摹的初期，也是带着一种批判的目光去看待传统书法艺术的，就算是沈翁之书，他也有批判分析。他谆谆告诫后学者："由于时代的局限，现代美学意识和风尚远未萌生，是故沈书在篇章构造上较少变奏，前后缺乏呼应，行楷大字较少跌宕，略显平滞，此是白璧之瑕，善学者慎之。"

曾景充是自信的、不断创新的，直至晚年，书风亦年年有变化，笔随心书，早已得手应心，神而化之。

拾叁 重才惜才 爱艺如宝

对于苦学的人，父亲总是有一份说不出的亲切与关怀。一次，他在广西书法家何虚中家里看到，一个叫李书恒的人所写的欧体书法异常峭劲，线条筋骨扎实，心中欣喜。何先生告诉景充，此人来自广东清远，在民国时是国民党抗日名将薛岳的秘书，在“文革”时被打成“牛鬼蛇神”，一直默默无闻，但酷爱书法，勤学苦练，写得一手好字。

景充感叹地说：“人才被埋没了。”

没过多久，在一次城乡书法展览（20世纪80年代初，清远还是广州下属的一个县）的评选活动中，父亲被邀请为评审委员。他做事一向认真负责，对第一轮未经评委审阅就早已被“踢出局”的参选作品翻查审阅，发现了这位李书恒的书法，为什么这么好的书法被否定而落选？

他上书到清远县书法家协会，“想到一位有实学而又有深厚功底的老书家连参加展览的机会都被剥夺，心里不禁酸痛起来”。父亲怀着尊敬的心情，决定要尽能力让李先生的书法作品得以参加展览。

曾景充就是这样，即使是素不相识、默默无闻，但只要是有真本事，他就重视和珍惜，重才惜才爱艺如宝。他认为改革开放，就要对不合理的制度进行改革，李书恒的书法实在有深厚的功底，是长期磨炼出来的，不应该埋没一个人一生努力所得的成绩。

于是，他锲而不舍多次上书清远县文联和清远县书法家协会，促成他们重视审查，恢复了李书恒的名誉，还亲自到清远去找负责人黄元溥先生说理。

最终，李书恒的书法得以参加展出，不久李先生本人也得到平反。他们一家人万分感激我父亲。后来，黄元溥先生一直和父亲景充有书信往来，交流书艺。李先生撒手人寰后，父亲力荐之下终使其诗选和书法作品集得以出版。

李先生的夫人冯玉巧女士1925年就读中山大学，当时与在校活动的革命先驱陈铁军（即革命先烈周文雍的夫人，曾有刑场上举行婚礼的壮举）烈士来往甚多，在陈铁军的影响下读过一些进步书刊，受过马列主义思想的熏陶，大学毕业后在广州执信女子中学任教，1957年被打成右派分子，全家被赶回清远县，一直受到打压排斥。“文革”后一直在清远继续教育事业。

对于我父亲的帮助，冯女士心存感激，每来广州都要到我们家“走亲戚”，经常书信问候。后来冯老太活到103岁才辞世（生前出过两本小册子）。

父亲对清远很有情怀，他为那里的政府、学校留下了不少墨宝，其中有一副这样的对联，“峰引天连水，霞辉绿映江”，镌刻于清远飞霞山之风景线上。

拾肆 从善如流 唯谦与学

一次，父亲曾景充应三水市政协文史馆的邀请，游览康有为故居及博物馆，为该馆题赠了“维新领袖，书坛盟主”书法作品，后又为三水诗社十周年题写了一副楹联：雅汇三江文涛涌，唱自十载藻运高。

同席有诗人陈奋同志，赞赏景充的书艺和诗艺，但指出上下联末二字有声韵毛病，说“想不到此联经过老诗人梁俨然过目，仍有此弊”。

当即，景充就有重写的想法。他是一位负责任、自尊自重的人，如果置之不理，有失身份和自己做人的准则。在其后的行程中，他开动脑筋搜索枯肠，很快想出比原先联句更合声韵又意境更深的联句：雅汇三江文泛涌，唱酬十载藻华新。

他当即念与陈先生听，陈先生击掌称赞。

父亲曾景充始终认为，弘扬书法艺术，乃吾人之天职，当以实学和实能为欣慰。书法一道，非限于书法而为书法也，其人之学问、德行必与其事业成就息息相关。

拾伍 放眼东瀛 挥洒自如

1991年9月1日，父亲曾景充实现“放眼东瀛”的多年愿望，东飞扶桑赴日本参观、访问，并应新日本书道院之邀请，参加第七届国际艺术文化交流书画联展。

飞日本前，他先取道香港在港逗留了两天，住在儿时的画友、我们的舅舅宝铿哥（母亲宝碧的哥哥）家里。

对于香港，父亲景充已较熟悉，他曾三次到港讲学、交流、探亲。第二天一早，他就独自去集古斋，买了杨明义画册及邓芬画册，然后去大会堂参观太乙楼藏书画展，买了藏品集。就这么一个上午，他就买了三本大画册和一些小件工艺品。

下午，他特意去和常宗豪先生会面，两人相谈甚欢。常先生向景充提及几位日本书道名家的作品，让景充多留意参观。傍晚，应翰墨轩主人许礼平邀请，共进西餐，畅叙别情，商讨写书、讲学诸事。

在港一天，他的行程是满满的。他舍不得浪费一点时间。

这是父亲曾景充第一次出国，心中充满喜悦充满期待，事实上也的确让他在艺术上满载而归。

中国的书法，日本的书道，虽然跨越两国，语言不通，但曾景充相信艺术是相通的，他有十足信心可以和日本同道愉快交往。

当时，我正在日本留学，父亲抵达后，他很快就将东京的地理位置搞清楚，然后，便自己在东京这个大都市里“闯荡”起来了，跑遍了各大美术馆、博物馆、艺术馆、图书馆、书店、工艺商店，马不停蹄。对好的作品，他就驻足观看，摘录，笔记，或用铅笔缩临、用相机拍下来。他不怕节目紧凑，只怕看得少，走了“鸡”（错过机会）。他体力好，胃口好，为节约开支（日本物价是全世界最贵的），中午带上盒饭或面包，应付一下就算一餐，节省下的钱用来有选择地买他心头所好的书画册、工艺品。一段时间后，对日本东京，父亲甚至比当地的日本人还要熟悉了。

我于1989年赴日本留学，每天一边上学一边工作，常要忙到晚上八九点钟才回家。父亲来了后，我一般都是下班后赶去超市买些东西便急急回家，想着在楼下街角处就可望见楼上房子里的灯光亮着，这时父亲多会在窗前的桌子上看书研习等我回去，兴致勃勃闲话日间的见闻和收获，心里便油然而生一股股暖意，脚下不由得加快步伐。

可这一天，晚上下班回来，父亲却连影子都不见，我实在担心，这回不是终于迷路了吧？

左等右等，才见他手里拿着一叠书，兴致勃勃地回来说：“一整天走了半个东京城，从家里田端出发，日暮里，莺谷，上野，秋叶原，神田，东京，有乐町，银座，日比谷，新桥……沿着环状的东京地铁山手线，一边行一边欣赏，太多的东西想看了，见天黑了，才知道该回家了。”

我很为惊愕，东京很大，走了半个东京城，没有坐地铁？不会迷路？真是比日本人还要认路啊！

我问：“整天走了半个东京都市，不觉得累吗？”父亲说：“兴之所在，就不会觉得累了”——喜好与兴趣，真是可以带来非凡的意志和毅力的。

父亲废寝忘食，辛勤耕耘，每每让我怜悯、心痛。所以，每当周末和休假日，我总要带父亲去各处游玩或品尝各种美食，日光赏红叶，热海吃海鲜，横滨吃中华料理，沿东京周遭的地点游览。或者在家里做上一顿特别丰富的饭菜，约上几位留学生一起回家里相叙，大家一起闲谈聊天。

一位留学生问景充，你在日本那么长时间不怕闷吗？他回答说："美术馆、图书馆、书店成了我目前的乐土。"我明白，父亲真是乐在其中，对书法艺术的专注，使他每天都在感受，在吸收，正因为这样，他才能博采众长，有所成就。每天紧凑的行程后，回到家里，坐在异乡客居的灯下，他总要细心地写上日记和心得，或临摹图书馆里借回来的书籍，或看日本的综艺电视节目。虽然人在异乡，他却依然心系着自己的书法事业，也牵挂着故乡的亲人。

9月的中旬秋风瑟瑟吹起的时候，虽还未到中秋佳节，但父亲就预先对节日有感而发，在日记中写道："也许过一两天是中秋节，今年一家人在两个国家过节，也是人生难得一遇，很有举头望明月、低头思故乡的感受，仰望窗前月亮，遥念亲人，另有一番滋味也。但为了经历见识，为了书法事业，虽然是一轮秋月，两地同此心，但愿天遂人愿，在人的努力下，会有美好的结果，会有益于人类。"父亲深情地流露着思乡之念和大志胸怀。随后，他写了几封书信回国，记得一封给广东省书法家协会，一封给广州市文史馆，也写了一封书信寄回家去，详尽地描述了在日本的近况。父亲的书信，就像散文般优美，书写秀劲，文笔畅顺，我在外国留学生活，虽然知道父亲很忙，但还是常常期盼着他的来信，无论什么时候，每当读起父亲的书信，都会让我鼓舞、感激和温暖。

这时，我们和几位朋友商量着如何办好曾景充在日书画展览事宜。同时，有选择地联系一些日本书法界的人士进行交流。日本人高傲自大和排外思想十分严重，这一点我们早已有所了解，能够与他们交流是一件极困难的事。但父亲却有智谋策略大胆地带领我们一步一步地把事情做起来，由父亲口述拟定邀请信的内容，我初步写成日文稿，再由魏锦夫（魏锦光的哥哥）修改好后，打印成文，和"曾景充的书法选集"一

与日本同道谈论《龙门二十品》

同寄发给准备邀请的书法家。

景充说了，发信联系的原则是不看名位官位，而是从艺术水平的角度上考虑联系对象。我们还了解到日本人门户林立和派系保守，互不交流。但是，出乎意料的是，父亲书法强烈的艺术感染力和邀请信的外交策略起了巨大作用，结果反应相当好，百分之九十多都有回音，其中大部分都商议交流相叙，个别的还寄回相关刊物。我们逐一安排时间联系。

日本东京帝京大学的东京书道学院院长湖山先生首先发出了邀请，邀请曾景充到该大学作书法交流讲学。学院的学员正好刚刚从中国龙门石窟归来，了解了《龙门二十品》，并学临此种北魏书法。曾景充简略介绍了北魏碑如何写好的方法，又作书写示范，学生们看得入神。

教师小仓不折说："书道不愧从中国而来，中国的书法真棒，堪称第一，学好书法，一定要去中国。"景充用他的名字作了对联"书道小仓藏大器，志坚不折创新篇”。

湖山院长颇有学者之风，景充以其名嵌字作联“湖平临水近，山骏揽天传”，湖山当即双手合十致谢，竖起拇指连说：“好，好！”并回赠了他新出版的精美个人选集，相约景充多来指导。

景充满心喜悦，为弘扬中国书法艺术，自己尽了一份绵力。他书写了“龙门石拓，书艺长新”赠给学院收藏。

“大溪鸣绝唱，洗耳听高吟”，这副对联是景充为日本书道教育协会主席，东京书道展审查员，著名书法教育家、评论家大溪洗耳先生而作的。大溪著有《当代日本书家七人》一书，书中用一些刻薄的俏皮话、令人开怀发笑的文字去评论各位书法大家，让人们在笑语中感受到书法家的特点。他连名字也起得风趣奇妙。

在景充的书法展览会上，大溪先生携精美书册赠送景充，并带领几位学子光临展览现场，细心观赏，一边看一边赞扬景充的书艺高雅不凡，真不愧为“有道高手，书道天才”。看到景充一挥而就的即席挥毫水平，他更是赞不绝口，日本人很少有即席挥写书法的功力。

在景充回国前，大溪先生邀请我们去参观他的陶艺工作室，送了两只他自己设计的精致陶瓷酒杯给景充。半年后，大溪先生又将一幅非常珍贵的作品——《花间琴》（李白诗句）精裱好，用日式特制的漆木盒包装邮寄给景充珍藏，以寄托两国书法家的友谊。

后来景充评价，大溪先生既有书法理论，又能书艺创作，水平之高，是他赴日本后所接触到的第一个好字之人。这段以文会友的韵事至今令人津津乐道。

一个多月的时间里面，父亲曾景充先后邀约了十多位在东京都内的日本书法家相叙交流，其中有手岛右卿的高徒矢秋春惠女士，瑞云书社的社长川濑真润先生，北城书社社长井垣清明先生，有“日本赵之谦”之称的山田默宪先生，有皇室嫡系关系的书法家越水春汀，著名书法篆

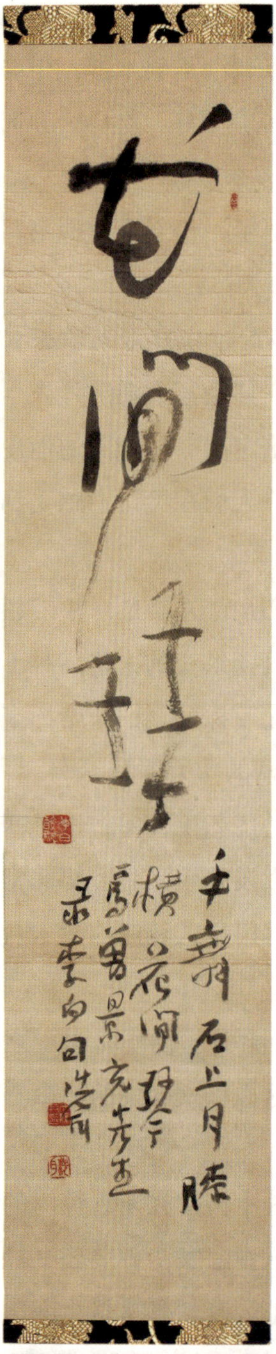
大溪洗耳作品

刻家高桥祥云，中村不折的学生岛崎先生等。

一个星期天，趁着休息日我带父亲去永田町的国立国会图书馆，以便更多了解日本的书道历史。

从住处坐地铁山手线到有乐町站下来，步行约半小时（本来可再转地铁坐两站，但为了节省车费，我们徒步而往）便到。沿途随处都是风景，我们一边走一边拍摄。这一带有不下二十人在写生，艺术气氛极盛，父亲大呼“真是好去处，以后也要来这里写生”。可惜，当天我们却吃了“闭门羹”，原来人家图书馆星期日闭门休息，只好改日再去。

日本国立国会图书馆书籍、资料极为丰富，规模庞大，借书手续管理科学化。凭证件先办借书卡，再找到目录填借书单，输入电脑再等候，由电脑检书，有时等大半小时才告诉你无书，手续有点烦琐，父亲去了三次才正式借到所要的书籍。不过，这里却像一块巨大的磁铁，从此将父亲吸附住了。

由于书籍不能外借，父亲就经常带些干粮和简单的工具加上临摹速写簿，一早就“远征”往国会图书馆去了。在一篇日记里他这样写道：“不辞劳苦，再从有乐町步行至国会图书馆，为了更详细地了解和观摩日本的书道，到馆借到日本书展近几年的资料。今天集中把昨天选定的作品近40幅摹了下来。就是这样，废寝忘食地以高效率的人工把该摹的都摹了下来，真辛苦啊！从早上吃了一点早餐，一直至下午5时半出馆后才吃上两片麦包，拼搏精神简直可以忘记了饥饿、疲劳和休息，一口气坐下来干它7个半小时未有离开座位。但收获挺大的，将来大可慢慢消化研究。”

父亲每看到好的书法作品，就等于自己创作了一件佳作一样开心，享受在其中。他超越时空，执着地追求和吸收心灵相通的艺术表现形式。

如果说国会图书馆可翻开历史的篇章，那么神田书店则可展现当代日本精神文化面貌的一面。

东京的神田神保町书街，是日本书店最集中的地方，整条街都是书店。还远不止一条街，而是整个区域一大片，说它是世界上最大的书街一点儿也不为过。

父亲说："在这里犹如追逐在书籍之海洋当中，真可称得上浩瀚书海。"

先前，他以为这里不过是像北京的庆云堂、琉璃厂一样，但去过才知道，这里受新潮欧美风的影响甚大。此外不少书店还带些低级和黄色的调子，这有历史和时代的因素。但书店有历史，有数量，因而也有质量。世界上什么书籍大概都可以在这一带书店里找到。父亲在这里足足走了五天，才算初步作了一圈书店的"巡礼"。在浩瀚书海中，他发现了不少他爱好的书画书籍，他有选择地买了一批又一批。

有几家是专营中国当代书籍画册字帖之类的，如东方书店、山本书店，服务很周到，出入行礼、包装整理、收款递送。如不懂语言，则用笔传达或找翻译来。最具规模的纪伊国书店和三省堂书店，就像大百货公司一样，店分六层，每层类别不同，人山人海。

在20世纪90年代初，国内的发展还是初级阶段，曾景充第一次出国看到书店的这种规模和管理，深有感触。当时中国的书法全集在广州书店只出了两版，而在日本的书店却已经出了三四版，每版都有所改进，容庚的《金文篇》就印了第三版。历史上的各个书法大家都专门出版了字典，如晋代王羲之、唐代颜真卿、宋四家、元代赵孟頫。特别多的是明代，如董其昌、王铎、张瑞图等名家。画家则有石涛、文徵明、郑板桥、赵之谦、吴昌硕、齐白石等。日本人对中国书画的研究非常重视，甚至比国内还要重视得多。

父亲留意到一些书店是由中国书法家题字的，如姚平子、张大千、溥儒等人的题字。内山书店店名则由郭沫若所题，其创始人内山完造和鲁迅、郭沫若是挚友，早在20世纪初就在上海开设书店，据说这书店也成了中华革命党人的联络点和秘密活动场所之一。

在一些高档的古籍书店内，有一些碑帖的拓印本已是孤本了，价钱都在几十万到几百万日元以上，让人望洋兴叹。

但让父亲极开心的是他找到了岩谷一六的《赤壁赋》。岩谷的书法以碑入行书，很潇洒，父亲早已注意到这位日本明治大书家。岩谷被誉为19世纪影响和振兴现代日本书坛的“三驾马车”之一，与当时中国派往日本的大使杨守敬先生交流书艺，并从中学习六朝书法，受杨氏及碑学的影响，他的书法得到了很大的发展。

岩谷一六的《赤壁赋》一书虽然很贵，但父亲还是把它买下，另又购了东山魁夷的《江山尽揽》、《阿部翠竹书选》、《中村不折书册》、《良宽书特刊》、《齐藤清版画集》、《日本秘苑画册》、《法国画家大师油画册》、《浅井忠一线画》，台湾的《江兆申书画集》等。

这些书作者都是一时一地的俊杰。父亲敬仰他们，即使有些书太贵实在不能买下，但观摩一番，感受一下，用手触及也有一点点的满足。有一些贵重的书是放在玻璃柜子里的，里面展示了著作的手稿，标价数十万日元以上的珍品虽然可望而不可即，但也让人大饱眼福。

书店经常举办旧书展览和书市，有些会大幅打折。最便宜的一本是

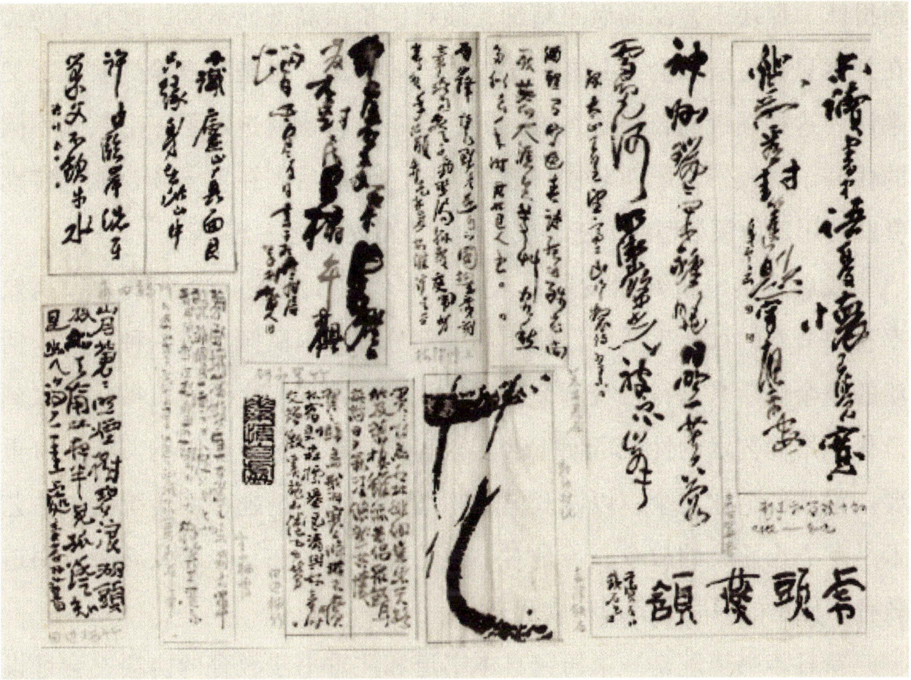

在日临摹一组

父亲900日元买的《书法全集》。

父亲把钱都花在购书籍和艺术品上，但在生活上和衣着方面却很节俭。经常要参加各种不同活动和应酬，且又要搞展览，我打算订购两套西装给父亲。商店买的尺码不合身，带他去定做，需要五万多日元一套，他说“太贵了，真正懂艺术的人不在乎这种外表的虚荣。我的书法艺术才是真正值得欣赏的，他们尊重的是我的艺术而不是衣服”。后来经过商议，买了两件羊毛便装外套和一件红色羊毛恤衫。

父亲一向不喜欢打领带，但一些有文化的上层日本人都在衬衣领上系一个用工艺品制成的领带型长项链领结，他觉得既方便得体又高档好看，可代替打领带。这种领带结是一条细绳子用一只金属边框镶嵌着一块彩石之类的工艺品做成，可自行调节长短然后系在恤衫衣领下，大方而得体。那块工艺品的做工精细，质料因价值高低而不同。这种打扮，在日本只有上层社会或是老一辈的文人才使用，也是有身份的象征。父亲认为这种领带的长项链领结十分适合自己，也就选购了三个款式不同的代替了打领带，配西装或外套都可以。回国后，在重要场合他也特别喜欢使用这种领带型的项链，成了他个人的特点之一。

战后日本经济开始发展，五六十年代后工业发达经济繁荣，高效率和快节奏的社会生活，促使相当一部分日本国民倾向过一种宁静、恬淡的业余生活来进行自我调节。他们认为日本现代生活太机械化，太刻意化，培养艺术的性灵可使生活变得轻松有趣味，对精神的调节十分重要。紧张的工作之余，以游戏笔墨来增添生活的情趣，而传统的书法艺术是东方人心灵的故乡，于是对书道的爱好迅速在日本普及起来，书道教育团体也如雨后春笋般建立起来。

新日本书道院是一个研究日本书道和注重书法教育的协会，会址设立在东京上野，会员遍及日本各地。协会成立了编辑部，除出版发行各种碑帖理论著作和作品集之外，还每月编辑杂志《墨魂》。会长鸟居静秀先生是日本当代著名书法家和教育家，一生致力于书道艺术的研究和教育工作，桃李满园。20世纪80年代，他又创立日本国际艺术文化交流协会，与中国、韩国，以及新加坡等东南亚国家和中国台湾等地区联合举办书道交流展览。我在1990年的第六届国际展览上认识鸟居先生，并把父亲的书法集介绍给他，从而开始了曾景充与鸟居先生的书道结缘。

当时鸟居先生接过作品集翻开来一看，便有一种心灵相通的惊喜，书法集里多种字体的书法都能写得有如此深厚的功力，他赞叹不愧为一位杰出的书法大家。他邀请曾景充来日本参加国际书画展交流，父亲来日后通过相互交往，他亲眼看见曾景充即席挥毫和创作诗联，就令他更信服了。

1991年10月21日，这天是国际交流展开幕，仪式在中午举行。父亲仍然是早起“远征”往国会图书馆借书临摹，沿途画了一幅日本国会大厦的素描速写。我也一早起来赶去学校上半天课程，放学后我便匆匆赶去国会图书馆会合父亲。那个年代，相互之间没有手机，在外各人很难联系，幸好东京的交通四通八达，还是能及时赶去展览现场。

开幕式很隆重，几位来自不同国家的代表简短发言后剪彩。曾景充作为中国方面的代表，第一次亲临参加展览，鸟居先生对他作了详细的介绍，认为景充的参与为国际交流展增添了光彩。

曾景充在现场创作了一副对联“文场会友，书道同天”并即席挥写。韩国方面的会长李熙哲首先走过来握手致敬，并在景充的对联前合影留念。大家互赠名片，签名留念。各国代表欢聚一堂，现场的所有作品则印在精美的会刊作纪念。

会后，举行了隆重而热烈的自助宴会，有日本的生鱼片、寿司、精美点心，西式的有鱼子酱火腿肉夹三明治、牛排、烧鸡、红酒等。在一片欢呼声中各国书画爱好者一齐举杯祝贺，场面热烈欢快。宴会后，秘书长鸠崎女士特别叮嘱我们，第二天一早7时正集合赴仙台松岛旅游观光。

翌日清晨，大家从东京上野乘坐高速新干线大约两小时到达仙台，随即转车先到日本著名的三景之一松岛参观。

在松岛湾内外，散布着大大小小260个岛屿，大海之上疏密分布的是水盛岩，呈灰黄色，上面密布苍松。有四大景观，分别是“壮观大高森”，“丽观富士”，“伟观多闻山”，“幽观扇谷”，景色因地点、季节的不同而有变化，十分优美。

我们坐船绕其外围而行，环视其势，大小岛屿参差排列于海上，开阔而有气势，清风送爽，大海浩瀚，海岛千奇百态，我们沉醉其间（可惜的是，在2011年3月11日，日本东北地区发生九级特大地震及海啸，松岛的美景不再）。传说中，这里是一块神秘和浪漫之地，不同时代都会有许许多多风流雅士着迷于此而享有盛誉。

一小时多之后到达松岛市，我们上岸进入一个古老佛寺参观，有不少石碑树立于苍翠的松柏之间，也间有坐僧、佛像竖立。有一座多层铁塔，是前朝遗迹，古朴而庄严。

午后我们即转回仙台，由鸟居先生的朋友木村中专校长带领，几台专车送我们巡游仙台。

仙台是一个优美的城市，绿草如茵，花木扶疏，给人一种宁静、清新、干净整洁的感觉。仙台市内竖立了鲁迅纪念碑。鲁迅1904年9月开始在这里修读医学，但为期一年的医学读完后，他却在此地弃医从事文学创作。1960年为纪念鲁迅在仙台弃医从文而建立此纪念碑。

晚膳在一间十分典雅的和式饭店落脚，经理和一些员工早站在门口排列迎接我们。虽然一整天行色匆匆大家已经很累，但大厅里的陈设和舒适的环境还是把我们吸引住了。四壁张挂古画，每幅画在射灯之下更倍感名贵精致。正堂一幅山水大中堂，四面陈列一些半古半今的雕刻和陶瓷工艺，每件都颇有欣赏价值。

晚宴上轻轻煎了一下的吞拿鱼可口鲜味。老板介绍说吞拿鱼有补腰强身之效，所以选择这种鱼作为主菜招呼大家。爽脆的鲜鱿鱼、香甜的松茸轻轻一烤，香味更为浓郁。还有家传的奇味汤，日本的名酒，让大家尽兴畅怀。

饭后主人请大家惠留墨宝。一张特大的宣纸铺在桌子上，韩国画家首先作了山峦起伏的背景，日本画家作了松柏、花鸟，大家都在画上发挥自己所长，一幅山水画也就慢慢出来了。

在一旁观看的父亲，这时心中已盘算好自己画什么。他上前画了一些溪涧青苔，然后又添上几笔浓淡水纹，对紧密全画起到锦上添花的作用。同时他作了对联，用横幅题曰“三国迎万国，一关越重关（一关是松岛附近的著名城镇）”，并作铭文记录留念。精练而贴切的诗句，新颖的处理，恰到好处，大家都为他的这种急才拍手称赞，老板更是深深

与日韩书法家交往时即席挥毫

鞠躬致谢。

韩国的李会长拍着我的肩膀举起大拇指说：“你爸爸的诗书画艺术水平很高，书法腕力灵动，很有气势，十分精彩，为国际交流展增添了光芒。”

李会长是韩国首尔大学的教授，大学里设有四年制的书法专科，是当时全世界唯一有健全的书法教学制度的一所书艺学院。他盛情邀请曾景充到韩国讲学作书法导师。可惜受制于当时的国际环境和制度，还有时间因素，最终没有实现。

鸟居先生说：“这么多届的国际交流展，这次是最精彩最令大家怀念的。在来日的书家中曾先生是对书道最有研究的，如不是经过长期深入探索钻研，不会写得那么好。”

在弘扬中国书法上父亲做出了巨大的努力，在异国他乡也有了书法知己，从艺几十年，终于得以一展怀抱。

一路上给我们当导游的木村先生是仙台的一位油画家，艺术中专校长，他非常热情，父亲回国后他还特意画了一幅油画寄给父亲。多年后我移民美国，他又画了一幅精巧的素描画送给我，我一直挂在房间里以作美好的回忆和怀念。

活动直到晚上10点才结束，回到东京已是晚上12点多了。第二天起来，父亲拿上一些简要的用具，便又“远征”去国会图书馆继续翻阅资料。

笠原宇美男先生是一位经营中日进出口贸易的企业家，是父亲赴日本的担保人，也是我赴日本留学的主要担保人。

与笠原先生的认识是在1987年的广州秋季交易会的艺术画廊里。当时，笠原先生正停留在曾景充的书法作品前欣赏，我上前用日语和笠原先生打过招呼，更不怕我当时的日语会话水平还非常笨拙，大家攀谈起来居然非常投契。他热爱中国文化艺术，喜欢收藏书画。我随即介绍笠原与父亲曾景充认识，他们两位更是相见恨晚。笠原非常高兴，当即买下了曾景充的一幅书法作品。

到了1988年，我打算赴日本留学，笠原欣然答应做我的担保人，使我在1989年得以顺利成行。1991年，父亲赴日作书法交流，担保人又是笠原。1992年，我弟弟亦斌赴日本留学，我母亲赴日探亲观光旅游，担保人一律还是这位笠原先生。

笠原先生对我们一家的帮助非常大，我们各人在日本期间，多次在他东京品川区的日本式豪宅里相叙，其乐融融。父亲来日的其中一个目的，就是想亲眼看看日本人掌握的浓淡墨技巧和方法，笠原就特意邀请奎星书道学会的理事越水春汀先生与父亲作书艺交流。

11月初的一个周末，越水先生请我们到他在横滨市的私人住宅探访。我们乘地铁至横滨鹤见站下车。越水先生和他的好友村上先生，还有留学生何军已驱车在站口等候我们。

“奔驰”轿车驶入一处小桥流水、充满禅意的幽静寺院。越水先生的家就在神社圣地的旁边，优雅肃穆如在世外桃源，真是养生延年之所。原来越水先生与日本皇室有嫡系亲族关系，故居住条件如此理想。

越水先生的夫人文静高贵，早已泡好水，摆好茶具亲自冲茶欢迎我们到来。我们的话题首先是日本的茶道，虽然对茶没有研究，但喜欢饮茶亦会品茶的父亲，被眼前清幽、芬芳和甘醇的茶道品饮艺术和茶文化所陶醉。

越水夫人介绍日本的喝茶礼仪，用一小匙勺子，把锯成粉末的茶放入茶碗，一碗茶放两三勺然后冲入开水，开水量不宜多，再用茶匙快速搅动，上浮一层绿色厚沫，一碗茶汤泡好了，把茶碗端起来，右手摆向碗前方顺时针方向转二次，品尝茶色，送至口边，先闻闻汤面香味，然后再慢慢品尝它的滋味。

日本茶道据说是从中国传入的，传入日本后发展成独特的茶道。我们一边学着看着，一边闻香品味，一边细细啜饮。“茶味醇和，香味绵长！”父亲赞不绝口。平时在中国，父亲最爱喝西湖龙井茶，有一种甘味，这日本名茶则别具一番风味。

品过茶后，我们又品尝了日本的传统点心和果子。这是用米或糯米加糖、豆子、水果制成，外观精致，美丽动人，引人食欲。

越水夫妇原来都是中学教师。片刻之后，越水先生领我们到另外一间房子。这里是书房，书籍甚多。大书桌上放着文房四宝。

越水先生拿起一块墨给我们介绍，原来用墨有分古墨、青墨和纯墨，墨中可以渗入胶水、蛋白、酒、碱水等，就会产生不同的效果。纸质方面也大有不同，如渗化者用中国单宣，如起胶者用洋纸，而渗化中内实外浮者则要渗胶水或蛋白式酒（也有说法是煮热酒墨写较好），如渗有起泡的可用碱水和墨。总之要凭自己摸索和感觉经验操作。

越水先生作了一些示范，但未能做出很好的效果。最后他送了一些胶和调料、青墨给父亲并嘱咐“加进墨中，便可应用”。临别时双方互赠了书法作品留念。父亲用越水先生的名字撰联写了“越水无浊浪，春汀有幽禽”，他赞叹父亲的书艺和文学才华。晚上由村上先生请客至横滨中华街“聘珍楼”吃饭。

夜幕降临，驱车途经横滨的高速立交桥，盘旋于日本海湾，灯饰十分美丽，远处世界最大级别的摩天轮遥遥在望，很有气势，在沿江灯火和上下重叠的立交桥衬托中，完全是现代化大都市的气派。

横滨是一座美丽的海滨城市，是日本最大的海港之一。它毗邻日本首都东京，火车（地铁）约三十分钟就到，从东京过去十分方便。节假日我们常去游览，或去品尝一顿正宗的中国料理。那里有著名的日本最大的中华街，号称“太平洋白鸟”的帆船达113米；有壮观的横滨海大桥，长860米，1989年建成开通，属于世界上最大的斜拉吊桥之一，是连接横滨与东京的高速公路必经之地；有世界最大级别的摩天轮；到此一游在当年真可谓是大开眼界。

后来，父亲又在矢秋春惠、岛崎花堂、樱井碧涛等日本女书法家中，了解到日本人使用浓淡墨的更多技巧。例如，可以把墨磨得很稠，点了浓墨，再拂一下清水即写，有自然的效果；或用青墨或茶墨凝结来搞浓淡效果；或先用古墨和清水在宣纸上写一趟，再用浓墨在中间写下去。当然，要多在实践中摸索和积累经验。

回国后，父亲用日本友人赠送的“调味料”加入墨中，经过多番实践，探索，创作出大批浓淡墨的书法作品，举办访日归来个人展览，除了原来的传统碑味很浓的“曾体”之外，增加了很多更具现代风格的新作，影响很大。那时，就有很多大宾馆、餐厅、商店、公司邀请父亲挥笔，指定要写浓淡墨。

在图书馆的一本书法杂志里，一幅“日本赵之谦”默宪先生的书法作品，让曾景充爱慕有加，并将其作品双钩摹了下来。

一天，景充又随意翻阅着一些刊物，在一本“北城书会专刊”上，默宪先生之作“挟飞仙以遨游”又进入眼帘。“此人真乃日本之赵之谦也！”景充不由得自言自语地说。

父亲决定与北城书会联系，并得到了其会长井垣清明先生邀请，到他家里做客交流书艺。

井垣先生驱车前来地铁站接我们至他家中。这是一座十分雅致的小洋楼，门前陈设一些工艺品，转入大厅则宽敞明亮，打开一边方格门窗，即有一个精致的庭园，花、草、木、石，还有水池养着一群金鱼，颇为清丽闲致。书厅设有大张书桌，可供会谈和挥毫，平日上课则一分为三。四壁张以麻布至顶，为杏皮色调，俨然高级展厅，且有磁铁压纸十分方便，有小巧绞机把磁铁吸条升高、降低，可从1米升高到4米多。

井垣先生还和我们分享了他的人生故事说：这都是父亲北城先生传下的祖业。他从孙悟空师徒取经中悟出人生的道路是艰辛的，凡事不会那么容易取巧，必定要解开几个结才有果实。他从中得到启发，才真正继承父业，狠下功夫学习书法。

井垣先生当场临写“三公山碑”，抽出好句临了两行，效果不错。景充立即回赠一联，按其名字作对“声清抱老凤，飘明乎新途”，写出了井垣先生的境况。

井垣认为：“曾景充的书法比之邓石如、包世臣辈之书法提高了，达到了很高水平。”曾景充则认为：井垣对金文、篆隶、汉简颇见功夫，可惜过多侧重在临摹功夫上，如何创作有待来日，因此也影响整个北城书会亦是多注重传统保守，而创造性上或有所缺。

父亲请井垣转请其副会长“日本之赵之谦”默宪先生交流书法，一个多月后山田默宪先生寄来了书作。默宪的书作筋骨爽健，丰腴潇洒，其研究北碑，写赵之谦水平颇高，正是景充一路的书风。

“日展”，即日本美术展览会，是全日本规模最大的综合性美术和艺术展览，影响最大，每年举办一次，日本民众普遍把参观日展作为盛会和假日的一个好去处，也是爱好艺术的人们心中一件大事，十分热闹。父亲来日本的又一个目的就是参观日展。11月10日，一个晴朗的星期天早晨，我们怀着期待已久的愉快心情去东京上野国立美术馆参观第22届日展。

日展分为几个部分：日本画，洋画，工艺美术，书法，雕刻。整一天去看，也只能是走马观花，大体地看一遍。过了几天，景充再度有重点地观看一遍。

以父亲对艺术的敏锐观察力，他认为这个日展从艺术魅力和水平分析先后排列是：工艺美术、油画、书法、日本画、雕刻。最精华的是工艺美术部分，有陶瓷、漆器、纸革、金属、泥塑等，形式多样，尤其设计思想独到而巧妙，善用各种质料，达于意外效果。这可能也借助了工业发展的力量，提供了一切物质和施工的有利条件，所以取得比较大的成就，有很高的水平。单一个凤凰铜炉，其制作精美自不在言，就在展出期间，其中心位置都通电发出一缕红光，可谓不惜工本以制造效果。其他各种质材，如宝石、金属等更是广泛使用。父亲特意购买了工艺美术部分的画册（4000日元），印刷精美，兼有收藏价值，令他爱不释手。

访日前，曾景充就从香港中文大学中文系主任常宗豪教授那里听说日本艺术界派系森严，思想固守不变。观赏日展后，令他有特别的感触。他对日展的评价，显示了他性格中批判性的一面。在参观日展后的一段日记中他写道：按陈列次序，先看日本画，其特征是东方色彩较浓，画面色彩多雅淡含诗意，但多是平涂，立体性表现不强，水平不很高，有量无质，搞了那么多年，为什么水平还是这样？未调查原因，只觉其民族太自尊自大，画阀谋利垄断，不求艺术研究，人们只知赚钱，不知改进，满足已有的“盛况”。次看洋画，水平也不太高，但比日本画好，我认为因洋画售价较高（普通的也值几十万日元），故刺激性较大，人们追求的较多，且都是有为青壮年，故时间较短提高较快，也逼着人们去接受追求新的事物，所以手法形式都较多，但真正大师不多，只有一个写风景的用笔泼辣，准确，色彩灿烂，是不可多得之巨擘（已拍摄）。而其中功夫扎实的也有一些。书道部分，数量是较多的，但质量不高，不少中上等名家旗手也无参加，而几个浮面的大师也未写出往日之水平，实在令人失望。只有一个石浦青明，浅见锦龙，两三人较能代表自己面貌（已拍摄）。为何有此现象，令人深思！很可能是：1. 自大自足；2. 满足于现状安于名位；3. 无甚刺激；4. 新星不能介入，精能老辈也相继逝去；5. 无研究吸收；6. 多搞但原地踏步。总之比往届日展（参看资料）水平跌落，缺少创造和生气，令人遗憾！雕刻部分多是看到材质之优越，偶有极少佳作，其余皆是平平格调，也不算多。日本从各方面挤得水泄不通，绝不让人打进去，只有自己垄断，明明艺术不好，也不向人家取经学习交流，各派系互不来往取经学习，作为学生也不敢乱跟其他老师，也不搞即席挥毫活动，每件作品“千锤百炼”，一年到头也是写这张，加上只有写自家风貌，没有探索创新的自由，所以显得娴熟而无创意。

观看了不少展览之后，曾景充在一段小结中写道：日本人艺术界是那么“各人自扫门前雪，不管他人瓦上霜”，故门派阶层关系严峻，无形的邪力，把自己手脚束缚起来，书画艺术搞了三十多年，也无太多的成就。油画水平也不高，不讲求艺术，只讲求“派头”，小小的一幅无水准的油画，也卖几百万，大一点的就上千万。而中国的巨匠，吴昌硕、张大千的画也只卖一百几十万，根本把价钱倒过来。这分明是从价格上压制排斥中国的艺术，看不起我的祖国，令人很难过、痛心，令人心情复杂啊！祖国啊，争气点！快快强大起来吧！

这是一位书画艺术家对祖国无限热爱，肩负为国争光使命感而发出的心声。

拾陆 尽显才华 弘扬国艺

经过几番场地的选择，最后地点选在东京池袋最高的60层太阳城大厦二楼新画廊，“曾景充在日书道展览”就在此举行。

11月中旬，为筹办展览做准备。父亲从国内带去的作品他觉得偏大了些，特意在日本买了一些月宫殿纸和硬卡镶金斗方纸板，新写了一批作品，以适应场地布置。

在日本这段时间父亲增长了见识，发展出新的艺能，此时爆发出来了。他饶有兴致地创作了一些小品，写得颇具日本格调。来日两个月，结交了好些日本书道的朋友，他认为这些作品都是同道交流的结晶，特意将一些诗联用笺纸写出，再加上按语制作成一叠可折叠式的斗方，取名为“会文篇”，也算是一束小结来日收获的花絮，让大家翻阅。

展览前一天晚上，四个人用了两个多小时布置了整个会场。父亲颇为满意，“颇有看头和规模嘛，水平也不错，总算无愧于心，心安理得，为弘扬中华书法艺术尽一分力量”，他说。大家心情颇为兴奋和自豪，于是到池袋“故乡居酒屋”大吃了一顿火锅预祝展览成功。

11月18日，“曾景充在日书道展览”的开幕日，我们一大早起来就赶去展览现场。出乎意料地，笠原先生和鸟居先生早已把花篮送到，放在了展厅门口中间，小林敏夫先生则手拿大束鲜花和魏锦夫一起在门口等待了，一阵兴奋和温暖顿时涌上心头。

我们抓紧分秒时间补充作品的说明卡。不一会儿，樱井碧涛女士又以国际艺术学会名义送来了美丽的大花篮，各路来宾开始纷纷到场。

我和魏锦夫成了讲解员，不停地向客人作讲解说明。

鸟居先生带着一批学生前来观摩。他看得很细心，还不时向学生讲解。他认为景充先生的书法气韵生动，有六朝风格，最令他佩服的是能写出各种不同的字体，有真本领。他说他看过不少展览，很多人都只能写一两种字体，就要搞展览。眼前的景充先生有深厚的功力，笔力强劲，真是当今中国之杰出一流的书法家，还有诗才，写出文采飞扬的题记，是书法家中少见的难能可贵的！他又指着父亲的小楷说写得很好，为他所不及，日本人能写此也不多见。

在一幅吸收了日本的浓淡墨技巧而创作的有和风韵味的条幅作品前，鸟居的视线久久不能离开，“比日本人写得还好！”禁不住由衷赞叹。

鸟居当即盛意地邀请曾景充担任他的书道学院名誉顾问。

高桥祥云、越水春汀、笠原先生等，好多日本朋友都来了，还有更多是素不相识的当地人。人在异国他乡，却来了这么多日本人参观展览，还订购了作品，还有不少人是要求用名字作联书写的，父亲颇为欣慰。有一位日本人，看完展览后一口气就选购了四幅作品，还未来得及问一下尊姓大名，人就走了。

在日本似乎不习惯即席挥毫，我们准备了纸笔墨，但现场却无人能挥，无论是大书家还是书道会的会长，大家都不惯于此道。大溪洗耳带着一群学生来参观展览，父亲客气地请他们挥写，却无一人上前。父亲又一次当众一挥而就，大溪洗耳不禁赞为“有道高手，书法天才”。

北城书会的会长井桓清明先生也带着几位书道同行参观展览，在细心地看过展览后他说：“还是中国的书法艺术好。”

这是一位真心实意搞艺术的人。曾景充来日后，接触到的一些日本人虚伪滑头的会说“中国的书法艺术不同”，真正虚心的日本人才会说“中国的书法艺术好”，这个“不同”与“好”，可以看出两种日本人

展览开幕时，曾景充与鸟居静秀（中）合影，左一是本书作者

的心态。

最令曾景充喜出望外的是，在展览的最后一天，手岛右卿的高徒夏云书会的会长、有东京书法女杰之称的矢秋春惠女士带领几位书道友人光临。她订购了景充的一幅小品，并请景充有空到她家交流书艺。

也是这一天，鸟居先生和几位书会同道带着相机来把整个展览拍下来，在他的《墨魂》杂志里发表。晚宴上，鸟居先生郑重地向景充发出两份聘书——新日本书道院艺术顾问和日本国际艺术文化交流协会理事。

父亲非常感谢鸟居先生以及书会的赏识，引为异国知音，从艺几十年之苦心得以一慰，和在国内得到苏庚春先生的赏识介绍有同一意义。

鸟居先生赏识曾景充的书法，是以经过两个月的实际交流，多次观摩为基础的。他还说“在日本很少人搞个展（书道方面），原因是没有那么多的真功夫和多样书体；其次是费用昂贵，难于负担，而这次曾先生能搞得那么成功，给日本书道界打开了眼界”。他称赞曾景充是“现代的杨守敬”，把新时代的中国书法带来日本，其书法集历代书法大成之最。也促成他们决定要到中国作书法交流，更深入地去研究中国书法。

展览很成功，大部分作品被人购走。

一年多后，鸟居先生果然带领新日本书道院成员到北京举办国际交流展览，曾景充也有作品参展，他还组织陈景舒、黄子厚、吴子玉、关晓峰、陈永正、莫仲予等人送去作品参加了展览。

拾柒　延长签证　游览胜景

展览告一段落后，父亲曾景充得到鸟居先生的推荐信，顺利延长了三个月时间的签证。一方面多点时间陪伴我左右，一方面对日本书法加深探讨。

他一生勤奋钻研，珍惜光阴，这期间，他经常从鸟居先生的书艺学院藏书室借来日本《书品》杂志，逐期翻阅选择一些好的作品摹印。

《书品》杂志是日本最有水准和有建树的权威杂志，能反映日本各个时期不同的书风，介绍不同的书法字帖和碑帖。

《北魏先景造石窟记》一碑，父亲过去在国内有关书法刊物上曾看到过其缩小版，当时已认定为精品，但不能尽兴，今在《书品》里见到，精神为之振奋。他专程借来临摹一遍，整天忙个不停，倾情投入，到深夜而不倦。他在日记中写道："梁启超极其盛赞此碑乃早期之典型，谓'天骨开张，光芒闪溢'，真所见略同也。今题赞并跋，希望有机会相与出版也。"

父亲用旅行箱一箱一箱地把《书品》杂志借回来，日记里他这样写道："今天抓紧把第一箱《书品》翻阅，如饥似渴地观看，临摹，很紧张，有些画幅还用水墨摹写（如天池葡萄和昌硕中堂），颇为得意，《书品》不愧精华之作，能翻阅日本书坛面貌，庶几可矣，直至深夜亦不知疲倦。"

一天后他又写道："今天还第一箱，继续借两箱。得鸟居先生之

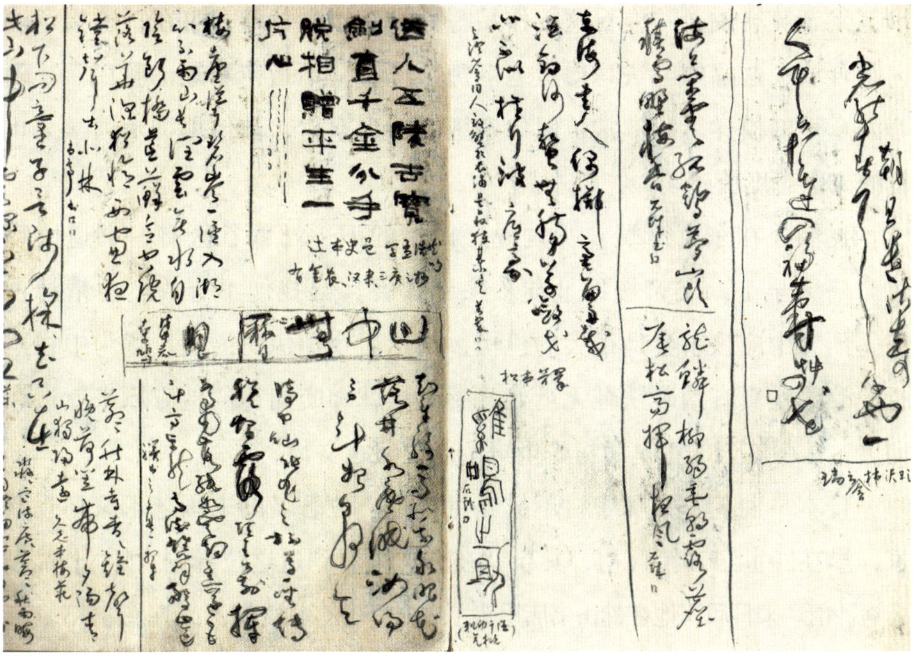

在日临摹一组

助也。从《书品》里，更多地启发创作，颇有所得，联系自己的创作收益良多。岁序已暮，离家日久，惟书道艺事，故未得归程，身负无形之责，此亦人生之殊途也，愿坚持以达是。”

父亲打算在回国前，在有限的时间里，把《书品》全部看完。他天天只争朝夕，祈求吸收更多日本书道的精华。有时我加班至深夜一点多钟才回到家，仍可见年近花甲的父亲趴在桌了上翻阅着、临摹着。时值隆冬，他却不敢生炉取暖，生怕不慎燃着身边的书籍纸张。他用一盏大功率的电灯，既照明又取暖。冬天穿着的衣服多，手臂劳累，竟累出了肩周炎，每天睡觉前都要涂药水以舒缓痛症。

我心疼父亲，但又帮不上忙，禁不住有些埋怨：“你的书法已经精彩过别人，干吗还要这么刻苦临摹他人的？”

父亲笑笑说："你看这幅作品写得平淡天真，随意自在；这幅章法大胆奔放；这幅的笔法写得险绝老辣，哪一幅不是精彩绝伦啊！"一副心满意足的模样。我常常敬佩父亲敏锐的观察力，被他那种永远学无止境的人生态度所感动。

我们住在东京田端。听人说，田端的下一站莺谷区有一书道博物馆。一天早上，父亲按地址徒步来到莺谷，寻找他不容放过的精神食粮。预想中应该不会是很大的机构，抵达后令他惊讶的是，竟为中村不折的故居，真有踏破铁鞋无觅处之感，早就神交向往的地方原来就近在咫尺，馆中陈列的正是中村先生毕生所收藏之文物。

日本早期艺术大师中村不折先生，是一位著名的书画艺术家和收藏家，早在20世纪70年代初，父亲就在杂志里看到过这位异国大师的作品，极为钟情。来日后，他在神田书店里买了中村不折的书画册，又在图书馆里临摹了中村的四屏山水画、佛像和一些书法作品。

中村不折是六朝书道研究家，有著作《艺术解剖学》、《六朝书道论》等，为早年书坛领导者。曾景充善于吸收各家艺术精华，早期书法也受其影响，笔路相一致，今在博物馆里看到其更多精品更为敬佩。临走时，父亲特意在园中拾一石带回，并附上铭文，以作永记。

圣诞节前一天，天气骤冷。午后不久，一阵刺骨的冷风袭来，飘雪降临。正在东京银座看展览的父亲被这雪花飘飘的情景吸引，竟就迎着那纷纷扬扬的雪花健步而行，融入到了雪景当中。

他不管身上无雨具，依然一连串看了七八个书画展，最终全身挂满雪花，成了个圣诞老人。当时，他手里正好拿着用圣诞包装纸包好的新买图书，就更像传说中圣诞老人逐家逐户送礼物一样，回到家时，引得我哈哈大笑，连忙帮他拍打身上的积雪。

这是父亲生平第二次遇雪，第一次是在"文革"中北上北京串联时，难怪他这么"享受"。

临摹中村不折佛像几组

据天气报道预测，即将连夜下雪，积雪会有数寸。清晨醒来，白皑皑一片，天地澄澈。这场雪下了几天，是东京几十年来最厉害的一次降雪，把父亲困在家里没有外出，光顾趴在桌上临摹《书品》，导致肩周炎更严重了。

这天，雪停了，但大地却白茫茫的一片，整个世界成了银白色。他却踏着厚厚的积雪，又外出作艺术的“巡礼”了。

回来的路上，由于雪地湿滑，父亲不小心跌了一跤，幸好反应快手掌撑地，虽无大碍，手臂却扭了一下，涂了好几天跌打药水才好转过来。

1991年除夕夜，我们去登山迎日出。

在日本，人们有新年参拜寺院、登山外游的习惯，祈求来年风调雨顺。除夕深夜，东京各路地铁都通宵运作，方便人们乘坐，且凌晨过后至清早是免费提供服务的。

为了能更多体验异国风情，我们深夜出发到高尾山迎新年。我们在东京新宿车站会合日本朋友小林敏夫先生和台湾来的留学生黄千真小姐，然后转车到高尾山。

高尾山是东京近郊的一座名山，在山脚有多条步行径可到达山顶，也有登山缆车或吊椅服务。我们选择步行登山，从左翼小路出发，开始时路还可走，越走却越险窄。崎岖的山路布满积雪，还有滑溜溜的石块，每前进一步都要十分小心。

我和小林先生一前一后护着父亲一步一步往山上爬，半路碰上两位日本青年大学生，为我们电筒照明。千辛万苦，脱离一个又一个险境，终于在黎明前登至800多米的高尾山之顶峰，曙光在天边已慢慢晕开。

父亲半途中摔了两跤，幸而都是左手着地，没有大碍，但就加剧了肩周炎的痛楚，影响了他的心情。他始终拼命保护他的右手，那是他艺术创作的命脉所在啊！

我为父亲按摩肩膀，痛楚舒缓了。此时，日出云层，旭日冉冉东临天际，山上游客顿时同声欢呼，大家不分彼此，互致“新年快乐”。

吃上一碗热汤面，身体暖和多了，父亲的情绪随之兴奋起来。晨曦降临，周围及远处的景色清晰可辨，远处壮丽的富士山映入眼帘。父亲不顾痛楚和寒冷，不顾疲劳，选好角度，抓紧时间画了一幅《高尾山上望富士》的速写。“这幅画真是价值连城啊”，他还不忘幽了自己一默。

归途上，父亲格外地小心，战战兢兢。我们随人流而行，参拜了寺院，欣赏了森林。参天松杉气势伟岸，岁寒中仍郁郁葱葱，从疏密相间中透射出来的阳光，错落掩映，罕见之美。

在山下药王院大道，我们发现原来从右翼登山好走多了，左翼上山路途就如我们走过的那样艰难险峻。父亲随即有感而发：“真是锻炼意志，人生不就是如此从艰苦中走过来的嘛！”

在药王院寺庙前，父亲画了一幅速写画。特别的是，父亲把它作为新年礼物送给我了。“这是穷人的新年礼物”，父亲说。

我深为感动，多少慈爱，都透过这寒风中的“新年礼物”传递给我了。这是我人生中最珍贵的新年礼物，也是最快乐而又最难忘的一个除夕新年。从此每年的新年里，我都会记起父亲这一幕，并在这甜蜜的回忆中度过。

日本人是个尚“静”的民族，平时少言寡语，说话声音也小，邻居之间也少来往，生活环境幽静。我平时很欣赏他们的安静，但过年就有点不习惯了。比起中国人过年，日本人过年实在太冷清，既没有鞭炮，没有舞龙舞狮，没有互相串门问好，更没有饮茶吃点心，山珍海味，那种肃穆，寂静，真使漂泊在外的游子们更感异乡的寂寞。为此，连续几天的新年假期，我们约了几位留学生一起外出游玩。

我们在伊豆箱根泡温泉，参观箱根的雕刻森林美术馆。这是日本第一家户外雕刻为主题的美术馆，于1969年开幕，收藏有近、现代各地雕塑，如罗丹、布德尔、亨利、摩尔等著名雕刻家多达120件艺术品。这些作品有独特的创意和趣味，在山谷周围美丽景色映衬下，更展示出自然与艺术的完美融合，让你在观赏美妙艺术的同时享受大自然。这里还设有毕加索的美术馆，收藏了他的绘画和雕刻、陶瓷等作品200多件。

寒冷天气持续。1月中旬，我弟弟亦斌获批准来日本留学，父亲、我和弟弟三人聚在日本首都东京。

亦斌是乘坐直飞日本的航班来的，出发前母亲宝碧特意做了本地盐焗鸡让亦斌带来给我品尝。吃着那新鲜美味的白切鸡，就像是回到家的感觉一样。父亲让我多吃，说出国后你都没吃过正宗家乡口味的东西了。

第二天，父亲提议我们去上野公园游玩和看展览。

上野公园是东京的文化中心，东京国立博物馆、国立西洋美术馆、国立科学博物馆、东京美术馆、上野之森美术馆（日本的大型展览、最具规模的日展每年度在这里举行）、上野动物园、上野东照宫、五重塔等都在那边，是假日人们出游的好去处。每年春天，这里有盛开的樱花，是著名的赏樱胜地，东京人去上野赏樱花是传统的出游节目。从我们家坐地铁去，五个站就可以到达，交通很方便，父亲就常常自备干粮来这里研习观赏各种书画艺术展览。

这一天的上野公园，一片白雪茫茫。父亲跟亦斌说："我刚来日本时，正值秋天，白天常来这里，中午休息就坐在公园的喷泉池边吃面包。美丽的园林景致，白鸽在地上找吃，鸟儿在天上飞舞，游人在漫步观赏，一片金黄秋色，一派祥和美好的景象。"

亦斌说："我来得正是时候，白雪皑皑，一派北国风光又是另一番情趣，我们南方人难得之至啊！"

父子两人相对，哈哈大笑，风雪之中这场面却好不温馨。

在厚厚的积雪中，我们堆雪人，父亲用树枝为雪人加上手，又用叶子加上眼耳口鼻，玩得像小孩。

一种快乐与满足的感觉从我心底升起，什么叫幸福，这就是一种幸

与父亲一起堆雪人

福吧？幸福在艰苦的岁月中特别动人，现在回忆起这段美好的时光，我总觉得在日本的一切艰苦也是值得的。当时父亲鼓励我：要苦中作乐，吃得苦中苦，方为人上人，不要怕艰苦困难，要善于找到解决困境的办法，人只要不害怕困难，就能不怕累并勇敢向前进。这虽然是普通的哲理，但从父亲口里说出来，对于在异乡独自留学的我，有着更深一层的励志人生意义，使我受到极大的鼓舞，日后的生活道路上我一直牢牢谨记。

父亲来日本四个多月了，半年的签证时间余下只有一个多月。前一段时间，他主要是参观各种书画艺术展览，参阅各种书籍，访问结交

上野公园速写

书法界的日本朋友，以文会友交流书法艺术，并举办了个人书画展览。后期，他主要是深入研究日本的书法不同体系的发展。从历年来的《书品》杂志里临摹好的作品，从中吸收营养，整理、创作一些新的作品。除此之外，就是集中游览了日本的名胜古迹。

位于东京近郊的富士山海拔3776米，呈圆锥形，白雪皑皑的山顶，气势雄伟，十分优美，被称为世界最美的高峰之一，也是日本人引以为自豪的地标，作为日本的象征名扬全世界，更是文人雅士舞文弄墨的创作题材。

1月19日，我们一行到富士山游览，登上半山，温度已在摄氏零度以下。因山上大量积雪，我们没有登至山顶，拍摄留念后就下山了。富士山麓有五个湖，湖光山色美丽宜人，即使不上山顶，它那四季各异的美姿和周围的自然环境，也能够让人充分领略富士山的风采。其中，河口湖是观赏富士山最佳的地方，湖中的富士山倒影是富士山奇景之一。

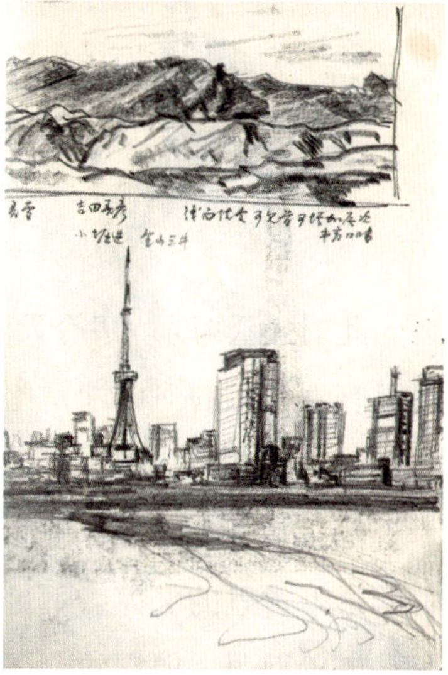

速写画一组

此时摄氏4度，寒冷天气之下父亲就地写生，不一会儿，就画就一幅很有立体感的河口湖，比摄影还好看。他还用铅笔写上了一段日文：“景色がとても美しい”（风景非常美丽）。

他总是喜欢写生，到底是一位画家！他认为写生可以剪裁增减，使美的留下，丑的去掉，不足的还可加上美的景物，故与照片不同。摄影只是择善而照，但它的范围有限，其中也会夹杂不美的地方难以删去，而且不能补充缺乏的美景。写生就可以有更多的创意。父亲具有全面的艺术修养，题上一段书法文字，画面就更加有意义和韵味了。

在富士山的周围，以“富士构想”为题，他画了十几幅不同角度的速写画，并以简练的文字“奇伟、秀俊、圣洁、庄严、神秘 ”来概括富士山的美景。

为了更进一步寻幽探胜，2月中旬，我和父亲、亦斌游览了京都、奈良、名古屋等地，印象最深的还是京都。东京是现代化文明都市的心脏，繁华，快节奏，而京都却是古代文明的穴位，保留着古建筑，奇妙，闲静。那些千年不变的古寺庙，很幽雅淳厚，是全世界保留得最好、最富于东方色彩的造型建筑，传说中也是最有灵气的古寺，屋顶一重一重的横向飞扬的飞檐，鳞次栉比，绵延不绝。父亲说：“好像汉简书法，隶书水平线条的波磔，又即是书法术语中所说的蚕头雁尾。这些建筑的设计造型，或许从中国的书法中取得灵感，真有天工造物之奇也。”父亲说着说着，从手袋中取出速写簿，选择最佳的位置，精确地把寺院“描”了下来。

初春的早晨，迎着灿烂盛开的梅花，我们走在京都的街上，那些古时留下的茶庵、屋舍、庭院，还保持住竹篱茅舍的风貌，没有一点新城市之压迫感和张力，真让人清静无比，无论你再怎么的烦躁，来到这儿对着这些庭园茅舍，漫步其中，不知不觉心就宁静了。随处可见的是纯朴与古雅，真有唐诗 “清晨入古寺，初日照高林。曲径通幽处，禅房花木深” 的感觉，不仅赏心悦目，而且还有洗涤胸襟的快乐。

市区精致紧密，每个角落都藏着美景，无所不在的小风景，别出心裁的小摆设，工艺老店，可谓三步一家，五步一店，随处皆有惊喜。而那些典雅的木屋，庭院中的小桥风车，不免让你驻足凝视，仿佛回到童话的世界。在一间古旧的店铺，店主稻村正在装饰布置，这家店主要是卖清丽典雅的陶艺品，其中玻璃柜内放有一只似壶又似盅、凹凸造型的瓶子，外形独特，古意盎然，上面还写有“风月在壶中”五个书法字，旁边题款“沫三来笙”，书法写得风逸遒劲，父亲的眼光被这只陶艺壶吸引，日本的陶瓷、漆器水平确实很高。稻村先生马上从柜中取出让我们仔细观看，并说：“这只壶是一位早期的陶艺家手做的，只有一只，所以价格比较贵，底部还有印记。”父亲拿在手中左看右看说：“富含日本文化韵味。”决意买下留念。经过一番讨价，父亲又把自己的书法集送给店主，看见父亲如此喜爱这件陶艺品，也就半价出售。父亲得到一件好的作品，心里当然是很满足和快乐了。

晚上我们住在建于山坡林间的宇治川畔山庄式的日本家庭旅馆，门前朴素静穆之感已是一景，而清晨起来迎着阳光，很有陶渊明“山气日夕佳” 之诗意。父亲吸了一口新鲜空气说：“哗，真是清新畅快，山气扑人。”旅馆服务周到，早上为客人提供早餐，每天的傍晚，又会为游客准备好热腾腾的洗澡水，还有丰盛如画般的京都怀石料理，这种料理是日本最悠久的传统料理之一，精致可口而富有美学意义的菜品以及周至的服务，再加上精心营造出的意境，师傅巧思独运，把鱼卵和鳗鱼片酿在寿司中，口感富弹性，极端精致讲究，餐具和食物的摆放都要求很高，但食物的分量却很少，因而被人视为艺术品。

傍晚玩累了，踏着夜色归来，回到旅馆，冲洗完后，按日本人的习惯，穿上和服，走进餐厅，坐在榻榻米上，一盘精美的套餐就在你的面前，用目光细细品尝菜式之精致布局，令人不忍动箸破坏它。

父亲说：“日本料理不是用嘴吃的，而是用眼睛吃的，料理中用的盘子就是画框，上边摆放着的饭碗以及在小碟子里的饭菜，便是一幅多姿多彩的抽象画。”细细品尝多种料理，虽然滋味鲜美可口，但来自有“食在广州”美誉的地方的父亲还是俏皮地补充了一句：“好看不好吃。”盘腿坐在榻榻米上，对于他来说就等于 “活受罪”。 当然，这种吃法就更能体会到异国的风情，是人生的一种不同经历。

奈良是日本历史名都，旧都平城宫所在地，著名的寺庙有中国鉴真和尚所建的唐招提寺，世界上最大木造建筑的东大佛寺，世界最古木建筑的法隆寺。

名古屋就有城堡，金碧华丽的金阁寺，游客众多，但出于对神明的尊崇，人们熙来攘往，无人会大声喧哗，在阳光照射下倒影的金阁寺更让人入迷，别有一番仙境。“真是日本的绝景！”父亲不由得赞叹。由于人多，时间紧迫，父亲在这里没有画速写，只是拍摄留念。

在日本住了半年，饮食方面父亲最喜欢吃的还是日本的烧肉。所谓烧肉，即是铁板牛肉，最著名的有神户和松阪的雪花牛肉，每片切得像铜板一样薄，脂肪分布均匀的雪花牛肉，放入烧热了的铁板两边外表微微烤一下，脂肪经过炭火烧灼，透出一股奇妙的香味，而肉质嫩滑可口，甘醇香脆。店内服务非常周到，点菜后，服务生就会协助你穿上烧肉专用的围兜，又拿布盖住你的包包和脱下来的外套，这样就不会满身油烟味了。这些小细节，让景充感到日本人的服务诚意和细心。还有一种让他十分怀念的秋冬春春鱼，他说：“年幼时在澳门街吃过，以为是很稀有的食物，一直怀念难忘，如今却在日本回味一番。”为此，我经常买这种新鲜的秋冬春春鱼回来焗，让父亲吃个够。

父亲多次说：“最难忘的大概就是环绕在各个车站附近街头巷尾的拉面馆，物美价廉，老少咸宜，常可见到店内挤满了西装革履的上班族或坐或立，人手一碗稀里哗啦地吃得满头大汗，十分有趣，真是观察日本众生相的最好地方。”一碗面的价格在400日元左右，而盛面的碗特大，日本人又习惯喝汤不用汤匙，要端起来喝得嘶嘶作响才表示好吃，连端庄斯文的女孩子吃起面来，也要发出响声才算有礼，所以拉面馆总是人头涌动，怪声四作。想当初，我们留学生也是其中的一群。卤水猪肉四块，笋干少许，切碎的青葱花，粗韧有劲的面条，配以猪骨熬成香浓美味的浓白汤，寒冷的冬天，吃上一碗，身体马上就暖和起来。

拾捌 日本少字数书法

父亲访问日本，其中一个收获是对日本少字数书法作了一番研究。

其实中国传统书法中历来也有许多少字数的书法形式，如民间常见的福、禄、寿等字，生肖字，如虎、龙、蛇、鸡、马等的大字榜书。早在20世纪80年代，曾景充就在《广州日报》里发表过“龙”、“腾飞”、“虎”等少字书法，给人留下强烈的印象。在1988年广东龙舟节中创作的“龙”字和1989年蛇年，穗港欢乐今宵的大型现场电视节目中所作的“蛇”字，让书法从书斋走向舞台，给人们留下了美好的回忆，使少字数书法得到发展和创新。

但是，中国并未形成少字数书法的流派，这与中国书法传统观念有关。而日本受“现代书法运动”的影响，20世纪60～70年代，现代快节奏的生活给人们带来简单直接的审美习惯，少字数精简的内容与形式非常适合现代居室环境，从而广泛被人们接受并形成不同的流派。

少字数书法是现代艺术思潮的产物，表现了自我的意识、自我的面貌，是以书法形式对现代视觉空间构成的探索而创造出来的一种书体。

父亲对少字数书法的研究留下了珍贵的笔记，择录如下：

“据日本少字数书法历史的资料，少字数书体首先见于五度遭难和失明的鉴真上人和唐招提寺的门额题字上。相传公元759年孝廉天皇手谕，用王羲之集字‘唐招提寺’悬挂在门额。平安时代空海所书的‘七祖像赞’在真言七祖肖像画左上，祖师名前用飞白体书写的名札，与画协调。后来，小野道风的‘草名’与此相同，成为以后‘花押’的先例，称为两字的一字化，为少字数化的一种表现和成果。镰仓时代禅宗重视墨迹，其中字号、额字，用2~3个字书写。镰仓时代虎关师炼的‘花屋号’成为对一字特大书写的特例；无准师范的‘归云’两字顶天立地，超然物外；江户时代慈云的‘中庸’两字大小悬殊以揭示内容。到明治维新时期，四国的三轮田米山，全纸只写一字，‘福’、‘禄’、‘寿’三字各写一幅，以一字书发表。副岛仓海对少字数的文字以黑白块对比（计白当黑）表现空间美，已着少字数的先鞭。维新后书法现代化的潮流更是汹涌澎湃，不可阻挡。

“战前的少字数，一方面呼喊书法的现代化，一方面采用修养和教训类型的精神性语句。战后，许多固有观念被打破，向现实直视的实利主义转变，他们以视觉理解书法，所得素材语句采用少数字，在每日书道展设专门创作这种书法的少字数书法部门，其核心人物是手岛右卿，其书法以符合文字意味的‘象’为表现，称为‘象书’，以‘崩坏’两字象形表现战争灾难中化为灰烬的东京的形象。这种书法，外国人也能理解，称之为抽象的写实表现。此外，根据舞台的寂静所书的‘虚’字，开辟了一字书的世界。两者的重点放在文意的书法表现、绘画的构成和感觉的描写上，主张独特的美术性，属于传统派，稳重如山或生动如虎，出规入矩，强调的是气势和神采。

“而现代派的作者们，在少字数的古典范畴中，着手现代的表现，受西方抽象画影响，手法新，构思巧，突出的是有意味的形式。爱好米罗画的西川宁所书的‘默然而笑’，采用金文的形式，古典的笔法，加入米罗的游戏性，表现米罗风的书法，实现与异域文化的融合，但不表现素材语句的意味。书法的创作，始终以书风的创造为第一，这是现代派少字数书法的核心。

“然而，无论传统式或现代派，都是以汉字为载体，而且都得讲究笔墨功夫，笔墨淋漓，空间构成巧妙，这是少字数书法的特点之一。这种形式更强烈地表现触发的热情，有‘言有尽而意无穷’的情感，把感情凝缩在一字或几字中，这对传统的书写规范产生强烈的突破，追求创新、脱俗的意境。

“而前卫派则是抽象地运用笔墨表现字的形式美，可根据篆、隶、楷、行、草各个字可能组成的构图，也可用点、线、面、绘、张、衬托、补笔使人形成美的感受，很讲究笔意、气势和效果。

“而后期发展的则以浓淡墨、纵横雄浑的变形表现直至不可读的极限状态或是以梦幻的妖艳加以表现。

“有一种则是以假名压缩、变幻书写的，用纤细的线条书写行草，以连绵野性的飞舞线条，表达豁达的情韵，章法很重视余白，其中有些飞白渴笔，很有节奏和墨韵，有些如沙蝉翼，用软笔书写，书风则飘逸。”

早在20世纪80年代的《书法》杂志上，曾景充读过一篇题为“书法与少字数”的文章，里面介绍过日本少字数书法开启者手岛右卿的文章，记录了手岛先生这样的一段话：“书法为东方六艺之一，是必须刻苦磨砺的艺术，惟有朝着成名成家的道路披荆斩棘，勇往直前，此外别无捷径。书法是一种需要奋斗终身、呕心沥血的苦行艺术，有志于学习艺术的人，须经常清洗自己的灵魂，使书法成为艺术，归根到底，也是尽力将自己修炼成一个道德高尚的人。”这段话的精神曾景充一直铭记，成为他为书法艺术的发展而奋斗终生的格言。

由此，曾景充对日本的少字数书法产生兴趣，特别觉得创始人手岛右卿的思想和用金文、隶、行、草等书体创作与文字意味相符的“意象”书体，很有启发。回国之后，他把自己对日本少数字书法的研究和理解总结出来，在他的指导下，由魏锦光执笔，完成了一篇论文《日本少字数书法评价》，发表在《书法研究》杂志1995年第三期。（见附录）

父亲来到日本之后，特别写信和邮寄自己的书法作品集给其书会的代表人物小林抱牛先生和创始人手岛右卿的高徒矢秋春惠女士，争取能互相切磋交流，但心里七上八下：日本人“眼角高”，自己又无人介绍，就凭这些书信和作品集，这些日本书法的“头号”人物会理会吗？为了与这些艺术水平一流的日本书道家交流，他决定一试。

一个多星期后，父亲收到了他们的回应，小林先生回信除赞扬曾景充的艺术水平外，答应会写一幅作品送给景充。事过数月，父亲回中国后，真的就收到了小林抱牛先生的书法作品和书法作品集书册。父亲深深地体会到，书艺可以产生共鸣和力量。

被日本书法界称为书法女杰的矢秋春惠女士，用电话邀请我们参与她主持的夏云书会交流。又偕同书友一起参观了父亲在日本举办的个人书法展览。

12月7日，我们应矢秋女士之邀请，走访了她在东京神田的大楼。矢秋女士热情接待，早已由工人为我们准备好茶点和挥毫的用具。其做法是，先开一些古青墨水，用二三百年的古青墨磨稠之后，调大量之水，用羊毫饱含墨水，先湿后干以取得墨色变化。这种墨，写出来的效果有宁静的淡。纸则用中国制造的单宣，写时墨要饱，笔要有弹性，字形要好。矢秋女士用少字数的形式写了竹字及龙字，送给父亲留念，并赠以书法纪念册。

父亲以矢秋女士春惠的名字和她主持的夏云书会作一对联：“秀作融春惠，奇峰拥夏云”，书写赠给她留念。矢秋女士无限感激，赞扬景充的书艺和与对联的本领。她说：“曾先生不愧为一位秀才。这种才华在日本称为‘极品’啊。”

在回家的路上，父亲深情地说：“如此有地位有财势的高贵漂亮的女书家，能多次接见我们真是难得。”“是啊，你的面子真够大的。”我以崇拜的心情感慨地说。

父亲回中国后，其书会的活动情况和出版的新书，新春贺年卡，矢

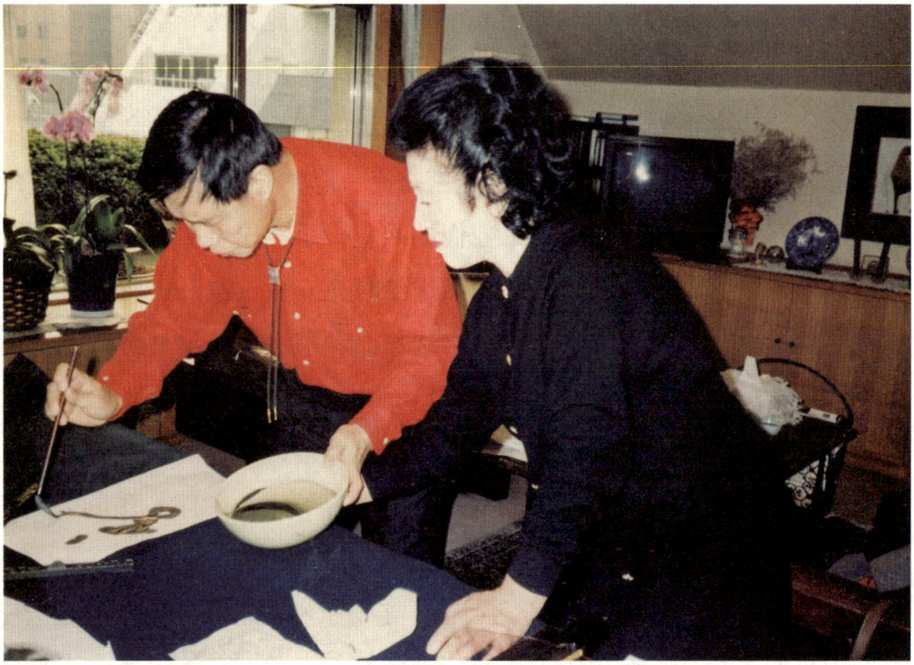

做客矢秋春惠家挥毫

秋女士都不忘寄给景充，保持多年的联系。

六年后，曾景充出访美国回国时路经日本三天，他抓紧半天的时间匆匆到上野东京美术馆看展览，不经意间却有人向自己打招呼："曾先生，您好！"仔细一看，原来是一位穿着一身和服、美丽高贵的女士，带着几位身穿不同颜色和服的女士，正向自己行九十度鞠躬礼。

父亲十分愕然，在人地生疏的日本，是谁对自己行如此大礼呢？望着几位清丽的女士们向自己微笑，他竟一时反应不过来。还是矢秋女士先做自我介绍，由陪着景充的儿子亦斌翻译转述，他才恍然大悟过来，十分感动，连忙向她们致谢。大家互相问候，矢秋送了一本书册签名给景充留念。

此后，矢秋春惠每年都特别把书会的书法作品和一些书法刊物邮寄给父亲，有时也在刊物上发表曾景充的书法作品，成为中日书法交流的印记。

父亲和矢秋女士多有书信往来，其中1997年4月曾景充写过这样的一封信：

访日归来所作日本书风书法

矢秋先生：

寄来的书法刊物已收到，获益良多。

去年岁末从美国途经日本有幸碰上贵展，更有缘与先生会晤于展览场中，先生慧眼相认健忘的我，六年前的探访雅集，至今仍历历在目。时光转瞬而世界又如此狭小，倒不如说人缘之难得啊！试想芸芸众生展览如轮转悠，竟然让我们在贵展中又再次幸会！我们沉浸在艺术海洋中，又回味着艺术情谊之珍贵，怎不令人终生难忘的啊！让上野的樱花和白鸽为我们的美好时刻作证吧！让我们的艺术情谊永远长存！

话说回头，父亲在离开日本前，我们分批把一百多公斤的书籍、资料和物品托运寄回中国，他松了一口气说：“总算把大量好的资料寄回祖国家园，这些心血结晶，是宝贵的精神食粮，将来慢慢消化享用。”

拾玖　完满归来　花甲丰收

半年的日本游历，父亲全心贯注于对书法艺术之追求，在精神上得到艺术美的滋润和熏陶，父亲放眼东瀛之夙愿已偿。而我在陪伴父亲游历的生活中，见证其对艺术孜孜不倦的精神，为人处世之宽厚，自强不息之坚韧意志，于任何境况下，均能乐天应对，得益匪浅。且因常常亲聆教诲，倍感亲切。我一直在外求学工作，但在国外日日陪伴父亲的经历还是首次，也是珍贵和难忘的个人经历，让我感动，印象尤深，至今铭记于心。遂让我拿起笔来形诸文字，以作纪念。

1992年3月1日，半年的日本访问交流圆满结束，曾景充对明治以来的日本书法和近现代几十年来的书道风貌，有了鲜明而深入的认识。通过大量的临摹积累了很多可资参考又宜于欣赏的图版，令精神充实，心情愉悦，对学术和书法创作大有裨益。这是父亲在此行的最大收获。另外，参加了国际艺术交流展，赢得了荣誉，到东京大学及日本书道教育会进行讲学，示范，表演书法，举办了个人书法展览，弘扬和传播了书法艺术，获得了日本书法界的高度评价，结交了一批日本书法界的朋友。当报社记者访问他时，父亲拿着几包临摹散页和软皮笔记本上密密麻麻的书法记录，快慰地说："没有一个出色的日本书法家能'逃'出我的眼光。"他更有感而发创作了几副对联，其中一副是："笔挥彩练联谊颂，墨探东瀛载艺还。"

他在总结中写道：参观了大小展览300多个，临摹了书作2000件，写心得约100条，模拟作品30多件，精临了两个碑两个帖和一些精美画作，写诗联40多首，还有日记、剪报精选和选购了大批有价值的书籍、工艺品、陶瓷共100多公斤，陶冶性情，增益修养、鉴赏能力得到了提高。东京最美好的东西自己都涉猎了，各处的名胜古迹也游遍了。

我想，父亲可称得上是在日本有最大收获和做出最大贡献的岭南书法家。

3月2日，结束了日本之行后，曾景充经香港回国途中，在学生雷超荣和简明秋的陪伴下，再次应香港中文大学的邀请，作学术报告。

这天早上，中文大学大门口高挂大红横额“热烈欢迎曾景充先生来校书艺表演讲学”，气氛热烈。父亲这次的讲题为“近代东瀛书道谈”，整场演讲他竟然可以不需要讲稿，对近代日本书道的风貌娓娓道来，洋洋洒洒，还不时穿插一些自己经历的事情，妙趣横生，学院作了现场录像。应学院院长陈文杰先生邀请，父亲即场做了书法艺术交流。而父亲的购书行动在继续，他又在香港购买了一些书画藏品，如张大千、杨正新、沈子丞、林风眠等的作品。

第二天，曾景充应陈荆鸿先生之邀请，到府上拜访了他。年届九十的陈先生虽然体弱依然热情，一页一页地翻阅景充的个人书法集，十分赞赏，时而说“比以前老辣”，时而又竖起大拇指说“好”，最后赞道：“景充的书法乃当代大陆之翘楚，十分佩服。”随后，陈老即席挥写书作送景充珍藏留念。陈老太太潘思敏插话说：“早有闻说景充先生书法艺术颇有成就外，作诗词对联也颇有造诣，今可否请先生为我们两人题写对联？”父亲当即答允，想了想，然后即席挥写一对联：“文章有神书有道，珍珠无价玉无瑕。”陈荆鸿和夫人很为赞赏，送了一幅真迹藏品给景充留念。

曾景充认为：“日本之行，精进了自己的书艺创作，也是人生事业重新出发的转折点和里程碑，访日举办展览交流，以文会友，弘扬书艺，探讨研习，让人生增加了一段非常可贵的经历。”

在日本半年，的确开阔了曾景充的视野和格局，经过一种新文化的洗礼后，他的书法进入到另一层次。回广州后，各大媒体如《广州日报》、《羊城晚报》、《南方日报》、各大电视台等纷纷报道景充在日本的花絮。还有出国半年来所欠下的“书债”，他都要书写捧还，整天忙个不停。同时，又要抓紧时间，创作一批访日后的书法作品，筹备“曾景充访日归来书法展览”，准备在8月中旬隆重展出。

这次展览，曾景充的书法经历异国的“巡礼”，不一样的才艺“爆发”出来，大胆地创新突破，少字数的佳作不少，气势磅礴，内容丰富多彩。在场地布置上，父亲一向不喜欢铺张浮华，强调简单隆重。在作品的装饰上，一改以往的陈陈相因的装裱形式，采用木板压边式裱小，咖啡包边镶镜，丰富好看得多，格调高雅。作品有强烈的魏碑入行草的曾氏体系本色，又有笔墨淋漓、空间构成巧妙的现代书体，墨色浓淡相间，造成远近不同的立体图像，形成了一个体系独特的书法艺术风格，使人耳目一新，开创了书法展览的新局面。作品所产生的美好效果，是那种别人达不到的特殊风韵和独特的风格，使后辈人不得不佩服。观众热闹空前，细细观摩，带着浓厚的学习精神，用小本子临摹，用相机拍摄，询问书写方法和学习的要领，有些更带作业来请教，景充都细细地解答。有些人更要报名拜景充为师，学习风气之浓厚是同类展览中所少见的。整个展览洋溢着丰收的喜悦，收获了丰硕的成果。

当时的广州市市长杨资元先生特意前来参观并题字，十分称赏，认为景充吸收了不少好东西，下了苦功夫，卓有成就，这样的年纪，水平如此高，还不断地探求、创新，真是难能可贵！

时任广东省书法家协会主席陈景舒认为：“景充最难得的是不逐名利，专心研究，敢于创造，有功底，有面目，不容易达此境界。且字体丰富多样水平高，同时还无间断地培植人才，有所著述，有真本领！”他对省书协的其他同志说："多几个这样的书法人才，书坛则大大不同了。景充各体书法都极具功夫，真不愧为江南第一人。"

著名雕刻家唐大禧对父亲评价甚高，认为曾景充的书法有新意，有现代感，有立体感又有传统的功力。

父亲自己则认为，以那么简朴的装裱和场面，却意外地赢来如此大的艺术之丰收，可喜！他脸上流露出的喜悦不是一般的喜悦，是用坚忍的意志和辛勤的汗水获得丰收的喜悦。

那一年他60岁，正是花甲秋收之年。

贰拾　加州阳光下　享国艺天伦

日本访问之旅五年后，1996年11月，曾景充又出国了。这次，父亲是和母亲宝碧同行，到美国西海岸加州的三藩市作为期两个多月的访问。除探亲之外，更主要的是以文会友，弘扬书艺，把自己多年来努力所得的成果与海外的华侨同胞分享。

消息先由美洲中华艺术学会传开来，立即引起华侨同胞们的强烈反响，好些旧友和学生纷纷邀请景充相叙，家里的电话响个不停。

禤欣是景充的高中同学，亦是当年广州文史夜学院的同学兼画友，他立即组织学会的骨干成员开会拟定举办“曾景充书法艺术欣赏会”。会长李英烈先生早年从广州移民，他说：“青年时在广州已闻曾景充的大名，如今方有缘相见，幸甚。”他极力支持景充的书画艺术活动。秘书长何兆全先生鼎力相助，临时辟出公司的大厅作画廊，展出曾景充的书法。

父亲做事一向亲力亲为，认真负责，讲求完美，为筹办展览，他自己动手设计制作请柬，找印刷公司，布置场地，发邀请函，和传媒打交道等。

当地的主要华文报社《金山时报》的社长林国光先生十分赏识景充的书法艺术，亲自约请景充到报社做专题访问。景充为报社作新年题词：“金山时报新闻最好，金山时报天天进步”。又用报名“金山时报”即席题诗一首：“金山桥下友谊在，山水艺缘结美加。时逢交情人

在美国三藩市一再应邀举办书艺欣赏会，曾景充在会场前留影

意好，报得佳讯颂年华。”

诗写出后，书法家当然要用书法形式表现出来。报社里没有写书法用的宣纸和笔墨，父亲马上联系附近的同道好友，奔走几个街口，在同道何兆全的公司里借用工具把作品完成，再送回该报社排版。

走出报社时已是黄昏，夜幕降临。其时三藩市的街上，已经披上浓浓的圣诞节盛装，异地佳节，当有一番感慨。父亲想起五年前在日本的圣诞节前，也是他的书法个展时间。人生一段路一段路走过来，一个又一个困难被克服，辛勤耕耘，付出努力，收获新的成果，人生的目标在脚踏实地中一步一步得以实现，这样的人生之路充满了真实感。

在大家的支持下，12月14日“曾景充书法艺术欣赏会”举行。一大早，离开幕前一个小时，已有不少人在外等候。华侨同胞热情高涨，门口摆满了热心人士送来的花篮。潮州会馆首领、七十多岁的文光先生素来喜欢研究书法，他偕夫人细心地欣赏每一张作品，情不自禁地为父亲的书法艺术魅力所折服，第一个认购了大幅爨宝子碑体“大江东去”作品。他认为景充的书法造诣很高，超越前人，每一笔画，每一个字都耐人寻味，充满无限魅力。

来参观的人不断增加，整个展厅挤满了人，有些人还在外面等候，有些人则带着自己要求书写的内容请景充即席挥毫。有位谭先生，原来在中山大学研究历史的老教授，早期与郭沫若有交往，写过不少文章，后来认为能救世者还是医学，遂转而研究前列腺的先进治疗法。他委托景充用书法来书写其文稿，但现场太忙，只好将文稿带回家完成后再交还。

现场场面极为热烈，大家对景充的书艺高度赞扬。文艺报社社长毅风先生，各报社负责人和有关的书画艺术协会负责人，以及不少台湾同胞和外宾都来了，两天的欣赏会在一片赞扬声中结束。

曾景充把欣赏会概括为“为国争光扬书艺，以文会友砺同群”。而早期移民来美国的漫画家雷祖舜先生则概括说：“借景充书法家的名气，搞旺此地的经济生意。”

第一位参观及订购作品的文光先生更书写一幅书法，以“疾风知劲草，烈火见真金”来称赞景充的书法和人格品位。

现场售出展品书画近九成，而认购者仍十分踊跃，且有不少人会后要求订购续写作品，场面之热烈真是出乎意料。父亲更深信自己书艺的功力和魅力了，亦深信人缘友谊的作用。

曾景充的欣赏会成功地打响“第一炮”，引起专业机构和有识人士的关注。美洲亚洲艺术学会会长郭仪和亚洲艺术学院院长缪剑生联合邀请曾景充在学会会场举行1997年首次扩大艺文雅集。在此，父亲结交了一批书画同好，有来自台湾的书画名人、张大千学生胡佩锵，台湾书画家吴宗岳、沈映冬等，三藩市的书画名人如吕媞、胡武等。旧友吴佰如、卢炜圻、毕艳文、黄少武等，都特别前来与景充相聚话当年。景充

在美展览现场

不无自豪地笑着说“世上谁人不识君”，朋友们的关怀、爱护和帮助，这是人世间最宝贵的。

美洲亚洲艺术学会会长郭仪先生来自台湾，看到景充即席为书会撰联并书写“亚洲文明高、古、盛，艺术精神美、善、真”，特向景充发给荣誉证书。其后在他的支持下，1月5日，在美洲亚洲艺术协会举办“曾景充书法艺术研讨观赏会”。

父母来美国前，三藩市持续下了十多天的细雨，直到他们到达那天才转晴见到太阳。此后十多天，父亲都忙于探访书画界朋友和准备书法展览，待办完一切有关事宜，天公又转为下雨刮风了。这两天父亲都待在家里阅读《文心雕龙》和《山水诗鉴赏》等书籍，并抄录了一些哲理名言和诗句。

三天后，雨停了，天边一道彩虹，我们大家都说父亲真幸运，有天公作美保佑，他却笑意盈盈地说：“莫非老曾识透天机，天助我也？有这么多的朋友帮助，真可谓天时地利人和。”

中午，我们一家人和父母在一间中餐馆用膳后，驱车到离家十多分钟的水晶泉湖畔散步。这里是一条长6英里（约10公里）的著名古道，依偎在旧金山湾区中半岛的水晶泉水库湖畔上，风景天然优美，古道蜿蜒弯曲，经常还可以看到鸭、鹿、兔等野生动物。

这天，父亲的日记里写道：午茗后往附近的水晶湖畔游憩，带了外孙儿（日昇，10个月）增加了不少情趣。此处一条长河，清澈而平静，朔风吹起一些涟漪，略有萧瑟之感。两岸青山布满郁郁葱葱的密林，甚为丰茂，颜色有深浅有老嫩，互相衬托，写西画最好。河畔略有弯曲，在河湾处远山近林沙咀交错构成优美而多层次的画面，我们在此景前拍了美好的照片。而且空气幽绝，比广州的白云山还要清纯，不少老幼沿河跑步锻炼，我也不由得跑了来回2英里，颇觉心旷神怡，半月来，筋骨为之一舒，畅甚！

父亲还写了一首诗作纪念：“驾车乘兴探碧湖，十里长堤绿漪弯。青翠山峦映远近，清幽静谧绝尘寰。”

那年父母亲来美国和我们相聚，我的儿子Jason还未到一岁，看到父亲对孩子特别有兴趣，常常把小孙儿抱在身边，拉着他的小手摇曳着一送一迎地逗着玩，有时又举高放下，爷孙俩哈哈大笑。那是极生动，有声有色的画面，让我们无比喜悦，那此一时彼一时的情景，让我感到无限快慰的天伦之乐。但欢乐的时光很快过去了，父母亲要返回中国，我为不能长期在他们膝下承欢而汗颜与无奈，也使我对人生、人性更多了一层深入的认识。

1月5日，天气晴朗，骄阳满天，三藩市湾区的天气，就算在寒冷的冬天，也总是充满着加州的阳光，温暖而灿烂。但这里的人气更是旺盛，这天，是曾景充在美国的压轴战，原来早就有各家报纸和电台、电视台预告“著名书法家曾景充来美国演讲及挥毫”，消息一经传开慕名相约而来参加者竟超出预估的三倍，惹来场面爆满，会议室挤得水泄不通，走廊也挤满了人，为亚洲艺术学会所办活动空前未有的纪录。学会会长郭仪在发言中指出：“雅集能吸引如此多爱好书法艺术的人士，可见曾景充是极有影响和号召力的，同时为今年的艺术活动开了一个好彩头。”（摘自美国华文报纸《世界日报》的报道）不少几十年未见的老友、学生也因此而相会，济济一堂，陈佗杰、贾峰、黄少武、毕艳文、马毓灵、卓志雄、吴家松、凌卓，闻风而来，令人感动。

曾景充扼要地讲来美的收获，也不忘感谢在美的华侨同胞的热情，演说中强调书法方面的功能、意义和影响，以及他的书学主张与特色。在热烈的气氛中，他不忘做公益善事，为有关机构及慈善捐助活动挥毫表演。

他的魏碑行书最为人所津津乐道。而他应景而生、应众急就嵌字撰联的本领更让大家击掌赞叹。为《正报》所题的新年贺联“正春风骀荡，报时代新声”，为《金山时报》书画欣赏栏目的主编胡佩锵题：“环奇玉佩高人乐见，清响铿锵大雅喜闻”。后来胡女士特邀景充为书画专栏顾问，与景充一直保持联系，互报两地书画方面的消息，也赠画一幅给景充留念。

纵观三藩市的画家中，景充认为胡武的云海山峦画得较好，在欣赏会上，胡武也来“捧场”参观，大家相约互赠作品。景充为胡武的时代画廊作联：“笔墨当随时代发，人生喜见艺文兴。”一如景充所喜爱，在离开三藩市前胡武送他四尺山水云彩画幅，气势壮观，这是来三藩市收获最大的作品之一。此外还与旅美画家吴佰如、吕媞（关山月师妹）互赠了作品。

《正报》记者青年画家卓志雄先生在报道时写道：“在书艺欣赏会上，能一睹曾景充先生的即席挥毫表演，真的可说是大饱眼福了，我很喜爱他那种一气呵成的书艺魅力，不拖泥带水，不矫揉造作，笔笔都那

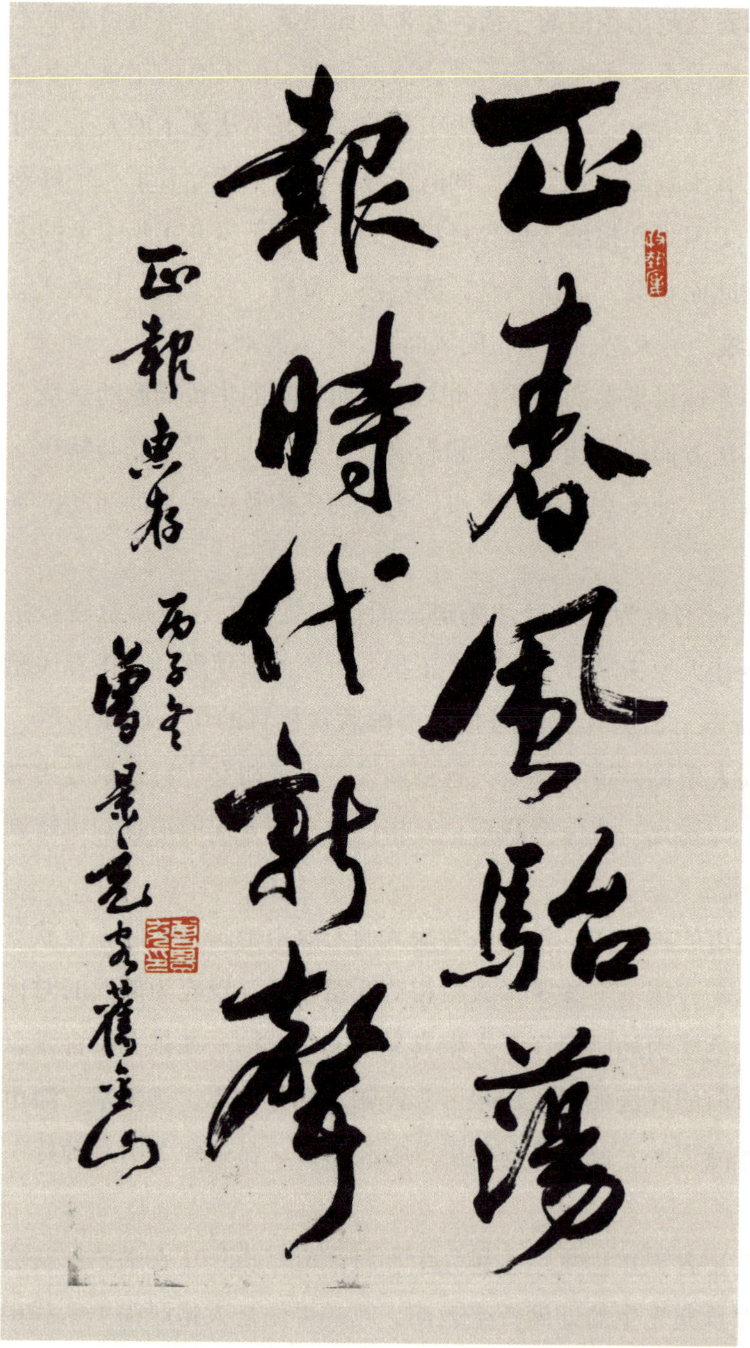

为《正报》题字

美国华文报刊报道一组

么老到，其作品充满了生命力和坚韧的气魄，正是大家所赞颂的刚柔兼济，充满时代新意的那种，字里行间流露着作者对艺术的追求和创意，让人有美妙的享受。从他的书法里，能感受到他那勤奋刻苦的性格，也觉得他是一位不好高骛远、平易近人、努力钻研的艺术家。小时候，家里也挂着一套由曾景充先生赠送的对联，它们伴着一幅《百花齐放》

的中国画，静静地挂在大厅里，每当我坐在沙发上时，就能看到它们，那是一首用俊秀的魏碑字体书写的唐诗，每次看着它们，都有不同的感受，在寂寞时看它们，它们就像要与你谈话，为你解闷；在喜气洋洋的日子里，我发觉它们会与我们分享那节日的快乐。回忆起它们来总是那么的美妙，也带着少年时的快乐时光”。

是的，曾景充的书法，总是带给人们美好的享受和快乐时光，便自有存在的价值。景充在美国期间，卓志雄经常带着他去博物馆、美术馆、半月湾、太浩湖等旅游胜地参观，写生摄影，观赏异国的风土人情，欣赏研究各门类的艺术珍品，以开阔视野，增广见闻。驾车沿太平洋西岸高速公路选点速写，美不胜收的海边风光，散逸缥缈，令景充赏心悦目，画兴大发，流连忘返。这些来自西方的艺术灵感，又给他的艺术灵魂，注入了新的元素，产生新的飞跃。为答谢卓志雄的热心招待，景充也以其名字作诗一首：“卓荦以励志，奋飞方为雄”。并为他的楼名书写 “美斯楼”。志雄每次回广州，总要去探访景充，向他汇报三藩市的近况和共同分享书画创作的收获。

1月6日，天朗气清。这天，父亲总算能有一个星期日的时间闲歇下来，和母亲宝碧，我、我的先生陈国定还有我们的儿子日昇（Jason）共叙天伦。一家人开车游览了金门桥、红木杉树林区和艺术宫。

金门大桥是美国西海岸三藩市的象征，它建于1937年。在当时，它是世界上唯一最大的悬索大桥，长8900英尺（1英尺≈0.3048米）。

父亲在日记中写道：“设计精致典雅，建筑雄伟奇健，只有两座设计精巧的呈红色H型壮硕的桥墩支撑的混凝土和气势磅礴的钢绳牵引，象征着纯粹的标志，骄傲地耸立着，横跨着，是标致的细微经典之作，更是一件杰出神话般的艺术品。我们到桥上散步走一走，一会儿薄雾笼罩，凉爽宜人，一会儿阳光倾泻，忽暗忽明，真是沁人心脾，好像世界在你脚下之感觉。来往汽车如鲫，游人安详高雅，一片文明祥和气象。

迎着朝阳的波光，漫天的金霞，我作了多幅速写，又以三藩市作背景衬托，表现了雄伟壮阔。三藩市的地理条件和天然气候，注定是一个园林式的著名旅游城市。如果写西洋画，则到处是永远画不完的景色，永远表达不尽的色彩。我们继续开车再行半小时。

“盘山而上，终于到达著名的旅游景点红树林国家纪念公园，这里有世界上最高和最大的红树林，巨木参天普遍有60~70米高，直上云霄，树身粗约十人围抱。最古老的红木有1500多年，整个山林是这样的原始森林，遮天蔽日，幽深静谧，走过几条柏油路，以木栏相引，有一条山泉以木桥相跨，是座天然的林区，到处散发着大自然林木的香气，老树枝叶茂盛，树上白鸟云集，啼声悦耳，真是一个充满生趣的美丽世界。之前连日下过雨，空气清新宜人，我们欣赏惊叹着，有些树倒在地上，露出根基，但在树干上仍然长着树枝，生机蓬勃，是土地肥沃的象征，在这里我们看到了绿色的多变世界。一缕缕的阳光飘在空中，有侧光，有阴影，有平光，像童话般的境界（有过之无不及），又是西洋艺术的强烈感受。归途时车绕上半山，看金门桥的壮阔境界及海景的雄伟，速写了两幅也拍摄了照片，尽兴而归。”

日落之前，我们驱车再度游览了艺术宫，前一次是在一个月前的清晨。

在这里，父亲留下了特别深的印象。他说：“站在这里，自己都变成了风景，像是站在一幅裱框的欧洲名画中，每一处都是美丽的画面。”

视觉上的壮观美感一直印在他的脑海里，令他无论时间多么紧迫，也要抽空出来重游这里。

父亲在日记中继续写道：“艺术宫，一个好像从希腊罗马神话里浮起来的水上宫殿，孤傲伟岸地耸立于大街的湖边，让你的思绪如诗如画，精雕细琢的罗马式的棕黄色古典圆立柱倒映于湖中，四周庭园环绕，有高二十多米的条纹圆柱环廊，墙壁里柱廊上各处皆有古朴精细的人物浮雕，增加了神秘的感觉。柱顶四角有美女背面贴立柱子俯视作装饰，形体各显其美。清晨和日落时分在太阳光的侧射下，一幅一幅的艺术画面尽收眼下，令人回味无穷。四周人工湖曲折蜿蜒，岸边的垂柳在风中摇曳，荡漾的湖水在眼下闪亮，湖中有几只天鹅和水禽嬉戏乐甚，水花飞溅，时而追逐，时而相偎，时而飞翔，天籁悠然，再衬以半空的海鸥、白鸽，成群飞逐，从人面掠过，水上陆上都有鸟追逐，很有情趣。”

这座艺术宫是为1915年2月20日开幕的巴拿马太平洋万国博览会而建，博览会结束后，艺术宫免于拆除，作为永久性的保存建筑物保留了下来。除此之外，父亲还参观了三藩市内所有的旅游景点、美术馆和博物馆，在这些艺术馆里收藏着世界著名的艺术家的作品，如罗丹的“沉思者”雕像，耸立在博物馆的中庭入口，让你会面对面地隔着时空继续“沉思”。这是一座维多利亚式的庭院，馆内收藏了各个时期的作品，《地狱之门》中的《三个幽灵》、《接吻》的夏娃、《胜利者》等，是法国境外最多的罗丹雕塑艺术品。此外，毕加索、莫奈、亨利、彼得、米兰等的作品也有收藏在这里面。

父亲这次来美国，还有一个重要目的，参观中华瑰宝——“台北故宫博物院”珍藏展览。这是台北半个世纪以来，在美国西岸旧金山首次举办的规模最大的展览。这次展出珍品共有350件，包括书画、玉器、铜器、陶瓷和漆器等等，年代跨越从新石器时代到18世纪，这些传世珍品贯穿中华艺术的历史发展过程。父亲说：“能在旧金山一次难得的高级展览中目睹“台北故宫博物院”珍藏的艺术珍品，真是三生有幸。中国几千年的艺术精粹尽收眼底，其艺术感染力令人震撼、眼界大开。先人的聪慧和创造力，工艺之精，气魄之大，美不胜收。”

他在字画方面看得更为细心。在当天的日记中详细分析写道：“字画方面，起自唐宋，有孙过庭书（残缺），有黄庭坚（自称涪翁）的诗

三藩市速写二帧

卷，很精，是晚年之作。有马远的山水人物轴，赵子昂《后赤壁赋》，甚为精美，乃盛年之作，风流潇洒之极，还有赵孟頫之峦峰图卷，李衎的竹轴。此外，‘元四家’的黄公望之《石壁图》，吴镇竹册，有些均已见刊行，十分精美。尤以吴镇之笔，甚得我心。王蒙的林屋轴，很纤细而有笔力，韵意具足，临仿倪瓒之山水亦见之册页。吕纪、林良各有风骚，陈琳画猴，更是难得。杜董玩古图，人物精巧入神，戴进山水，有自运有仿宋，均为大气之笔，吴伟之北海真人像，亦颇有气象，可惜未观其山水之本色，祝允明之杂书诗帖，有《白马赋》，洒脱而清劲可喜，文伯仁之山水精致细巧，构图奇特，王泽人物册，人物变形，功力深厚，张宏之山水大作，董其昌之大字及小子题跋均见董书之风范。‘明四家’的沈周之山水轴，文徵明之兰竹卷，唐寅的仕女图，仇英之汉宫归傍晚图，仕女人物精美绝伦，久为力作，石涛之竹与王原祁合作一竹一石，又有一册为王鉴合册，一山水一花卉，各尽其妙。此外徐渭的墨菊‘大写意’，周臣、谢时辰之大轴均见功力，郎世宁百马图，乃见其写实及外功之本色。沈周之一大一小图轴，具见文人画笔墨之精妙和洒脱，兼有专题书画并茂，为全场压轴之作。

“此外还有各种精美瓷器，各种珠宝首饰都有所代表，且十分名贵，增长了不少见闻。此外杂玩也精巧绝伦，足见宫廷帝王之享受，有雕刻、檀香宝格之类，犹如百宝箱，一小紫檀匣内有20件左右的小件金玉、工艺品、裱本卷轴，都按比例缩小可观可玩，精巧之极。其他漆器、琳琅宝石等杂玩，均为罕世之宝。看完后流连馆内，发现另一侧展馆有西洋展宝，有时髦的古代脸谱，原始质朴，巧妙构思，市面售价亦高昂。也有古典油画及雕塑，写实而典雅，十分精美。至于现代之画幅则水平有限，是：‘傻佬看傻画，十分可笑，但有一定的追求和形式美。’”

虽然20年过去了，但父亲当时那幽默的话语俏皮的笑脸，我至今还清楚地记得。

一个展览，父亲能如此细心地做观后笔记，把当时的观感详细记下分析，可见他对中国书画艺术的了解以及对艺术的理解有着深厚的文化修养和功底。

这次“台北故宫博物院”藏品在美国展出，真可谓百年一遇，而对景充来说，也是人生一遇，所以他用三生有幸来形容。20世纪90年代初，海峡两岸还未“三通”，大陆人不能赴台，故选择那个时间来美国也是为了能够亲临参观“台北故宫博物院”展览。

离开美国前的一个星期，父亲早期已出国的学生鲁旭和李文娟盛情邀请父亲和母亲去东岸纽约游玩。但父亲行程排满，其间还有讲学研讨会，加上连日纽约风雪成灾，航班停飞，最终未能成行。他特别挂念李文娟，他把内心的想念在日记中记录下来：“依依之情不知何日真正重逢”，道出了他心中一片温情。我后悔没有帮父母及早安排好行程，让他们去纽约和华盛顿一游，唯有寄望着他们下一次再来，与他们游历美国，更希望能与他们一起环游世界。但父亲一直忙着书法教学和书法事业的发展，始终没有再次成行美国，这也成了我一件遗憾的事情。

父亲来美前，特意画了一幅《奇峰耸翠》的画送给我，画面上崇山峻岭，烟雾缭绕，苍松古道中有亭台楼阁，阶梯上有一画人背着画架，倚着石径，悠然自得地画他人生中美丽的图画，画面表现出山势松柏的雄伟与云雾的绵延不断，有一种宏大的气派，意境更是超脱出尘。这幅画一直挂在我家的厅堂中，每看到这幅画，更让我怀念父亲，这也许就是我心目中寄托着的父亲远去的地方吧！

同时，为了配上这幅画，父亲又写了一幅尺寸一样的书法“知足常乐”，勉励我珍惜幸福的生活。他们从中国带来了一个造型巧美的限量版青花景泰蓝花瓶，一对手画山水漆器花瓶，父亲平时收藏的精美公仔、陶瓷玩物等，都一直摆放在我们家里的客厅和餐厅里，让我们留下了很多美好的回忆。

父亲在平凡的生命里，活出了有意义而又精彩的人生，在书法方面更是留下了辉煌的一页，现在虽然已经远去，但书艺却永存。我的儿子日昇常常以公公为榜样，努力学习。在报考大学时，他凭着以见到公公的真实感人之事为内容所写的作文，被美国加州著名大学录取。他传承了公公的文学基因，15岁写作文参加比赛获全市高中一等奖，在15岁时已写长篇科幻小说出版。之后，他又写了几本不同类型的小说，他计划将来要写一本关于公公的励志人生传记，让世人认识他的公公——曾景充。

还是回到父亲曾景充的访美行程吧，万里来美，景充在出发时，不免有些思想顾虑。改革开放以来，赴外办书展其效益都不尽如人意，他也明白，只希望来美国见识一下，但是经过一番自身的努力，他的收获良多。何兆全先生认为，近十年来，到三藩市的书画家从未有如此“人气”的，可谓空前！

谭彼得教授更称赞曾景充的书法实为康有为之后近百年来的第一人。他当即历数几位大名家来类比，认为曾景充的书法拓展了魏碑的书写空间。

景充得到“异地番”的快乐，他在日记中写道：“到此方知放下架子及其他因素，平心而论，就字论字方见出真功夫和实力，杰出就在于此，想不到书法在三藩市有如斯之魅力，满载着艺术成功的豪情和异邦的友谊走向下一段旅程。”研究会主席李英列先生认为：“景充一纸在前，能如此布局，安排，安置章法功夫得心应手，效果极佳，此乃登峰造极之绝艺也！”并再次表示此次大家合作成功而愉快！

当然，曾景充来美国，也看到新移民的艰辛一面，在茶叙时何兆全以亲身经历很有感触地说：“大的书法家来美国也很难立足，反而像他这样的‘周身刀’，浑身解数都出齐才谋生有着，或者像隔壁的冯老伯半个画家，写点旅游小件（5～10元一张），并要联系导游把客人带来光

本书作者与儿子及父母在美国三藩市合影

顾才能吃得开，日子也好过些；而禤欣如果不会裱画，单凭写和画，早就饿死了；而卢炜圻（卢子枢的儿子）也只有转型搞装修才能维持生计（后来年纪轻轻就离世了）。”真实地道出了新移民的辛酸泪。真是世界艰难啊！

景亢看见在“繁荣”、“进步”的社会里，书画艺术的出路并不容易。他感慨万分：“书法艺术根在中国，只有回中国去，书法艺术才能更好地发扬光大。”书法是他的生命，绝不能放弃。本来他完全可以移民来美国生活的，但他却放弃优越的生活条件，坚决回到祖国去，祖国才是他书法事业发展的根。但他对美国的居住环境却十分赞美。我们住在半山上的别墅式的独立房子，分布规划整齐，设计又是每间不同。在他眼中看到的，就像是一幅一幅的中国笔墨水彩画，而一些旧式的古建筑，在阳光下，就是一幅一幅的西洋油画。他经常从家里去图书馆的路上，画下了一幅幅钢笔的速写画。他说道："加州的阳光特别灿烂，气候清新宜人，树木郁郁葱葱，真是个迷人的地方。"

父母来美国，和我们共叙天伦，匆匆两个月就回去，我们都希望双亲能在美国多住些时间，到各处去游玩和休息一下。但父亲是个闲不住的人，与我们过了圣诞和新年就匆匆启程回国，他说："来美看见各人生活得很好，又做了多场书画活动，这就行了，回去还有很多事要做，过两三年再来吧！"但谁料到这成了我们永远的梦想，父母始终再没有来美国了。无论父母赴日本、美国或是我回中国，每次和他们阔别，都是痛苦和伤心的事，表面强作轻松的样子，上飞机分别后，眼泪不由自主地流个没完，这真是海外游子伤痛苦涩的滋味。宋代诗人欧阳修有一词"聚散苦匆匆，此恨无穷"，人生如是，聚散无常，悲喜交加，有生离之悲，始有重聚之喜，也许，在别离的苦涩中，更能体会亲情的特殊分量。

父亲景充和母亲宝碧在离开美国湾区三藩市返国回程的时候顺路取道日本转机，特意停留日本三天，去探望在日本留学和工作的儿子亦斌。他们都是隔别五年之后再次重访日本（宝碧也于1992年赴日本旅游探亲半年），父亲更是记挂着几位一直有来往的日本朋友：鸟居静秀先生、矢秋春惠女士、大溪洗耳、笠原宇美男等等。这也是父亲在日本弘扬书艺的同时，与日本朋友留下的一段友情。

贰拾壹　实至名归“鲁迅奖”　百击不沉“浮水石”

曾景充书法写出了独具的风格，且教学成绩显著，1992年底荣获广东省文联第四届 “鲁迅文艺奖”。此项奖是全省艺术的最高奖。消息传开，马上受到一些别有用心、拉帮结派的人非议。

对此，父亲泰然处之。他是一位专心钻研书画艺术的学者，与世无争，兢兢业业地为书法事业而奋斗，以自己的真才实学去赢得社会和广大人民的认可，得到荣誉，却为此而遭到嫉妒，这也许正是俗话所说的“同行如敌国”吧。而社会上总是有拍马屁、搞小山头、不学无术拉关系的不正之风，他是坚决抵制反对，决不掺和。

后来才知道，在这一届的评选中，广东省书法家协会副主席王琢同志作为评委，为父亲力排众议据理力争，对父亲的获奖起到了关键作用，这就是公道自在人心。

“鲁迅文艺奖”对父亲而言乃实至名归，这也是他个人书法史上的一个里程碑。

对于这个凝聚着他寒窗艰苦研习几十年心血的奖项，曾景充自嘲：真是多么“可笑”的喜剧啊！他率直地有感而发，在1993年的元旦日记“献词” 中，有一段记述写道：“最后把我补上，多么值得记着啊！‘红棉奖’（1987年广州市艺术贡献奖）如是，‘鲁迅文艺奖’ 亦如是，可谓坎坷曲折，但无可奈何把我‘补’上，说明要140%的功力才顶得上有关系的‘幸运儿’的70%。我的命运是如此曲折，似乎近于坎坷！世道何其偏袒！命运么？如果不是歪风，凭实力比较我何以如此？”

他用一句很有哲学味道的戏言解释——“有所为而无所谓，无其夸偏有其华”——真是写出了他智慧的人生。

美国著名作家海明威有句经典名言：“生活总是让我们遍体鳞伤，但到后来，那些受伤的地方一定会变成我们最强壮的地方。”经历坎坷所得到的荣誉，更显出生命的高贵。曾景充把这个奖项视为人生道路上顽强扑闪腾跃的一面镜子，砥砺自己继续勇往直前。

有意思的是，在同一天，《羊城晚报》登载了曾景充的一幅书法，内容是“开卷有益，以学治愚”。这是唐太宗和朱熹的合句，形容读书的益处极大，只要打开书本读书，总有益处，读好书就可以根治愚昧无知，对社会上那些不读书，只求拉关系、拍马屁的人也是一句警训。英国哲学家罗素说“良好的人生是被爱所鼓舞，并受知识的指导”，知识可以创造美好的人生。

曾景充热爱祖国文化，热爱书法事业，为书法事业的发展投身于书法教学中去，他希望社会重视书法教学，号召广大群众学习书法。他说：“社会上多些人学习书法，犯罪率也会少些，有益于社会的繁荣安定，也可提高人们的文化水平和生活品质。”为此，他不遗余力，终身投入到书法教育事业中去。

1993年，广州举行第一届 “广州艺术博览会”，曾景充的书法作品获特邀参展。在展览会上，中国美术学院教授、美学评论家杨成寅先生特意邀请父亲作书法交流，评价曾景充的书法作品是“线条很有分量，造型很美，险而稳，辩证统一，这样的书法，很有雕塑感”，又赞扬曾景充的书法理论深厚，不愧为一位独具风格的书法家和资历深厚的教育家。

中国美术学院的另一位资深教授、书画家潘天寿的弟子邓白老人则在市教育局陈沛霖先生的陪同下，仔细地观看了曾景充的书法作品，一边看一边说：“功夫很深厚，无懈可击。” 又说：“我们学院无人能写得如此高水平的书法。”

广东诗人徐续则作诗以鼓励。诗曰：“融合诸家重广师，能于横拙见英奇。芸台应许兼南北，越井栏边树魏碑。”

老诗人梁俨然用曾景充的名字作诗相赠：“赠书题字显丰仪，曾巩家传一代师。景仰刊碑摹索靖，充心得意在临池。”

李曲斋先生在点评曾景充作品

曾景充的书法理论和教学成绩显著，2000年荣获全国函授大学优秀教师奖，受到省市领导关注。这时，省委常委兼宣传部部长黄浩同志找曾景充商量，拟定要成立“广东书院”，而这正是父亲生平所追求的事业和夙愿之所在。

父亲认为，广东书坛要振兴，就要培养专业的书法人才，有理论，又能创作出杰出的作品。他在日记中写道：“吾辈应奋起努力，做出贡献啊！”他努力要促成此事，草拟教学章程，拟订办学计划书，并向有关部门申请审议，倾尽心血。但由于各方面的原因，此事最终未能实现。

人生道路有时不是你想怎样走就怎样走的，因果错综复杂，有时候只能做到“尽人事而听天命”，一个人才能保持内心的平衡。他叹息说：“谋事在人，成事在天。”他只能做到尽力而为，心安理得，问心无愧。父亲宽厚对人，但内心也充满对世事的无奈感。

老一辈书法家李曲斋先生，对当时广东书法界了如指掌，不少书家也是出自他门下。对曾景充的书法，李老师早就有关爱留意。一次，他与诗人梁俨然谈论当时广东书坛后一辈之艺术水平，李老师说：“曾景充的字本是最好嘢！时下无人匹敌，有独特风貌，骨气神具备，但有实果而名未至，可能是运程所限，因为命运难以由自己掌握啊。”这话道出了曾景充书法道路上的艰辛。

但是，父亲顽强奋斗，不会屈服于命运，命运打不倒他，他相信一句格言：强者主宰命运，弱者服从命运。他坚信自己对书艺的理解和发展的方向，相信通过自己的努力和智慧，一定能够实现自己的人生目标。他把自己比喻成“浮水石”，百击不沉，在他晚年时期作了一副幽默的自嘲联：“践世我如浮水石，怀才浑欲酱泥金。”他在题款里注释：“几十年处世立身深刻体会成此拙句以铭啼笑酸咸之妙遇，又加盖浮水石闲印聊为自嘲耳！”这对联发表在广州书法名家作品选系列之《曾景充作品选集》内，成了他一生的写照。

我们家里有一块很不显眼的浮水石，已历经三代人。这种石放在水里浮起不沉，父亲喜欢把它摆放在最显眼的地方。有时也会拿起来把玩，体会和领略其中的象征意义。

记忆中，有一次父亲拿着笔在一张宣纸前凝神屏息，认真地写上“百击不沉浮水石”，并以“命该如此，景充自况”作下款。此作折射出他顽强的“浮水石”精神，百击不沉，坚韧、奋发和睿智的人生。这也是他创作主体本能的呼喊，是一个强大的生命要求自我完成的尊严所在。他始终以“浮水石”精神来贯穿他的人生，直到生命的终结。

有人说：完美的人生是五味俱全。这句话说出了深刻的人生哲学。在复杂的社会中，人生苦辣何尝无，个中甘苦诚不足为外人道也。曾景充就是这样拼搏，腾跃，即使人生道路是百倍崎岖曲折，蜿蜒漫长，也要坚定不移地追求自己的梦想，用努力和成绩来肯定自己的价值和人生的意义。在深深浅浅的脚印里，在浮浮沉沉的世事间，走出自己的一条金光大道。

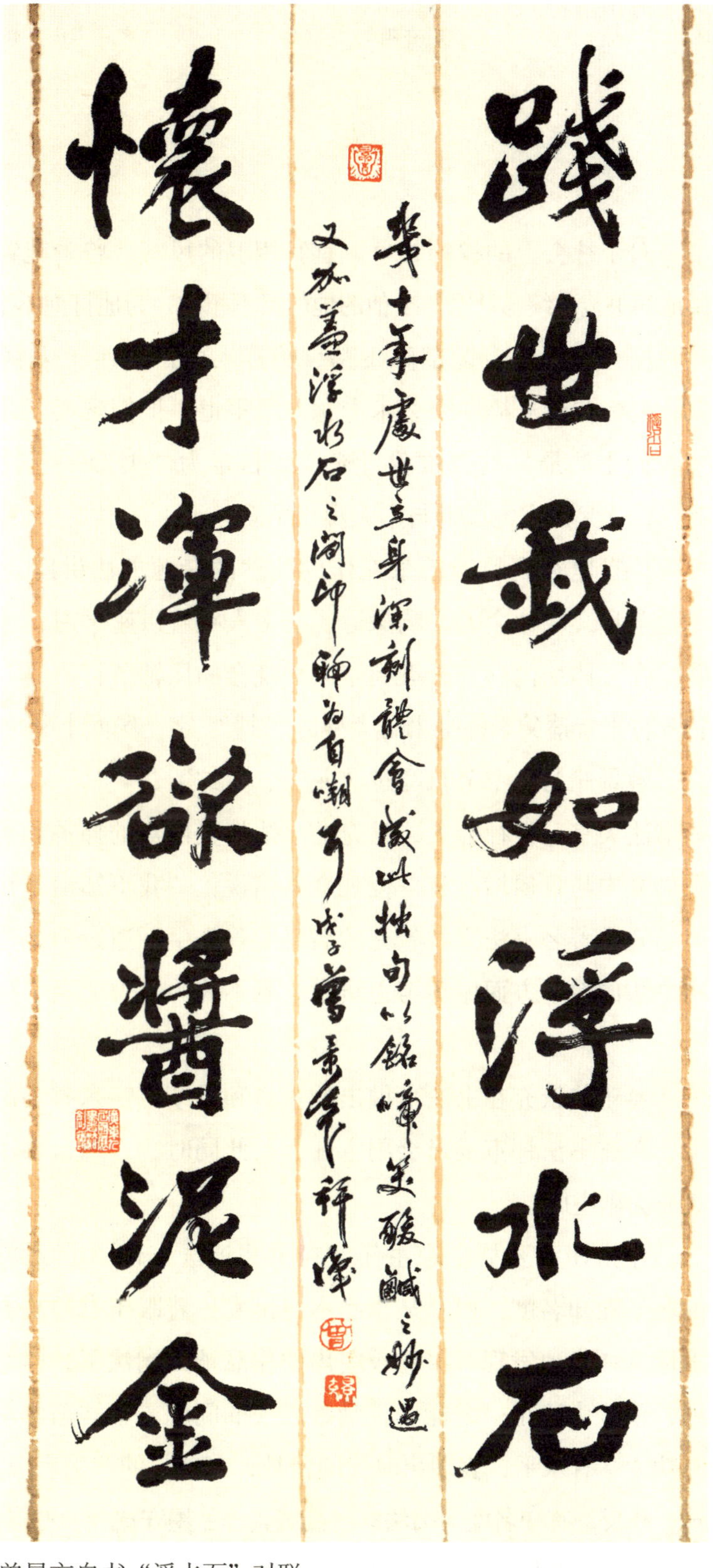

曾景充自书“浮水石”对联

对于社会上的权利相争、官官相卫的风气，曾景充置之度外。有人说他的书艺成绩与社会给予他的地位极不相称，为他打抱不平。

广州电视台专题部陈飞鹏、施建人两位先生千方百计寻访到我们家，要为曾景充搞一个艺术专题节目报道，他们观察了几年，认为全广东省的书法最好的要推曾景充，题目定为“书痴——曾景充的书艺专题”，让父亲在电视上与广大观众见面 。

广东电视台特邀曾景充作周期性的专题书法讲座。一套又一套的专题节目，在社会上影响深远，很多人跟着讲座学习，从而走上书法道路。在《体坛内外》十五周年大型晚会的压轴节目中，广东电视台副台长麦世忠特请父亲挥毫书写大型的“搏”字，场面十分热烈。

曾景充为这个节目写过“龙”、“蛇”、“马”、“羊”、“竞”等书法大字。在社会上，景充的书法倍受群众的拥护和喜爱，知名度也在群众中与日俱增。有一位观众来信说：“我不知道广州市长的名字，但却知道著名书法家曾景充的名字。曾先生不遗余力地为书法艺术发展和书法的教学方面做出努力贡献，真不愧为一位岭南书法大家和一代宗师。”

鉴于曾景充在书法上做出的贡献和成绩，广东省书法家协会委任他为广东省书法评审委员会副主任。与此同时，广州市书法协会又委任曾景充为副主席。

作为评审委员会副主任，在书法评选工作中，父亲从不考虑作者的职务和知名度，而是从作品本身出发，着眼于书写功夫，创造性和艺术性。一次他发现一些比较突出的作品被人淘汰了，他坚持纳入当选之列，他认为这是一个能否鼓励参展人的问题，不知名的书法者只要作品有功力、有水平，表现出时代的精神，有独特的艺术表现手法，就应当入选；相反，有知名度的书法家，倘若其作品墨守成规，亦应付之落选，只有这样，才能激发每个书写者的才华和本领，才能使艺术进入良性竞争机制，有助于书法艺术的积极发展和创新。

在电视台的一次访问中，关于书法的欣赏、评价是否真有客观的标准，为什么总是有人说好、有人说不好的问题，曾景充回答："这只是肤浅、无水平、无修养的说法。其实书法的欣赏和评价有它内在的审美标准，这种标准就是要有积累丰富的传统底蕴和艺术的修养，越是深入研究，审美程度和经验也就越高，对书法欣赏的认识能力也就越强。欣赏程度较低的人，不会创作出超凡的佳品，眼低手则低，眼高手才可能高。高度的欣赏力为高水平的创作提供了现实的可能性。"他强调欣赏的作用，欣赏是创作的动力，在欣赏作品中，可看到书法表现形式的一般规律，可看到书法发展的趋势。分析和认识的能力，可以决定书法创作的方向和水平。

对于书法的创作，曾景充做了几个方面的总结。他认为：1. 知识积累，是书法创作的本钱。书法家要有坚实的传统技法、功力和深厚的艺术理论、美学修养。2. 要有敏锐的综合分析能力和逻辑推理的能力。3. 从传统理论的借鉴吸纳中形成新的艺术体系、书艺思想。4. 非模仿的独立创新本领。

贰拾贰 边款艺术

一幅好的书法，除写得完美之外，边款的题跋处理也是很重要的。曾景充认为：“上款和下款的处理，是视觉上的一门学问，犹如音乐的休止符号，没有休止符号，无法完成一首歌音律上的美。如何恰到好处做好边款处理，则要看个人学问、见识及美学修养。要尽量配合好整幅作品，才能画上完美的句号”。

在曾景充的书法里，那边款的题字总会令人赞叹不绝。不少题款都是他的随感、心得，机智又有文采。有些则是启迪同道、后学者的心声，或是记录特定的事情和不能忘怀的心事。比如辑录在他的书法选集（第三）里的一幅作品《得形似者有尽，而领神昧者无尽》，在边款里他特别提示：“此所谓意临其可使书法艺术不断呈现新的生命活力。”另一幅作品《无中生有》，本来是一句道家的语句，但他却在题款中很有哲理地发挥说：“ 既已有之，你还重复什么？”又在作品的旁边注示：“从事艺术，此种思想不可无。”

在书法集（第四）的一幅《守则腐，变则通》作品中，别出心裁地他将题款写在中间位置，强调：“世间事物和时代潮流在迅猛发展，书艺亦然，能否适应此关乎成败之道也，夫不变则不进，不进则退矣！然变有贵贱之别，此又关乎修炼道行之高低也。”

这种在作品中抒发个人感情和见解的书写形式，在曾景充后来的书法选集里更加多。比如辑录在他最后一本书法集里的对联《广参千载，

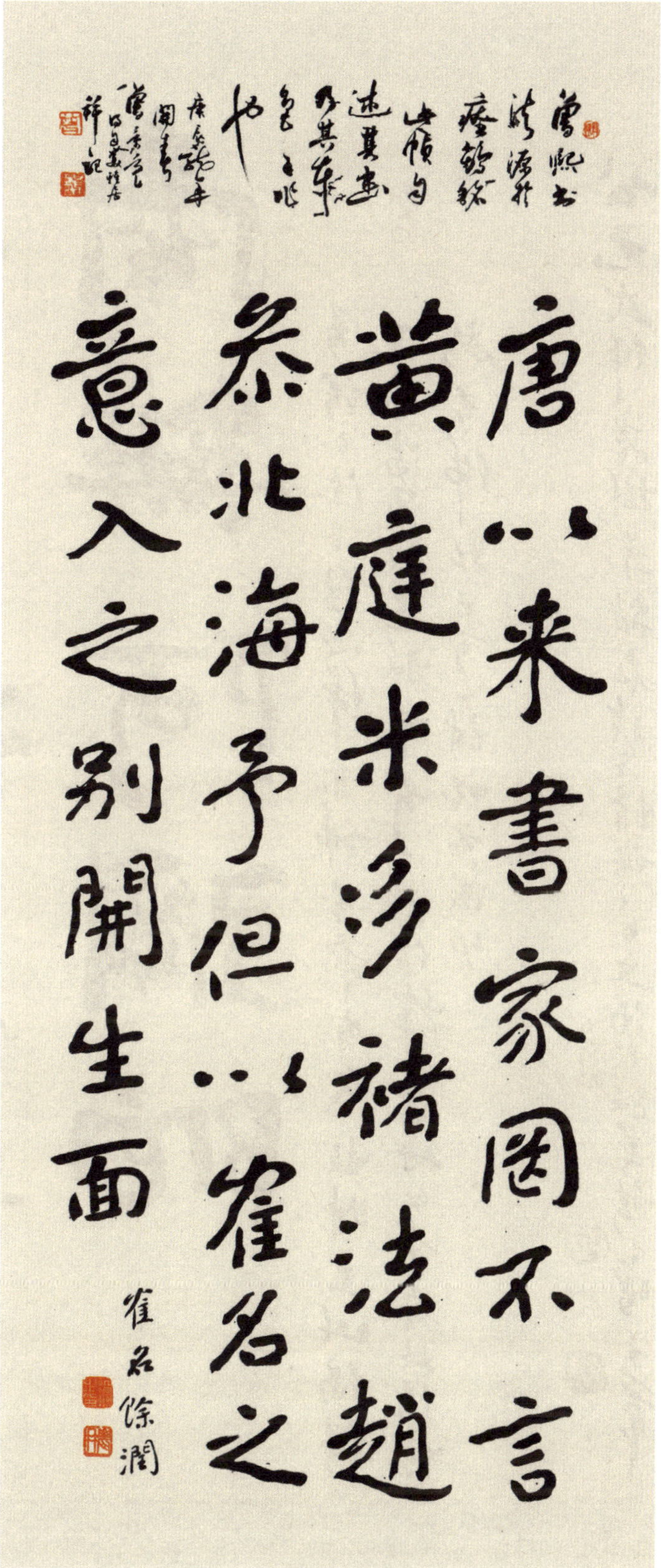

曾熙中堂书法

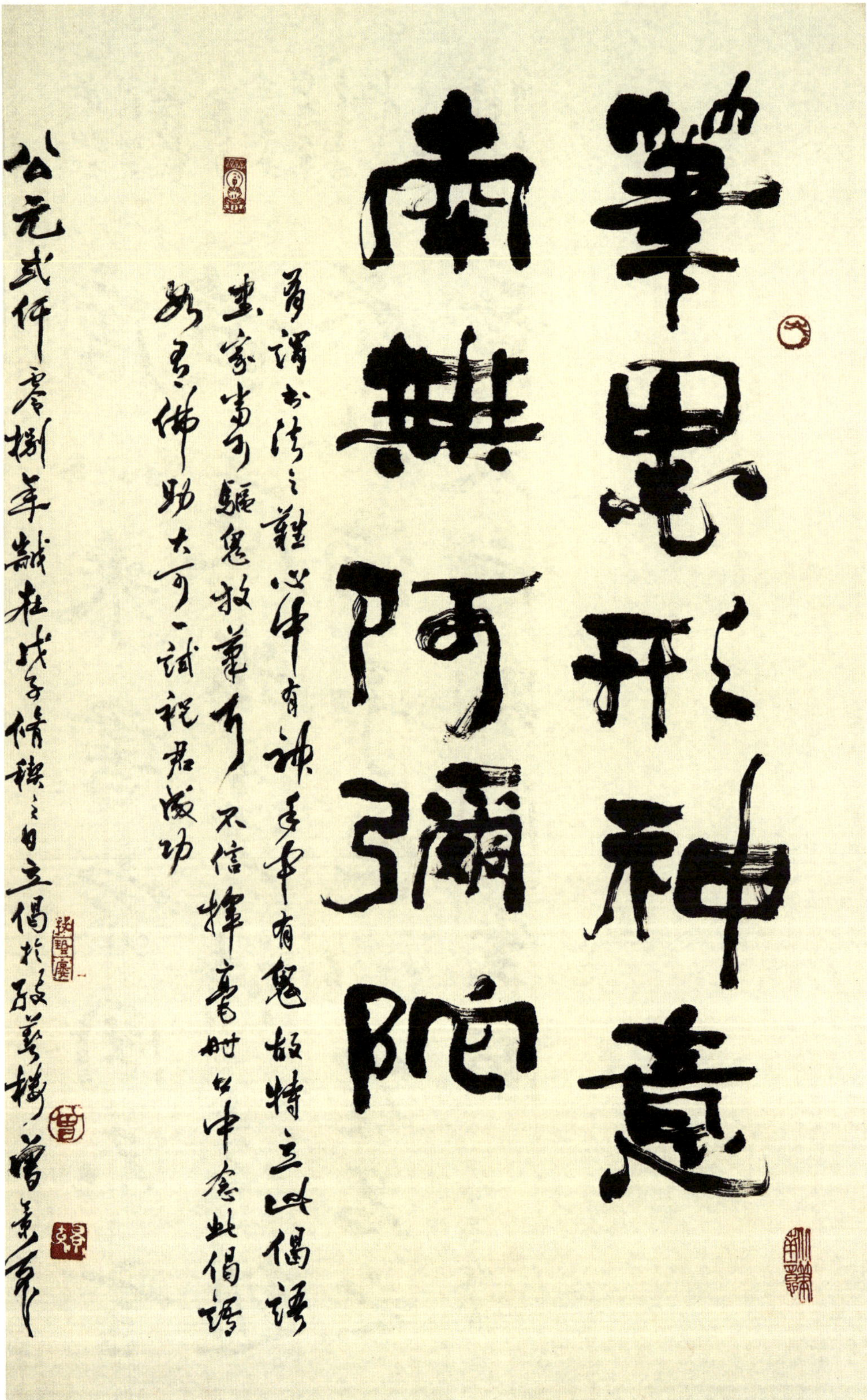

筆墨形神意
南無阿彌陀

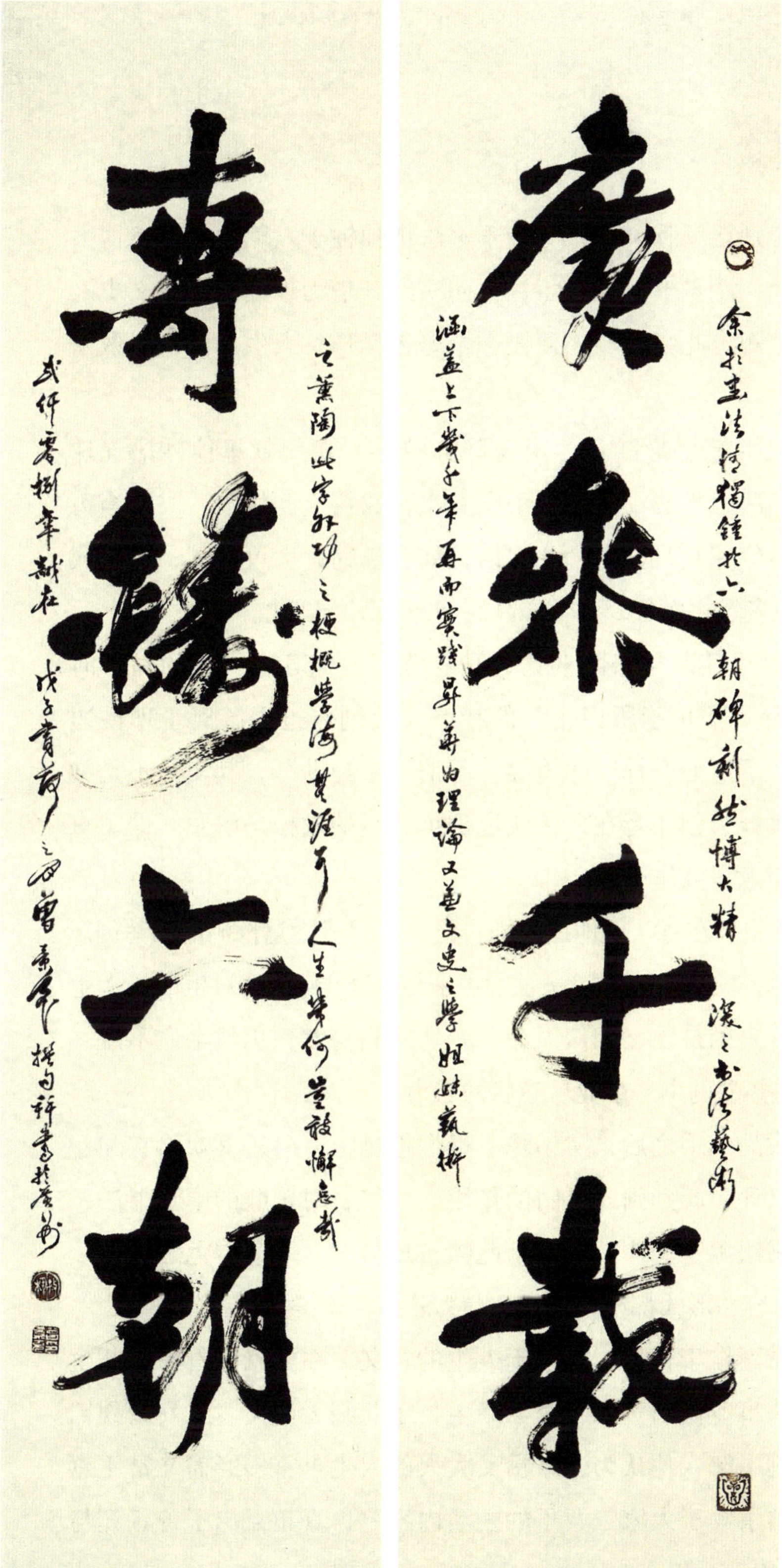

边款处理作品图例

专铸六朝》，特别在题款说明："余于书法情独钟于六朝碑刻。然博大精深之书法艺术，涵盖上下几千年，再而实践升华为理论，又兼文史之学姐妹艺术之熏陶，此字外功之梗概，学海无涯耳！人生几何，岂敢懈怠哉！"

另一幅作品《笔墨形随意，南无阿弥陀》，在题款里他妙语连珠地说："有谓书法之难心中有神，手中有鬼，故特立此偈语。书家当可驱鬼放笔耳！不信挥毫时口中念此偈语，如有佛助，大可一试，祝君成功。"不仅意趣盎然，而且令整个作品空间布局富于变化。

这是一种理性意识与感性直觉之间的游离，像苏轼所说的写作时"常行于所当行，常止于所当止"的状态，使创作过程游离于理性边缘，从而产生"下笔如有神"的境界。所谓"有神助"，其实并不是神鬼迷信，可以解释为创作者在严格法度训练之后的放松与解脱。即"意到笔不到"的潜意识创作形式。

那时父亲已重病在身，但他还是把自己一气呵成随意挥洒的书写创作经验，以及这种特殊心境下的创作方法写出来与同道共勉。他对生活、人生依然从容淡定，安闲自在，相信天命，一切顺其自然，仍然生命不息、奋斗不止地为他热爱的书法事业尽最后的努力。

在一些收藏品到手之后，父亲除了慢慢把玩，有时还喜欢给它配一个诗堂，给予点评，起到画龙点睛的作用。例如，对曾熙的中堂书法，他加上"曾熙书法源于《瘗鹤铭》，此帧自述其书，乃其本色之作也"的点评，无论内容和形式都与曾熙正文互为映衬，相得益彰。

一个人生命不在于长短，更在于人生的意义，在曾景充看来，此生能为中国的书法事业做出贡献，奋斗终生，于此则无憾矣。二女婿魏锦光对岳父有深刻了解，他认为，"岳父大人的人生丰富多彩而又富于意义，一辈子活出了等于人家三辈子的生活内容"，真正点出了曾景充与众不同的丰硕人生。

与曾景充接触过的人都知道，他有一项为人所津津乐道的艺能，就是总能抓住每个人的特点，以其名字嵌诗并写成墨宝，以供悬挂于厅堂欣赏或珍藏，这为许多人留下了珍贵的片段和美好的时光。例如赠外孙儿日昇的对联“日新其思无执着，昇华所学有追求”，题款处写“日昇孙儿戊子回中国赠言以勉之，曾景充时在沙面孜艺别苑”。又如赠李平篆刻家“奏刀见响生奇字，治石无平不朽文”，赠学弟唐天荣“天将降大任于斯人，荣幸成小才以致用”等。这种才华为人们所赞赏，也给人们留下了深刻的印象和永远的回忆。

美国华人书法研究会主席李英列先生认为：“曾景充先生一纸在前，能如此布局，安排，安置章法功夫得心应手，效果极佳，此乃登峰造极之绝艺也！”

贰拾叁 情迷收藏

如果说，书法是曾景充的生命，那么，收藏就是他生命的源泉和精神的食粮。

早在20世纪50年代，他住在北京路附近，那时的北京路可谓是广州的文化艺术中心，父亲每天就会到街上的书店看书、买书、淘古董，像古籍书店、三联书店、新华书店、外文书店、文一文具店、三多轩、文德路的文物商店、中山五路的集雅斋，西湖路的裱画社，都是他经常要去的地方。

那时他刚踏入社会工作，工资只有50多元，要供养有病在家的母亲，要买一些好东西还要节衣缩食。尽管那时东西挺便宜，在三联书店出售的齐白石荷花画，一幅也才40元；傅抱石的山水画，一幅才45元，但他都买不起。他是到那里去看看，观摩一下，从中欣赏许多名人书画，是一种享受，能不断提高欣赏水平，吸收到艺术养分。结果，慢慢养成了到这些地方的习惯，甚至上瘾。

到20世纪80年代，有了点钱，他就买一些小件如斗方扇面之类的书画作品，为防止蛀书虫蛀食和防潮湿，他把母亲放羊毛衣的樟木箱转放他的珍藏品。“文革”后期，当破“四旧”的风声渐渐停下来后，他就开始注意从各方面收集字画。

同住在小马站宿舍的邻居黄金全先生，“文革”期间被红卫兵抄家批斗。妻子上吊自杀身亡，家破人亡令他万分悲痛。同受抄家管制的景充十分同情他，常常会与他聊聊书画艺术。一次，他把一套发了霉的居廉扇面画拿出来给景充看，并说："好好的一套家存名画，红卫兵说是'四旧'东西，把它们扔在地上泼上茶水，珍贵的文化艺术就这样被毁掉变成废纸了，你若有兴趣就拿去，看看可否补救？"父亲接过这些"残画"，把身上仅有的20元钱给了他，把这套"残画"保管起来，待经济较好后将画重裱保存。后来，我和弟弟都在日本学日语，下课后去打工。1992年9月母亲来日探亲，第二天就去见工了，干了7个月赚了约10万日元，大家都将钱寄回中国，母亲将款存入中国投资公司以14%利息存了多年取回后买了两套便宜的房子，租出去收入就多了，也为景充的收藏提供了经济支持。

为了收集字画，他穿州过府地去寻宝。他的开心快乐来自于苦苦搜寻的过程，在这过程中获得美好的精神乐趣。在与收藏家高峰、张大经等著名收藏人士交往中，收集到一些珍宝，如袁崇焕的中堂书法，董其昌的四屏书法，康有为的维新诗等。

后来，他也收集古玩陶瓷。其中有一个仰韶文化时期的彩陶，手工精细古拙，造型巧妙，由多位著名收藏家鉴别确真无假，在我们家里已存放40多年。据说这个时期的彩陶，保存完好的已经很少。父亲去世后，我们决定捐献给国家永久保存。

父亲收藏的字画越来越多，那些名贵的字画藏品，是他节衣缩食，用心血一点点地积累下来的。一次，他又抱回家来一包东西，我们都期待着他赶快打开看，猜想里面不知道又是什么"宝贝"了。只见父亲先倒了杯水喝了两口，用手搔搔脖子，擦擦手掌心，才郑重其事地打开包让我们看。一幅又一幅，都是些小有名气的画家之作，最后，一幅有点残旧的洒金扇面展现在我们眼前，画面是一块荷叶上有一只小蜻蜓。父亲用放大镜细细看印章，落款，然后一字一句说："这是明朝大画家文

曾景充收藏的仰韶文化彩陶

徵明的作品。”

“哗，真的吗？” 我问。

我不是不相信父亲的眼力，而是这画的价值不菲令我惊讶。明朝大画家文徵明、唐寅、沈周、仇英被称为“明四家”。历代的书法中，除王羲之的《兰亭序》之外，文徵明的《滕王阁序》是我最喜爱的行书，温润秀劲、法度严谨而意态生动，具晋唐书法的风韵意气，《滕王阁序》在我学习书法时不知临过多少遍。这下子，我真为父亲能有缘收藏到这么珍贵的作品而惊喜自豪。

父亲告诉我们："这是从一位过世的收藏家家里收回来的，因为孩子不懂书画收藏，出价要卖，同时要夹杂一些普通的字画一起卖。"

我问父亲你如何鉴别是真是假，父亲说："字画的真假鉴定，是要看纸张、题款、印章、装裱，有一套学问的，同时要对画家的技法很了解，平日里看的东西要多，锻炼眼力，积累了丰富的经验才行。"后来，父亲将这幅作品拿去给国家级鉴定专家苏庚春先生鉴别，他细心过目研究，认定确真无疑。

苏庚春是国家文物鉴定委员会委员，广东省文物鉴定组组长，过过眼的书画不知多少。其鉴定知识深厚，大量阅读过各种典籍，有一套自己的鉴定思路和方法，是鉴定界的权威。父亲和苏先生来往密切，经常向他请教书画鉴定。苏先生非常看重父亲，经常在重要的场合推荐父亲的书法作品。1983年8月，文化部应芬兰、西德两国之邀，举办中国现代书法展，苏庚春先生亲自把父亲的书法作品推荐去参加展出，并获得很高的评价。

1986年父亲举办个人书法及藏品展览，把这幅文徵明作品展示出来与大家分享。商承祚和当时的省委书记欧初带上眼镜，用放大镜细心观察，都确定无疑是文徵明的真迹。欧初一边看一边说："真的，真的，好嘢！" 吴南生也参观过该展览。此事可谓是轰动一时。

该藏品展结束后，受到了国内和海外人士的极大关注，有人要出重金买父亲的藏品，但他却要把珍贵的藏品保存下来。其中台湾的一位字画收藏商人来我们家里拜会父亲，见父亲虽然收藏了这么多珍贵的东西，但住房条件却很一般，家里又放满了很多东西，便和父亲说："你让我从你的藏品中任意挑选十幅作品，我就出钱让你去天河买一套大的三房一厅的房子。"

那个时候，对于普通人家来讲，三房一厅是很好的生活居住条件了，但父亲却不为所动。他虽然希望能改善家居条件，能有更大的空间，住得舒适些，但任由别人从他心爱的藏品中挑选去换取，他坚决不同意，他宁愿自己艰苦一点，也要保存珍贵的字画。这是他热爱艺术的高尚精神，他坚信，在当今的市场经济社会中，搞艺术的眼睛不能只看着钱财，否则无艺术可言。他把艺术视为第一生命，而书画艺术品的鉴赏和收藏就是他生命中的精神食粮。他甚至说过，“我情愿不吃饭，也要买字画的”，可见用情之深。

他非常珍惜和深爱所收藏的书画作品，特别对那些如宝贝一样珍贵的作品，他只有收藏，绝不卖出去，有时和朋友交换一两幅，也使他极为心痛不舍，嘴里自言自语地说一句 “卖仔莫摸头 ”（即很迫不得已之意）来安慰自己。

家里的书籍、古董、字画真的堆满一屋，对那些名贵的字画，父亲更是悉心保管。20世纪80年代初，改革开放刚刚开始，市场物质还不很充裕，要买一个樟木箱是十分困难的，价格也很贵。于是，他向亲戚朋友求援，母亲的堂姐郭碧霞把家存的樟木箱腾出来让父亲放字画藏品。为了防虫蛀，要用报纸包裹（因为报纸里有油墨，虫不会蛀），但又怕时间长报纸会染黄字画，于是，就先包一层白宣纸，再包报纸放入樟木柜内。母亲经常和他一起一箱箱地整理这些字画。后来，由于母亲理财有方，他们购置了几套房子来存放书籍、陶艺、石山等东西。

后来，我们清理藏品时打开的一箱箱字画，以清末民初的书画家为多，也有中小名家的和破旧的要重裱的，这是我们所想不到的。董其昌、文徵明、徐渭、张瑞图、袁崇焕、康有为、梁启超、赵之谦、溥儒、张大千、黄君璧、金农、沈曾植、何香凝、恽寿平、李苦禅、娄师白、崔子范、吴湖帆、林风眠、傅抱石、吴作人、黄牧甫、苏六朋、吴石仙、赵少昂、任百年、钱松岩、刘墉、左宗棠、伊秉绶、翁方纲、何绍基、罗岸先、梁于渭、蒲华、黄宾虹、吴昌硕、于右任、陆俨少、石壶、石鲁等等。

有一些画他请师傅重新装裱后，在绫边或诗堂处题跋或点题，把个人感受画龙点睛抒写出来。他就像穿越时光隧道隔空与每位先贤艺术大师对话。王个簃的一幅荷叶菊花山水画，边款处有王个簃题的书法“荷尽已无擎雨盖，菊残犹有傲霜枝”，父亲在这幅画的上悬题上篇名为 “籀趣”。然后在落款处写上“个簃此作深得乃师昌硕神髓，书画同源而异流，于此又汇合也。戊寅夏日曾景充记”。

看到这些珍贵的藏品都让我们感到父亲充沛的生命力和丰富的人生，每一幅的字画，每一件的藏品，都记录了他的一段故事，如果能一一记录下来，会是多么的精彩啊！

改革开放以来，社会各方面发生了巨大变化，随着人们生活水平日益提高，收藏活动迅速普及起来，人们聚在一起就讲收藏，邮票、钱币、商标、报刊等物品被人们广泛收集，而书画、玉器、陶瓷、金石、古籍书等收藏的价值不断地被提升。随着这股热潮，沉寂了半个世纪、新中国成立后就销声匿迹的拍卖公司重新活跃起来。“一槌”下去，顿时身价百倍，收藏品价格不断创出新高，人们已司空见惯。这些拍卖公司，也给景充带来了欣赏文物、字画的方便，他经常会光顾这些地方去寻宝 。

父亲是广东省收藏家协会的理事，他经常告诉后辈，要脚踏实地靠一点一滴的积累提高，一步一步地往前走，他自已的收藏之路是经过一步步艰苦努力走出来的。他注重作品的艺术性，只要是能打动他心扉的作品，他就不惜大价钱买回来鉴赏收藏，从中感受中华文化艺术之美，乐在其中，有时盖上个印章，有时也写写心得体会，或者在藏品的空白处适当题上几句，往往与原作相得益彰。他也从这些名家精品中借鉴和学习，从而促进他对书艺的探研和书法创作。

据说早期拍卖公司所出售的东西，多数是真货。但随着市场经济开放，艺术品成为市场的紧俏货，拍卖的东西中赝品越来越多。有一次，父亲在一家拍卖公司无意中看到一幅落款自己名字的书法作品，他一看这件东西不对劲，细致看书写线条拘谨，用笔草率，落款更是软弱，如果这样粗劣的书作卖出去，是对自己声誉的损害。于是，他找到负责人求证，要求撤回。像这样的事情，不是一两次的了。而有些拍卖公司所拍出的作品，真可谓“假到出汁”。但可怕的是对于拍卖公司的收假、拍假、作假这些现象，人们已习以为常，见怪不怪，没有人出面声讨、指责。曹雪芹的《红楼梦》有一句 “假作真时真亦假”，可作为今天拍卖市场的写照。

针对这些问题，曾景充以“槌声的信号”为题写了一封信给市政府，希望政府对市场加强管理，如下：

槌声的信号

（一）目前，名家书画拍卖，风气大盛，就广州范围内，一时间已有北京嘉德、瀚海以及广州的多家拍卖公司相继进行，这对弘扬中华艺术、引导有意义的投资，提高集体和个人的文明程度和身价地位，都起着促进作用。从商业角度来看，这种投资能够保值或者升值，因为这些艺术精品，只能日减，不能日增，按物以稀为贵的常理来看，它只能越来越贵。而赏玩这些艺术珍品，是一种极高级的精神享受，据已故高寿收藏家、广州奇人高丰先生的体会，他高寿的原因，不是丰富的物质享受，而是过着简朴而平凡的生活，遨游于书画、文物的海洋之中，不觉益寿延年、精神富足，是任何物质生活所不能替代的。总而言之，这是保藏、弘扬国粹所在，也是精神文明的构成部分。在国外，不少有名头的大企业或财团，都不遗余力地以特殊高价，收藏高贵的世界艺术奇珍。如日本某集团以上千万美元收购油画巨匠梵高的《向日葵》，其意在提高该财团的身价和知名度，也实实在在地储存了一笔无价的宝贵财富，如果财团头子爱好艺术，那更是赏心乐事了。在我国，目前已有先声，据广州一家较大的画店反映，目前国内艺术投资的力量有大于海外者，北京上海等地更为蓬勃，艺术品的成交额比广州还高。这种势头，预示着我国企业和个人的文明程度日益提高，已发迹的成功人士的喜爱和追求日益高尚文雅，高级艺术市场的繁荣也一定程度地刺激着艺术向高层次的发展，从而也在一定程度上提高整个国民的文化层次。

（二）当前国内拍卖书画艺术的市场蓬勃发展，但也带来一些“隐患”，每次的拍品，都或多或少地“夹杂”一些赝品。据广州一家报社披露：其赝品的比例竟令人惊讶！有些假得露骨，难以掩人耳目。例如某家拍卖公司，拍出一张领袖级名人的对联字幅，其签署笔迹与墨色、正文（包括其他题款的文字）都与真迹大相径庭，且其一生沿用的署名多用别号，而此张破天荒地用上正名。这些破绽，本为一般常人所共识，其瞒天过海的造假技巧，可谓劣拙得令人咋舌！但拍卖公司的发言人还千方百计地站出来为其“正身”，认为此字幅已为××专家权威所验证，确真无异。如此这般，世界上还有真相和公理吗？本来所有拍卖公司都有阵容鼎盛的鉴定专家团，这是维护艺术珍品的真确和拍卖公司的信誉的保证，既然如此，那为什么还有那么多的赝品充斥拍卖市场？人们不禁要问：这是有意还是无意的呢？如果说是无意，那为什么赝品的数量会那么多？据说这些赝品是有来头的，笔者也知道，一些无甚瓜葛的收藏家提供拍卖画作，对作品的真相要求极其苛刻，而把这“后门”留给“有来头”的人，这样一来就真假混淆，甚至强词夺理认为假亦当真。这些歪风，直接毁坏拍卖公司的信誉，而那些鉴定权威又何以自容？工商业要“打假”，难道拍卖艺术品容许充假吗？此外，真有其人，在某书画拍卖公司拍得×××画作一幅，买主按规定时间向拍卖公司付款取画，但竟遭到无货欠奉的回答。一件拍卖作品，一时间不翼而飞，如此荒诞混乱，何也？！

公正和信誉，这是拍卖公司的生命线，人们希望污浊的空气要净化一些！

（三）拍卖、投资、竞投，这些商业行径，往往随市道、喜好、风尚而时有起落，这就存在着景气和不景气。但人们要进行艺术投资，艺术品要广泛流通传播，文化艺术要向高层次发展，这是必然的趋势。这趋势要健康地不断发展就要不断清除一些不正常的“污染”，才能有利于社会的繁荣。每场拍卖，都有一些得意人士伴随着槌声通过“举牌”而“夺”得珍贵的艺术珍品，在“收获”之余也显示其自身的身价和荣耀。但这些收获与荣耀的前提，必须有一个对艺术品的赏识与精鉴，这就对买主提出艺术修养、眼光、识别力的要求，否则，对艺术品无从选定，也对艺术投资下不了决心。“鉴识”是一项专业性颇高的学问，对一件书法作品的鉴定，从品相（包括物料的年代、新旧的可靠性、体制及时代的习尚和格调等），而更重要的是书画艺术风格和笔墨技巧等，这应该是鉴定的主要依据，因此要求鉴定的人自身也下过一些笔墨的功夫，这才有更亲身体验的“发言权”，才能鉴定得准确些。至于细微到所用印鉴的优劣及款字的优劣和文义的得体与否，并且款字的部位是否得当，也应该作为参考辅助的条件。为慎重起见，以上各项的因素，如果有一丝一毫的怀疑和破绽也可作为突破口去细验其真实可靠的程度。鉴识艺术品最忌性急或主观，所以一些艺术家对鉴识往往过分激情和偏爱，就会感情“误事”。而真正鉴识，是要科学而冷静、客观地理解分析。“吃一堑，长一智”，在拍卖活动中要交一点“学费”也是不足为奇的，但愿“学费”少交一点。不过不少买家是会带上专家作为“参谋”的。另一方面，我们看到，每次拍卖活动都设有高水平的书画艺术品预展和印有拍卖品的精美图录，这些都是人们参观见习“练眼”的难得好机会，这些展场都是免费参观的，可惜目前未太普及，也可说是知者不多，或者说真的爱好者也不多，有些人望而敬畏不敢问津，不然这是一个提高人民艺术素质的好场所。不难看出，在拍卖品展场上参观的人们，都在认真观赏评议，其认真程度牵涉到投资的切身关系，因此比一般展览来得更仔细，这就会大大地有效磨炼人们的鉴识眼力和智慧。恕我痴情地憧憬着假设有那么一个城市，它拍卖艺术品的公司特别多，它的拍卖艺术品的活动很频繁，人们对此的兴致特别高，有购买力量的人可直接参与竞投，无购买能力的人也大开眼界，认真品读书画佳作，那这个城市，不就是名副其实的艺术城吗?

现代国际大都市不仅要求科技、工商业极度的发达，也相应要求文化艺术的极度提高和繁荣。

现代的财团、企业家和成功人士，不仅要求有经济头脑，有志于金钱物质，同时也应要求有文明的意识和对艺术的高度素养，要知道，两者是相辅相成的！广州要建成为现代的国际大都市，不可忽视文艺的建设！让槌声作为信号！

文章写得情真意切，直抒胸臆，反映了一个艺术家和艺术鉴藏家的心声！

贰拾肆 神交奇石

曾景充的业余艺术爱好多种多样，“临书得雅趣，观石悟神交”，一幅挂在厅堂中自撰自书的对联，寄托着他对石头的深厚情怀。20世纪70年代初，那时我们家住在小马站20号（新华书店宿舍），大楼的顶上有个很大的天台，各家都在这天台里“开辟”一小块地方种花草、养鸡和养白鸽，父亲在搭建的棚架上摆上石山、盆景、树根雕，展示他的业余爱好。

他特意骑单车去英德买来一箩一箩的英石，还有座盘，配上亭台楼阁，小桥流水，花草青苔，自制盆景。一块一块的石头比对搭配，从各个侧面唤起自己潜在的画意和审美感，随着石山的姿态和颜色，配合自己的想象意境，使大自然完全置身于自己身边，把辽阔的空间凝结、简化、缩小，“以小观大”，由少到多，由粗到精。他无师自通地去“移山造海”，每天给盆景淋水，一边淋一边悠闲自得地唱着“水淋嗲嗲帝（粤语意为水滴很多），无水干枯柴，饮水应思源……”看到自己栽培出来的盆景、石山，他心中平静而轻松，并用书法写上白居易的诗：“一片瑟瑟石，数竿青青竹。向我如有情，依然看不足。”

后来，我们家搬去惠福东路，光是盆景石山就有两大三轮车。搬到新居，他又在阳台上请人搭上一层层棚架安置不同的“风景”，常常神游其中，自得其趣。

《花鸟世界报》记者苏巨汉在20世纪80年代初采访曾景充的一篇文

章中写道："在雅致的石山盆景中，有峥嵘突兀，像昆明石林的峰峦，有神奇深邃如桂林芦笛岩的幽洞，有迂回环转如激流中的险峡，有奇石掩映如名园内的庭院。这一切都是景充精心配置的大自然缩影——石山盆景。更可贵的是一件件配以几架底座的各式独石，奇妙独特，令人神往，其中更配上小景盆栽，书画佳作，以及文物珍藏，置身于这个小天地里，就是一种难得的艺术享受。"

曾景充在阳台摆弄石头

学生、朋友们来访，见屋里一盆盆的石山颇为别致，有人问："石也可以种？"

父亲则乐呵呵地说："石可栽乎问老曾。"

的确，他在栽培石山、盆景的同时，也在栽培艺术的灵感。于是，他用章石亲手刻上"栽石"二字作为他自己书法作品中的闲章，又称室名为"栽石山房"，可见他对石山的迷恋。

渐渐所见日多，他品石的眼界也大开，天然去雕饰的奇石，通过皴、瘦、透、漏的型格，流露出大巧若拙、钟灵毓秀之奇气，神奇的大自然造化之奇妙，千姿百态的奇石令他惊奇不已。他到处去找寻他心目中的奇石，到英德、清远、云浮等石区采集，不吝用金钱或自己的书法作品去换取心仪的石头，或者到奇石市场上觅购，收藏奇石精品。

他多次去广宁、云浮采石区。有一次，在堆积遍山的石头里，他在一块铺满厚厚灰尘的石块上看到一些暗纹，拭去灰尘积垢，那些纹理仿佛告诉他有一横空出世的图案，其石肌中又有流水纹，墨纹中又有绵白色，他随即把这块石订购下来，让石厂的师傅打磨，裁成圆形后，一条活生生喷气的龙头出现在云海的天际，有玲珑的眼睛，眼神逼真，有鼻、有口、有龙须，并有不同层次的黑、白、灰、褐色，从右向左飞跃，就像神龙在天空驰骋翱翔飞扬，形神兼备，意态飘逸，跃然欲动，见者无不称奇，实在珍稀难得，引人神驰遐思。

当地博物馆领导即提出以高价反过来买回，但眼光独到的曾景充，他懂得物以稀为贵，笑嘻嘻说："石有圣者相，这块石与我有缘，才会金石为开，就让我来珍藏吧。"

父亲答应以自己的十幅书法来换取这块志在必得的"龙石"，当地领导只有赞叹景充的眼光独到、心诚功夫到，特邀父亲为他们的鉴石顾问，写招牌经常请他去指导，他们每到广州也一定来家里探访。父亲写了一副对联送给博物馆留念："太华奇观万古积云，广宁妙境八月惊涛。"

那块飞龙大圆石"淘"回来之后，父亲特别设计了一座红木古董柜把它架起来，大柜的两扇门请人刻上"孜艺"二字。他说"这是孜艺楼的镇楼之宝"。后来搬迁多次，他总是要把它带在身边，坐镇在厅堂上，亲朋好友来访见者无不惊异凝视。有人出重金多次要求购买这件镇楼之宝，父亲都不为心动。他离开我们后，有收藏人士和经营古玩的商人都争相要求我们出售，但我们要保存下来，以作对父亲的怀念。

龙头虎毛云石

父亲爱石藏石，就等于他爱好书画收藏书画书籍一样。他作过多首诗和对联颂石，其中一副对联书写挂于厅中——“爱画有情常拜石，学书无日不临池”——反映了他真是爱石成痴。几间房子都放满奇石，有一次为了采石，把鞋也磨破了，只好赤脚走路，然后临时买一对穿上。只要寻得一块好石，他会很开心地抱着左看右看，给它们起名字，有些则是题写诗句，刻在上面。

在一块风景如画的云石上，他给它取名“梦笔生花”，并题写“石中山形似笔，故有梦笔生花之称，乃黄山胜景之一，源自妙笔生花一词，正合弄翰文人梦寐以求之夙愿。丁亥之夏得此天然陨石，生平又一美好乐事也”于其上。

广州盆景学会，他是顾问，经常参加各种活动，题诗作联，并多次作诗联给奇石爱好者，其中有一副对联是：“自以灵心施砥砺，应教顽石作琳琅。”

他藏石的品种也应有尽有，其中一座太湖石，摆放在我们家里约有30年时间。这座石是父亲用了自己七八幅书法从一位玩石老人的藏品中挑选换回来的。他告诉我们：“这座石峰玲珑剔透，有洞有孔互相呼应，犹如婀娜多姿的姑娘，神韵飘逸，通体节奏变化得疏密得当，疏可走马，密不透风，丰而不肿，高而不瘦。”他是从品石中提高了自己对艺术鉴定的格调，从而对书法的造型美有所启迪。他把这座石山摆放在一个半人高的清朝时代出品的雕花瓷座上，这个瓷座是他的学生李文娟移民美国前送给他的，据说是她曾祖爷爷留下来的，非常古朴精巧。后来，父亲还对着石山画素描和水墨画。

还有一块挺拔险峻，婀娜中见雄伟的英石，一层一层的云峰皱褶清晰多变。“一边像崇山峻岭，而另一边又像一只卧伏之中跃然欲动的狮子”，他说着做着不同的动作启示着人们欣赏享乐。

这些山石现在陈列在“曾景充艺术馆”中。

那些滋润凝结的黄蜡石，每块石都配上酸枝或红木座。他不定时地把它抹干净后擦上BB油以保持润泽光亮。有时坐在家中看足球赛，他会双手抱着黄蜡石，摩挲自得，触摸感受，不时又把石亲昵于脸上吸取人气的温暖与油润，慢慢地会令石润泽生光。有一块黄蜡石，似猴子观海，眼耳口鼻一应俱全，形神具备。造化之神奇，常常匪夷所思。景充的生肖属猴，也许是他将这块石作为自己的造像，所以他不计价钱收回

曾景充艺术馆里的亭子，曾景充铜像为雕塑大师曹崇恩作品，陈一鸣竹刻对联为曾景充书法：“爱画有情常拜石，学书无日不临池”

来珍藏。

后期，他收藏一些形神具备、奇纹异彩的黄河石。其中一座黄河纹石，形体如耸立球状，润黄和深酱黄色，浑厚拙朴，下行有层层石纹若水波海浪，似是经过千百万年的风吹雨打波浪击千锤百炼所造就而成，正好承托着若隐若现的黄圆球，恰似 幅“海上明月”的画面，他说“这真是天人合一之作”。他非常珍爱这座石块，让人特别配上一红木坐垫，并特为此石书写了苏东坡的诗一首：“我持此石归，袖中有东海。置于盆盎中，日与山河对。”奇石之奇，是大自然的造化，但因奇石的形成须有复杂的过程和条件，所以他觉得更为珍贵和难得，通过收藏和玩赏奇石，也激发出他对书法艺术的创作灵感。

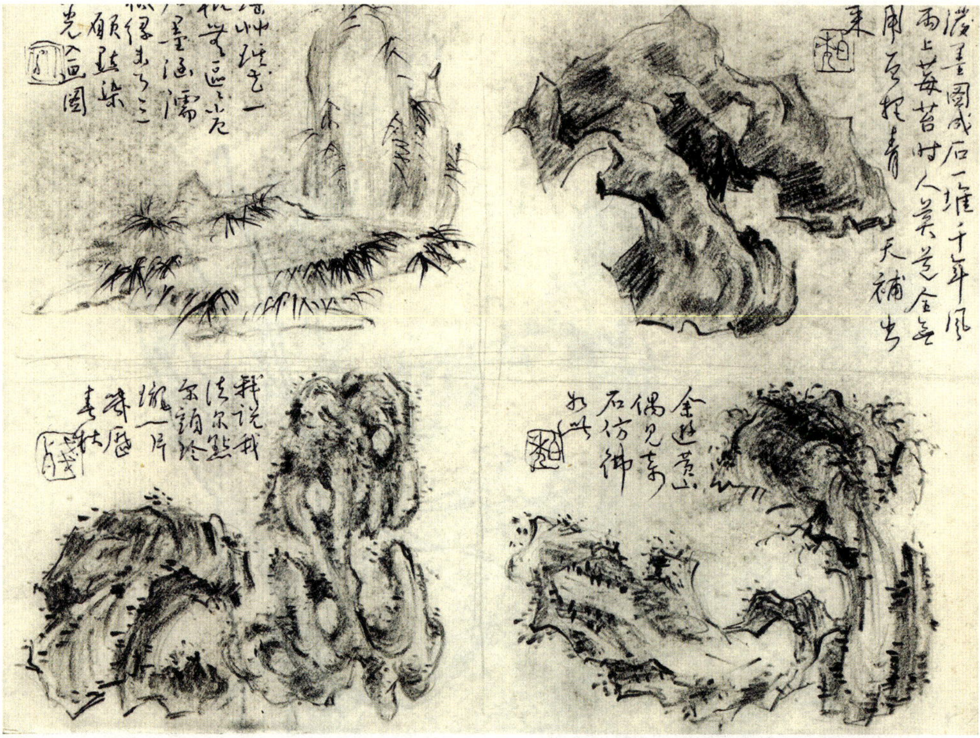

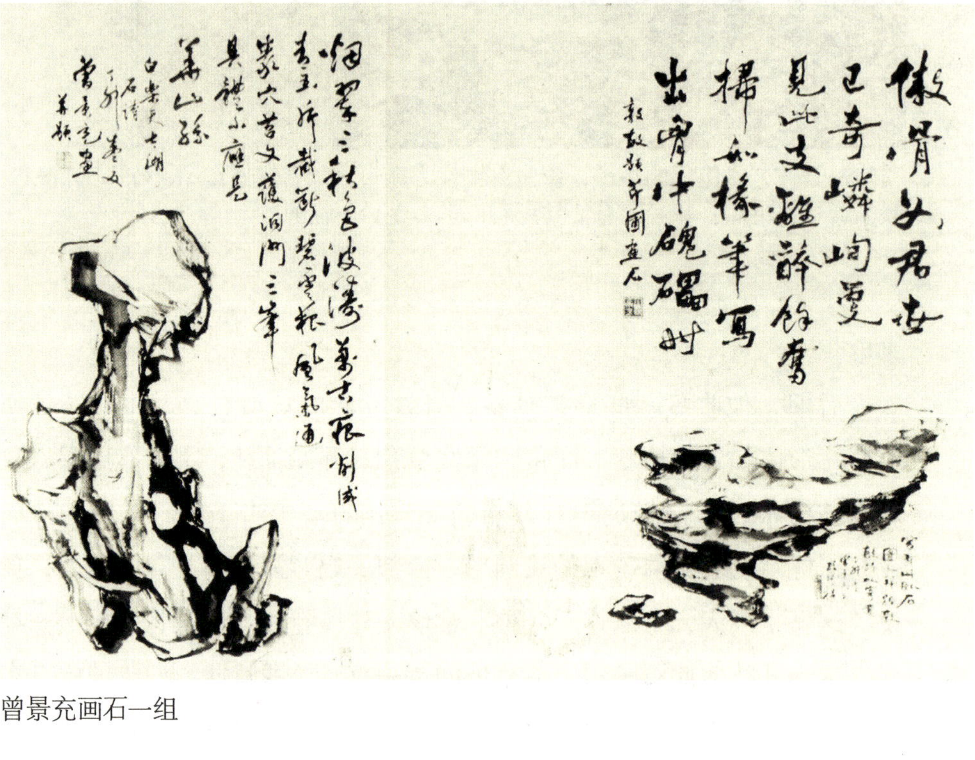

曾景充画石一组

贰拾伍 钟爱陶艺

人物刻画活灵活现、栩栩如生、手工细腻的石湾陶瓷，是曾景充特别喜欢收藏的艺术品之一。早在20世纪70～80年代，他就经常骑上自行车去佛山石湾欣赏陶艺，每次总要花上几元、几十元钱买一两件石湾公仔。

后来品位不断提高，逐步收藏起名家的陶瓷。有次从佛山回来的路上，遇上刮风下雨，已是晚上8点多钟，那个年头，沿路没有商店买东西吃，身子又饿又冷，又累又乏，他把自行车停在路边，从装满陶瓷的包里挖出一小块花生糖，吃了才有力气继续骑车回广州。

回到家里已是10点多钟，他对宝碧说："幸好有你让我带上的花生糖顶肚，不然也就回不来了。"看着他"落汤鸡"一般的样子，手里还紧抱着一大包东西，宝碧又气又怜，赶紧去厨房热了饭菜端上来。这时，却见他拿出一件一件包得像裹蒸粽的东西摆在桌上，好像已经吃饱了一般。然而，看到端上来的饭菜，他片刻之间便狼吞虎咽地吞进肚子里了。

吃好了，他小心地把陶瓷打开来让我们看：是一件造型古拙朴实的达摩坐像，铁黑色的人物脸部手工纤细，表情专注传神，微妙的深古蓝色衣服是经过窑变所产生的釉色和时间的浸润所产生的效果，更显典雅古朴，清晰的衣纹刻画，折叠的动向，承托出人物的感情。

另一件是古铜色的铁拐李像，脸部、身体、衣服都不施釉，整座公仔容貌筋骨活灵活现，粗犷豪放，还带着艺术家手指纹、指甲纹，捏造

曾景充和他的陶艺藏品

时有不同的力度，变化万千，工艺神奇。

“这么精致的手工，一定出自名家之手，一定很贵了？”宝碧脱口而出地问道。

景充却咧开嘴一笑，慢条斯理、沾沾自喜地说：“从石湾一老陶艺家那里得来的。这两件陶瓷都是民国陶艺名家，石湾陶塑一代宗师潘玉书大师的刀刻手捏作品，真是大师亲手捏做的作品，而不是假手于别人，所以非常珍贵。”

“黑不溜秋的，釉色皱皱，瘦骨仙的样子有什么好看？” 我插嘴说。

“这就是作品的绝妙，奇而不怪，丑而不陋，生动传神，古拙浑厚。”父亲说。

他用手擦擦脸，露出一种来之不易，但又让自己能得到手的喜悦，收藏人的喜悦在这一刻完完全全表现无遗。

那时，我对这些古旧凹凸不平的作品不懂欣赏，认为父亲买这么多的陶艺品中，最不好看的就是这两件了。后来，看他把这两件陶艺存放在家里的玻璃古董柜内，才略知它们的收藏价值。

柜内的陶瓷在不断地增加，如潘大师的达摩像、老子像、罗汉像。还有一座极大型的“贵妃醉酒”陶瓷，由高力士搀扶而坐的杨贵妃，醉眼蒙眬，姿态柔媚，神态刻画生动入微，也是一代大师的精品之作。

石湾陶瓷一代接一代不断创新发展，之后的陶艺大师刘传的“铁拐李”、“李白”、“屈原”、“举杯邀明月”，等等，以及新一代的刘泽棉、梅文鼎、刘炳、曾明，等等，这些人的作品景充都有珍藏。

这些作品，都对人物的造型刻画逼真传神，表现传统人文气质和人文精神十分强烈。特别是刘藕生的作品，景充收藏了多件，如徐悲鸿、张大千、黄宾虹、李商隐的人像。这些作品对人物的刻画细腻雅致，富于书卷气息，用写意动态和肢体语言以及眼睛的神情表达作品的艺术品位。

父亲收藏的石湾陶瓷，可以说在不同程度上能见证石湾陶瓷的主流发展历史。2007年他病情好转出院后，又不忘去石湾买了几箱精品陶瓷，其中有一箱用现代手法表现的丨八罗汉个个神态各异，生动传神，富有罗汉勇猛威武护持正法的鲜明个性：有的光脚盘腿若有所思，有的慈眉善目，有的摩拳擦掌，有的挥舞刀剑，有的怒目圆睁，有的擦耳畅笑，有的似正与人侃侃而谈，众罗汉丰富的内心世界通过各种神态呼之欲出，令人如置身其中。彩釉颜色运用在深蓝色上散落一些小白点，正好表现众罗汉的威风形态。

贰拾陆　博学更多能　修炼字外功

在一次访谈中，记者问父亲："你是著名的书法家，又兼具诗、画、教育、收藏多方面才能，是件不容易的事，怎么能做得这么出色？"

父亲说："在精研书艺的技巧而外，我很注意"字外功"的修炼，凡是姐妹艺术范畴均我所好。书法我是全国会员，美术我是省市会员，我又是字画文物鉴藏协会的顾问，为振兴中国书法，教学更是我神圣的天职。我又喜爱文学，喜赋诗作对，又是足球队员、教练、球迷，这些因素都在影响我的书法。我广泛地爱好艺术，尤独钟于书法，也滋养了书法的发展，为此，我感到无比的自豪。要对艺术负责，要自觉为发展书艺肩负神圣的责任，方能百折不挠，排除万难，挑起书艺发展的重担，方能示人以坦途。所以我非常注意加强姐妹艺术的修养，刻苦钻研，促使艺术内涵丰富，意境更高，更有新理异态，更具生命力，还能免俗。"

其实，曾景充的书法家身份与这些姐妹艺术是息息相关的。他对艺术的追求范围一向很广，且层次很高。书法是他热爱的终身事业，教学是他肩负的神圣天职，绘画是他的理想，收藏鉴赏是他喜好的精神食粮，作诗作联写作使他富有文学修养和气质，足球是他的人生乐趣。德国伟大的哲学家黑格尔说过，"一个真正的艺术家不应只有单一的艺术，应是兴趣广泛多面手，美是理念的感性呈现"，这正符合曾景充的艺术人生观念。

父亲也说过："对于书法艺术适合的，对于美术、收藏、文学，一切艺术也适合，但所应当在作品里表达的只是一个特性的细节象征，在这点里面就蕴藏着个人深厚的艺术素养和非凡的艺术感受力，也有着辛勤的汗水、智慧的结晶和天才的气质存在。"

著名书法家老前辈秦咢生先生早在20世纪80年代就言简意赅地这样评价曾景充："景充书艺之有成源于：一、本身是个美术家；二、又是一个收藏丰富的鉴赏家；三、更是一个勤奋不懈的书法家，可谓三位一体，成就卓越。从这几点实事求是分析，可以看出曾景充的书法发展有着深厚的知识功底和传统文化的底蕴，一脉相传，为他精湛的书艺得到广大群众的喜爱做了最好的注解。同时，有助于理解曾景充的智慧和才能的成长。"

其后，秦咢生在曾景充《孜艺楼师生书法展》上撰写贺诗曰："硬涩枯藤字，缤纷矫风姿。孜孜论授受，致用见风仪。"这首诗道出了景充书法风貌及教学的功效和敬业精神。

在人生的旅途上，父亲懂得累积努力的成果，培养种种的兴趣，获得丰富的经验，不断涌现生机，不断迈入新的境界，成就一个多姿多彩的人生。在书画艺术界，众所周知，曾景充的各项才能都有深厚的造诣，技艺超越非凡，实为世人推崇。曾景充以诚实、踏实、充实的足迹，在平凡而闪亮的日子中，活出有意义而又精彩的人生。

曾景充在他的书法集（三）的前言里写道："书艺探研愈深，愈觉其精深博人，其精神内涵至上，高超无际。所以，当我能以那么多的书体面貌抒发不同的情怀和美感，我顿感自豪，为热爱投入这一祖国国艺而引为'骄傲'，我不禁由衷地作心灵的呼号，书法——崇高的艺术，艺术的灵魂！但愿宇宙人间能作出应有的回响。"

他相信，50年，100年，1000年，永远，宇宙人间一定能作出应有的回响和共鸣，从而使中国的书法艺术永铸辉煌。

书法一道，非限于书法而为书法也，必与其人之学问、禀赋、品行、爱好、事业成就、时代特征息息相关，尤其应于书法本身，穷源竟流，集其大成而自创新面，方可以前无古人。就历代人们的标准衡量，若非诗书画三绝的全才，就不能称为大书家、大画家或书画大家。作为一位大书家，曾景充更是发展和创造了新的书法体系——曾氏魏碑——曾氏风格的书法，这使他在书法历史上不愧为书坛一杰。他更是书法历史的推动者，这应该是一位书法家为历史所做出的最大贡献吧。他的作品，将延续他的生命至无限。

跟随曾景充学习书法十余年的学生，也是广州书画学院的教师劳忠光先生曾说过，“中国书法再发展创新，以后也不会有人及得上曾景充了”，我原以为是对曾景充的书法水平和技巧，多种书体都精湛而言。后来随着世事变化，社会的变迁，到了今天，我才品嚼出话里的丰富内涵来。就现在的人来说，生活的特色是紧张忙碌，受到诱惑太多，又急于求成，而中国传统文化底蕴深厚，不苦苦下功夫，又怎么能那么容易及得上曾景充？

贰拾柒 文化人的“食文化”

将“食”上升为文化，就是说“食”不单只为了果腹充饥而已，而且有着普遍的文化指称。比如说一个人求知欲强，就说他如饥似渴地“啃”书本；回想某一事物意味深长或品味一壶好的茶，足以让人“回味无穷”；又如一幅具有独特韵味的艺术作品，可评价为“耐人寻味”；若是理解了作品和吸收了别人的东西，叫作“消化了”，而一味追求古人又不会创新的就叫“食古不化”；而“千滋百味”则用以回忆人生的道路；喜欢美食佳肴就有“百吃不厌”来形容。这都是“食文化”在我们日常生活中的运用。

就如中国特有的书法艺术，是要继承传统，再富于创新一样，“食文化”也有一代人一代人的承袭而相传下来的美食，景充则比较喜欢传统风味的美食。

父亲在身体好、精神旺盛的年纪，也会享受吃的乐趣，虽然他不会下厨，但却很会品尝菜肴的美味，并引以为乐事。他说“自己是在西关土生土长，对吃方面自然情有独钟”。现在的人们只知道有句俗话“食在广州”，殊不知老一辈的那个时代，人们却流行说“味在西关”。西关有琳琅满目的美食小馆，让父亲从小就有吃的体验，那地道的传统口味，又烧酥、杏仁奶糊、双皮奶，都是他最喜欢吃的甜品，正宗的清平鸡更是他认为最佳的美食。

父亲在人生事业处于鼎盛的时期，在西关的传统大酒楼，如泮溪酒家、广州酒家、陶陶居、莲香楼等，他都是常被邀请雅聚的座上客，更为这些地方创作对联，留下了墨宝。他为泮溪酒家作的对联是：“肝胆相披湖天两月，笙歌和奏楼榭一船。”广州酒家的中庭院墙壁上刻有十屏“广州好”诗句（用十种不同字体的书法写成），贵宾厅的横幅是：“酒逢知己斟千杯，食在广州第一家。”西关世家酒楼门前的对联是：“西关自古多盛会，美食如今属世家。”南国酒家对联是：“南国珍馐百味，园林玉液千杯。”这些对联都出自景充手笔。物换星移几度秋，西关的传统美食，曲径通幽的麻石巷，褪了色的满洲窗户，苍劲古朴的老榕树，都让父亲心中满怀着浓到化不开的情意结。

父亲喜欢吃，也会品尝美食，但他从不挑食，在经济困难时期，他随遇而安，那时单位饭堂有红烧焖猪皮，腴而能爽，是他最爱吃的一道菜，有时还会吃上两碟才能满足胃口。外婆用酱油腌制、穿上线绳后悬挂在屋檐下露天风干的一串串腊肉、腊鸭、腊鸭肝，一块就足够他吃上两碗的白米饭。母亲从外婆那里学来的酿鲮鱼、鲮鱼球，甘香爽滑，别具风味，都是我们童年最难忘的美味菜肴。

我念小学时，每逢碰到周末父母一起休息，他们就会带我们去沙河动物公园游玩。最让我们印象深刻的是园内有一只小浣熊，整天不停地急急忙忙地走来走去，特别引人欢笑，父亲笑着却又于心不忍地说：“休息一下吧，走来走去有什么用？”他帮这个小浣熊改了个名字叫“急脚芒”。后来，每当母亲性情急躁时，父亲就用“急脚芒”来叫母亲，让母亲在笑意中把心情放松下来。每当看见有人心急做事，他也会用“急脚芒”来形容。

每次去动物园游玩完后，就会去沙河饭店吃沙河粉，父亲总要吃一碟牛肉炒河粉，经济、可口、美味。那时候沙河粉制作方法颇为讲究，据说原料采用精选的龙眉白米，用水质特优的白云山泉水浸米磨浆，保持用石磨浆、窝篮拉粉等传统精细工艺，因此所拉出的粉薄而透明，韧而爽滑，再加上师傅用真正的生油精心炒成的香滑牛肉河粉，当然香气诱人。但现在的沙河粉，已经变了许多，父亲总是说："再也吃不到以前的地道传统的风味了。"父亲对现代化的人为"化学"食品总是抱怨连连，浩叹人工化学材料的罪恶，化学色素、防腐添加剂、食用味素、牲畜化学饲料，等等，他长叹一声说："现代化社会什么都变得化学了。"

我从小就崇拜和迷恋父亲，放学回家，总是希望父亲会在家里，观看他习字绘画，他强壮的手画出来的线条丰厚有力度。童年时学习写毛笔字，父亲伸出大而有力的手掌包着我小小的手，让我握住毛笔，一笔一画地移动练字。父亲的手非常有力气，非常稳定。我总觉得父亲是一位最完美的书画大师。等我做完作业后，父亲就带我一起去单位饭堂吃饭。

寒冷的冬天，父亲有时会带我去北京路的八珍面馆吃上一碗馄饨面（他总是要吃加大的），或是去长江冰室吃腊味糯米饭，然后分饮一碗浓浓的牛骨汤，让人从身上暖到心里。父亲一边喝一边说："味道香浓，口感柔韧。你妈性情心急，绝对熬制不了这样火候的浓汤。所谓心急吃不了热粥一样，她只能做生滚鱼片汤或炒六七分钟就上碟的菜。"

据说那里的牛骨汤是用六七个小时以上的时间慢慢熬制而成的，并要守候在旁，不停地撇去浮味才达到这种效果。

吃完后，我牵着父亲温热有力的手，经过文一文具商店，我们照例进去逛逛。父亲总是会买些宣纸、毛笔或墨汁之类的东西。那里的服务员都认识他，父亲也不会让我空手而回，我小手里总会拿着铅笔或橡皮擦。迎着晚风，穿过越秀书院街，闻着那俗丽的香水橡皮擦味儿，我们慢慢地散步回家。那种父女间亲子的幸福，让我永远念念不忘。

长大出国后，父亲永远是我的精神导师，我有不懂的言辞和难题，打个电话向他求救。每次回国去探望双亲，父亲总要和我去品尝地道的皮爽肉滑、连骨都有味的正宗清平鸡。父亲并不在乎吃鱼翅、燕窝等昂贵的食物，这类食物要靠鸡和火腿煲成的浓汤调配才好吃，父亲作了个比喻“就像一朵名贵的牡丹要靠绿叶的扶持”。而虾米、江珧柱则是普及的海味，鲜美可口，宜汤宜菜的海味上品，父亲特别喜欢。以前经济并不丰富时，出差也不忘带些虾米回家来。

没有应酬，稍为清闲在家里看书写字时，父亲就会问：“今天吃什么？”“吃鱼。”母亲答。父亲总要特别吩咐，要多下些姜葱。这是父亲对于吃鱼的最简单而又最高的要求，有时更是放下手中的毛笔或书本自已去市场买一堆姜葱回来。新鲜的鲩鱼清蒸，是广东人的一道家常菜，刚好的火候蒸出来的鱼，鲜而嫩滑，再用油爆香姜葱，淋到鱼上油香溢散，使其热气腾腾，既保持鲜鱼的原味，又有姜葱的香辣气味，夹上一箸送到口里，父亲就有一种特别满足的美味感觉。他很巧妙地说：“有姜葱吃起来才带出新鲜鱼的本质鲜味，才够‘醒神’，真是天作之合的美味，两者辉映，相得益彰。”他的言语总是那么生动、俏皮、风趣，令你乐在其中。

父亲头发开始花白时，我们家里的经济渐渐从拮据进入小康。父亲一生节衣缩食，崇尚简朴，但对于买字画、书籍就绝不吝啬，所买“不计其数”。

一次，他在拍卖公司为拍卖字画而迟迟未回家吃饭，母亲在家等候的时候做针线活，待父亲兴致勃勃地拿着“宝贝”回家时，母亲匆匆上饭上菜，因厨房光线不够，母亲不小心把缝衣针线连带“藏”于饭里，幸亏父亲机智发现了，却说：“我教学生写字用笔要‘绵里藏针’，怎么会有‘饭里藏针’啊！”母亲惊讶，却也笑着说：“见你买了这么多宝贝回来，我想谋财害命啊！”父母彼此相视而笑，后来，父亲每逢吃饭吃出沙子或与母亲吵嘴，就喜欢调侃母亲说：“你想谋财害命啊？”然后，全家哈哈大笑。

贰拾捌 相依相伴 岁月如流

父亲事业成功，在社会上受到敬重。人们常说成功的男人背后有一位贤内助，母亲和父亲生活相依，她总是支持丈夫发展书艺事业，在背后帮助他排忧解难。

1986年，对年逾半百的父亲来说，是一个人生的转折点，是事业逐步迈向成功的阶段，他用心写成的处女作《行书要法》，从排版、印刷、装订、出版、发行到销售，母亲都全力投入，亲力亲为地做每件事情。她在书店工作，对出版、发行、销售熟识。这本书再版了三次，共18万册，全国发行，在新华书店创同类书籍发行的最高纪录。

1987年至1991年间，父亲创办广州师范学院书法培训中心，母亲一直兼任中心的招生和财务管理工作。

多少年来，家不论搬到什么地方，母亲永远都把家里最好的房间留给父亲做写字房，把厨房改小，制造出更大的厅堂来给他用作书法教学。而她自己喜欢缝补衣服，用的缝纫机就只好放在走廊的一角，使用时搬上椅子打开吊灯就行了，而且缝纫机是旧式清末时代的，机头可以拆开搁在台下，上面放上一块酸枝板就是一张写字台了。小时候我们都是在这张“台”上做功课的。

父亲买字画，藏品越来越多，母亲把嫁妆用的樟木柜都让出来给父亲收藏放字画，不够用了，又动员亲戚朋友把樟木柜转让出来供他使用。家里的维修工作都是母亲一手包办，她会亲手修理嘎嘎作响的衣柜门窗、摇摇欲坠的酸枝台椅，翻新和装修房子，给我们缝制新衣裳。

房间里永远都是堆满了书籍，一个又一个的书架遮满了墙壁直碰到天花板。床上、床下、桌上、桌下、椅上、椅下，都是书籍，真可说是坐拥书城。母亲二话没说，又叫来了木工师傅，把房间的隔墙打掉，改造成两侧可用的木柜书架，看着满屋书堆，父亲无奈而又俏皮地眨下眼睛说："将书籍堆起，排列起来，做成一个书床，在上面睡觉，也可以不用摆床了。"

母亲则傻笑，不无生气地说："你在书堆里过活吧。"

父亲则还上一句："在书堆里博览群书，如鱼得水。"

一来一回，其乐自得。

父亲做事勤奋敬业，珍惜光阴，每天晚上很迟才睡觉，但早早就起来看书学习。母亲回忆，他从清晨睁开眼就没有一刻停过，读书学习凝神专注，痴痴呆呆地读，就如同灵魂出窍，什么也没反应。有次她焖牛腩（这是父亲喜欢吃的一道菜肴），母亲吩咐正在厅里埋头读书的父亲过30分钟后关火，她要上街去买东西。等母亲回来，却见厨房已烟雾弥漫，问父亲："你怎么没嗅到烧焦了锅的气味吗？"他才愕然反应过来，捧着本书自嘲自解地说："噢，我只嗅到书香的气味。"母亲说："真是一个彻头彻尾的书呆子。"

家里的书没哪本的内容他不知道的。重点的地方，他会画上线条，加以注释或写上见解。后来，家里经济好转，在母亲的理财下，买了一间小房子，让父亲存放更多的书籍、艺术品、石山、盆景。父亲说："这些东西都是经过精选细挑买回来的，有很多艺术书籍在书店里也找不到的。"他十分自豪地说他眼光锐利，艺术直觉强，选择和收藏的东西都是有很高的艺术水准的，有些书籍已是孤本，再也找不到了，那些珍贵的藏品，都是用他那独特的眼光挑选回来的，所以是非常珍贵的东西。

从来没有在公开的场合发言的母亲，却在"曾景充艺术馆"落成仪式上，80多岁的她坚定地站在台前，站在众人面前，用简朴的言语，情真意切地抒发出她对父亲真实的回忆和依恋情怀。其中一段说道："我们做夫妻50多年了，他是一位充满温情、风趣的人，言语中总使人的心灵荡漾起涟漪，激发起不同的话题、生活的情趣和生活的滋味。他很有文学艺术修养，对我关怀信任，但家务和管理就要依赖我去完成。他从不下厨房，专心读书，钻研，创作，教学，做事认真负责，胸怀大志，责任心极强，追求完美，富于创造精神。高中毕业后考上广州美术学院，但由于要养母亲，无钱入学，只好出来工作，历经多次的政治运动，历经人生的酸甜苦辣，一生节衣缩食，勤俭节约，但买书买字画藏品就不计其数。他热爱书法事业，勤勤恳恳，敬业乐群，培养书法人才，艰苦奋斗几十年，事业有成，为弘扬中国书法、发展中国书法事业做出了很大的贡献，我为他感到光荣和骄傲。"

20世纪末以前，广州市区还没兴建地铁，自行车是人们便利的交通工具，不限时不限速度，还可以锻炼身体，每天清晨和落日时分，滚滚车流在城市中移动，这是最为壮观的一道城市风景，成为一条流动的长城，也成为人们一段集体的回忆。有一段时期，自行车丢失了，公安局派出所会立案侦查，后来案子多了，也就不了了之。

因此父亲的自行车，有失而复得的，也有一去不回的，只好重新买回一辆，一直到年逾古稀，景充仍坚持出门骑自行车，穿街过巷如入无人之境。本来在广州65岁以上的长者乘坐交通工具是免费的，但景充一直喜欢以自行车为理所当然最好的代步工具。在路上浩浩荡荡的自行车大军里，有好心人关切地提醒他要小心撞着身体，他俏皮地来上一句："自己脚下有足球的功夫，骑着单车就犹如带球过人一样，总可以突围而出。"

父亲一向身体健硕，充满活力，那次我从海外回来探望双亲，50磅的行李箱，73岁的父亲二话没说笑呵呵地背到肩上，一口气就抬上了四楼。我放下行李，环视家里周围，各种的摆设又变换了许多。父亲爱好收藏，字画、陶艺、古玩、石山，那些一件件有品位的艺术摆设，都印证了父亲丰富的立体的多彩的艺术人生足迹，也感受到父亲充沛的生命力。我不禁脱口而出说道："哗，就好像走进博物馆一样，件件东西都精彩。"

母亲则眨眨眼插上一句话："他帮拍卖行增加了不少利润。"

有些巧美的精品，我连摸都不敢摸，只是静静地欣赏，感受其中的艺术性。父亲见我看得入神，就让我喜欢的挑选一件留作纪念。

父亲收藏的东西，件件都有很高的艺术性，我挑了一件早期就摆放在家里的陶瓷花瓶，是由一位石湾名师手画捏造的艺术花瓶，画面用古拙朴实简练的笔意刻画古时人物在楼台上对话，面部表情传神凝注，背后还很妙地写上"如鱼得水"字样。

70多岁的父亲，和我们一同游览了清远，在半山上，环视清澈的江水，对着江上的奇峰异石，看着清远的竹篱茅舍，果圃菜畦，空蒙的烟雨，有种世外桃源的自然美，令他有今夕是何年的离尘净虑的遐想。回味一生苦辣酸甜，人生所经历的耕耘与磨炼，选择与挑战，昔日累的、苦的、酸的汗水和泪水，酿成了余味无穷的醇酒与掌声，现今想来只觉欣然和无憾，他连自己都觉得不可思议。他不舍那些一去不复返的岁月，他感叹一声说："岁月如流，天生我材必有用，此生不曾碌碌无为而虚度。"随后，他劲力十足一口气登上了清远的云泉仙馆。

父亲特别喜欢听音乐，很多世界名曲、中国民歌他都会唱，常常在写完字之后，自得其乐地唱上一段或哼上几句，像《国歌》、《我的祖国》、《歌唱祖国》、《蓝色的多瑙河》、《小夜曲》，还有那首《夜莺小夜曲》，他足足哼了一辈子。

斗转星移，岁月悠悠，晚年的生活里，父亲和母亲都爱听粤剧，有时抽空还去看一场粤剧"大戏"。母亲知道的那些历史故事、典故传奇，几乎全在粤剧里发挥得淋漓尽致。粤剧的唱腔、道白、唱词，清秀

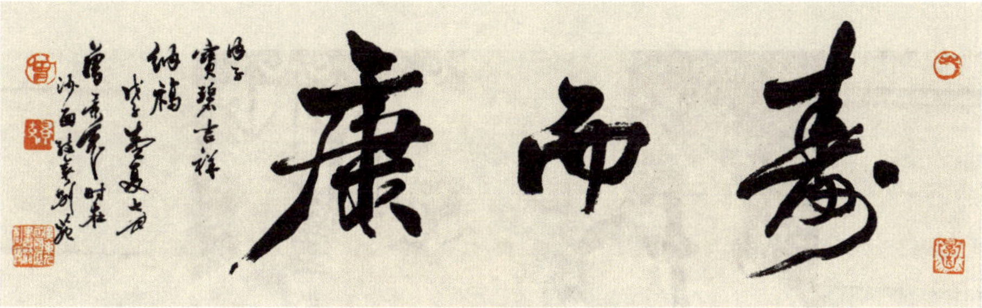

曾景充赠爱妻的遗作

雅丽，音韵和谐，有一股馥郁芬芳的余韵，袅袅无穷。母亲常会哼上两句，父亲就在一旁笑眯眯地和起来。他虽然不会唱粤剧，但常常会哼几句顺口的广东方言谚语，如广东童谣：“月光光，照地堂。年卅晚，嚼槟榔，槟榔香，摘子姜，子姜辣，买菩辣，菩辣苦，买猪股，猪股肥，买牛皮，牛皮薄，买菱角，棱角尖，买马鞭，马鞭长，起屋梁，屋梁高，买张刀，刀切菜，买镬盖，镬盖圆，买只船，船浸底，浸死阿婆两只金狗仔……”

每次唱都有不同的韵律和词牌，他总可以不停地唱下去，连接不同的押韵唱词，一边唱一边又送上一个俏皮的怪脸。充满童真，总让我们笑得前俯后仰，乐不可支。言语丰富、幽默健谈、俏皮可爱的父亲，一直都是我们家里的朝气和活力的来源。父母与我们共同生活的美好回忆，是我们成长中不可缺少的精神滋润。

《寿而康》这幅书法作品是2008年夏天，父亲患病期间写赠母亲的。“守真志满，性静情逸”的父亲，一生内向，在日常生活中不善于用言辞表达感情，但内心却充满感情，这次特别用书法来表达对老伴一生一世的感激和祝福。在题款处他特意写上：“内子宝碧吉祥纳福，戊子盛夏七月，曾景充时在沙面孜艺别苑”。写好盖上印章后，笑眯眯地双手捧着送给正在厨房里准备晚饭的母亲。

母亲连忙放下家务，擦干手，万分激动地接过作品，然后父亲又读上一

作者和儿子与父母在沙面居所前合影

遍，两人甜蜜地相对而笑。当时，夕阳正好从窗外斜斜地映照入屋内，他们的笑容，在夕阳的映照下，有一种祥和的光辉，让人难忘。

那次，我携儿子日昇从美国回来探望患病的父亲，见证了他们尽在不言中的情深一幕，我们亲切地拍手向他们致敬。真有白居易的诗句“在天愿作比翼鸟，在地愿为连理枝”的感动。

屈指算来，这一年正是他们结婚半个世纪的金婚纪念。后来，母亲把这幅作品请人装裱悬挂于厅堂中。这让我想起那年在日本父亲送给我的新年礼物（速写画），父亲总是用这种形式来表达他温厚和蔼的一片情怀。

如今父亲已作古，过去生活的点点滴滴，都成了美好又辛酸的回忆，这些虽然都是些生活琐事，生活的剪影，而一旦成为历史，就倍感珍贵，记录下来，以聊寄对父亲的怀念。

新世纪的到来，
给他带来越来越多冲刺人生高峰的机会，
晚年求变的意识，
也使得他的书法有了更多耐人寻味的内涵。
只是时不我予，
身体状况不允许他继续下去，
他不得不以更大的毅力抓紧时间
进行艺术求变创新……

下篇

暮年融通登高峰

壹 世纪呼唤 活跃书坛

1998年初，曾景充出版了第二本书法集——《曾景充书法集》（第二集），距离第一本书法集的出版已相隔八年。此时，前一本作品集早已多次出版仍销售一空。墨海翻腾，艺无止境，经过多年的打磨锤炼，父亲对书法又有更多更新的感受，必须用新的作品去表现。他决心再创作一批书作并出版。他曾作一对联“承先岂袭旧，适我无非新”，正是此时追求再出新的写照。

在这本集子里，包括各种书体和多种形式的作品，展现了曾景充一贯的高水准和清新风格，更有挑战自我、不断突破的书法创作，是一本很有分量的书法集，封面、封底的设计都很新颖。他在序言中写道：“艺术贵乎创新，较之前一本选集，我在闲适、拙朴、抒怀、视觉形式美等创作因素上有新的追求，而且希望写得成熟、老辣一点，这都是书艺上较高的境界，并带上一点现代气息。”他很谦虚，继续写道：“自知力不从心，艺术创作会永远令人遗憾，我对这些作品是不会满意的，但总算是‘收成’了，果子是酸是甜，只好奉献‘品尝者’听取评骘，再播‘良种’。”

除了他倾心的力作之外，在这本集子的后面，他更特意编写了“永怀篇”部分，以诚挚之心把书艺交往中多位师友的言行追述记录下来，以表达他深情的怀念，并激励自己在艺术道路上奋发不息。这本书法集极具曾景充书法的气质，深厚隽永、富于创新、丰富多彩、引人入胜，因而产生无穷韵味，让人印象深刻。

自1993年广州书画专修学院成立以来，曾景充一直在该学院担任高研班的主讲教授，受到学员们的欢迎，培养了大量书法人才。

2000年，该学院筹划出一套《广州书画专修学院师生作品丛书》，父亲为其中的《曾景充书法选集》（第三集）创作了一批新世纪的书法作品。他的选集极为突出，其高质量的书艺和独特的个人风格，受到书界的赞赏和欢迎，刚问世三个月就销售一空，要再版向全国发行。景充特别在印刷机旁写下感言："我衷心感谢同行们的鼓舞和支持，更祝愿不断发展的书法事业与时俱进，本人能为此而贡献绵力，与同道们共同进步，将是人生之大幸也！"

"世纪的召唤"，是应邀为广州市政府反映广州现代化建设大型画册而作的封面题字，刊登于《中国书画艺术报》。这几个字也辑录在曾景充第三本书法集首页内，极具气魄，写出了曾景充自家的风格本色，也体现了现代性和所处时代之精神气息。

元代书法大师赵子昂云"笔墨当随时代"，在曾景充的书法里总是让人们感受到一股时代的精神力量，字里行间倾注了自己的思想情感和独特的神采风貌，所散发的生动气韵让欣赏者产生心弦震动之感应，所以他的书法总是受到人们欢迎。

这本书法集还辑录了曾景充特别为书画学院书艺研修班所创作和用"曾体"魏碑书写的《研修铭》，还有用精美小楷写成的《兰亭序》。这幅小楷"兰亭序"有深厚扎实的楷书基础，格调高雅、灵动、内敛。另外，还有他所作的诗句楹联，都是父亲研书从艺的心得体会，在毛笔书法流动的线条韵律中，写出了他对宇宙玄奥与人生的思考。

在序言里曾景充以"成书三说"为题写道："（一）书艺之成，贵乎有法臻无法，此为艺术探求之所归，由必然王国进入自由王国之所谓也，只有这样，才不为绳法所囿，才能潇洒意运，才能高扬本体的艺术精神，才能服从追求情趣这一当今趋向，才能充分发挥个性，有足够空

曾景充书法：世纪的呼唤

间融汇众法，加以升华创造，从而使传统法度得以弘扬，不断获得新的艺术生命。（二）书艺探研愈深，愈觉得其精深博大，其精神内涵至上，高超无际，所以，当我能以那么多的书体、面貌抒发不同的情怀和美感，我顿感自豪，为满腔热忱投入这一祖国国艺而引为骄傲，我不禁由衷地作心灵呼唤，书法——崇高的艺术，艺术的灵魂！但愿宇宙人间能作出应有的回响。（三）结集出书，是为了总结和交流，汇报和探路，书成之日，就是新起奋进之时，自知未逮和不足，请同道读者，不吝教我，以利扬帆艺海，开启未来！”

父亲全身充满追求完美的书法艺术创造的热情细胞，不断奋发进取，从他身上可以看到为中国书法事业发展所肩负的神圣使命感。他勇于求变创新，不拘泥于旧的形式，在创新中保持着原来深厚的文化底蕴，他的功底和技巧都很深，却又自然而然流露出来，这也是曾景充的性格所表现出来的特别气质。他很率直，给人一种很温暖和谐的感动。他书写的技巧性没有刻意的痕迹，就像阳光下晶莹的溪水自然闪烁、舒缓流畅，带给你一种很清新、爽朗、温馨又豁达的精神享受。有些作品书写的技法、章法，豪迈飘逸中带着翻腾震撼的力量。因此，创作出来的作品总有一种特殊的气魄和气派，这也是为什么曾景充的作品总是耐人寻味、历久弥新的原因，是永恒的作品，经得起时代的考验。

2004年11月30日，广东电视台专题报道“著名书法家曾景充先生”。

2005年，是父亲的丰收年。5月，大连一家房地产公司邀请他赴大连作书法交流、办个人展览。之后景充携母亲宝碧一起坐船同游大连、旅顺港、老铁山蛇岛、金石滩、棒棰岛、庄河水峪沟等，历时20多天。

6月的暑假，父亲带领广州书画学院研修班的同学们出游陕西，访碑林、汉关、秦关、石门、龙门、华山；跋涉踏进汉中雄关古道，收获丰盈。一路上，他行走比学生们还要快捷，当时年事虽高，仍是童心未泯。回来后，他豪情激奋，夜深作诗，挥汗写联，有关作品发表在当年6月13日的《文化参考报》上：1. 秦岭汉关，数不尽英雄盖世；石门伊水，传有诸国艺渊源。2. 墓铭楷模千秋笔阵，唐碑风范万代良师。3. 龙门斯鉴，国粹乃扬。

金秋时节，曾景充与二女儿小敏、魏锦光、魏翰扬一家人去了内蒙古额济纳旗，为胡杨树写生，欣赏沙漠、戈壁滩上“大漠孤烟直，长河落日圆”的壮丽景色。他当即书写一副古人的对联“迥临沧海曙，遥峙大荒秋”，来形容眼前的景象。

2005年年中，广州申办亚运会成功，广东省政府为庆祝这一盛事举办各项活动，电视台邀请曾景充挥写宣传主题大字“花开花城”。他以大步疾飞的书写动作完成巨幅书法，再一次展现他书法生命活力的风采。其后，他以激情豪迈的心情作一对联“圣火光华夏，广州起巨龙”，参加广州市政府举办的书画展览活动。

2007年，由广州书画专修学院策划，人民出版社发行的《曾景充作品集》（第四集）出版。这本集子进一步表现了父亲力求自我超越的主体意识，“不惜以今日的我与昨日的我挑战”。他强调书法的发展“守必腐，变则通”的道理——这几乎是他生命的呐喊。他对自己的书法理念作了简要的说明：“融冶碑帖，北笔南意，是我几十年的书法宗旨，要做到雄强刚健又潇洒、俊美，融会贯通，其中充满了辩证法，形成笔意的起伏轻重，能行云流水，笔走龙蛇，又有轻重缓急，变化多端，在线条上体现出精气神来，有北方的阳刚，南方的阴柔，是几千年的书法艺术精华的体现。”

在这本书法集里，曾景充的书法进入一个全新的创作境界，作品中篆、隶、楷、行、草多种书体并存，有多种艺术表现手法，富于变化的结体和笔意得到了巧妙运用并和谐统一，碑帖的界限被彻底地打破，挥运之中道法自然，使人耳目一新，就如他所书，“技进乎艺登于道”。

不能不佩服父亲超越自我而又不断自出机杼的能力，充分表现了他对生命充满无穷的热力和精力，站在书艺高峰，轻松自在地俯览人生，实践和体现他后期主张的“融通书法”的新理念。

19世纪德国著名哲学家黑格尔说：“既简单而又美这个理想的优点，毋宁说是辛勤的结果，要经过多方面的转化作用，把繁芜的、驳杂的、混乱的、过分的、臃肿的因素一起去掉，还要使这种胜利不露一丝辛苦经营的痕迹，然后美才自由自在地不受阻挠地，仿佛天衣无缝似的涌现出来。”

曾景充认为，这种没有技巧的技巧，不露痕迹的表现，外表简单而实质更美的艺术，正是书法成功的根本。他晚年的书法正体现出这一唯美至尊的书法美学。

2009年1月，曾景充在医院的病床上完成最后一校的《广州书法名家系列——曾景充作品集》（第五集），由岭南美术出版社出版。该书是他生前最后一本作品集，展示了他晚年带病书写的力作数十种，面貌多样，个性突出，充分反映他集大成而为自我的书法成就。

曾景充从20世纪90年代初开始身兼多职，经常要参加各种社会公益活动和书法教育事业，参与省市的书画评审工作，一天赶场三四处，旋风式的生活极为繁忙。

跨入21世纪，年近古稀的景充仍然朝气蓬勃，冲劲十足，活跃于书坛的各项工作，但在人生的道路上，他还是要快马加鞭地攀登书艺的高峰，他作有一对联“无极高霄鹏展翅，有为大道马加鞭”，颇见他那豪迈的心情。

这种雄心壮志一直在他的书法人生中实践和表现出来，早在他出版的第一集《曾景充书法选》的序言《墨海涌心潮》中就有一段这样写道：“书法是我们中华民族之艺术精粹，它庄严地体现着民族的精神，它源远流长，随着历史的波涛，不息地向前伸展。它之所以具有民族气质和特殊风格，就是因为它有优秀的传统和深广的泉源；它之所以丰富多彩，活力无穷，是因为它主流浩荡而支流繁衍，像东方的巨龙，不息地奔腾，它脑怀浩瀚，容纳着各种各样的风格流派，正是有容乃大，所以阳光下的万种波光是那么灿烂，丰富而又绚丽。我爱文艺的海洋，要当大海的主人，要有足够的度量去折射那海涛的光辉，要融汇碑帖，吞吐南北，还要追溯姐妹艺术的精华，兼收并蓄，汇成一股巨流，奔向远大的汪洋。千万不要像呱啦叫嚷的小涧，由于容量的狭隘而终于枯涸。然而，我清醒地知道要先当大海的儿子，在汹涌的波涛中以最大的勇气和毅力，去接受严峻的波涛洗礼，要不避艰辛，经得起大浪淘沙的筛选和无情岁月的甄别，去探索文艺的奇珍。墨海翻腾，艺无止境，让我们共同以墨浪逐涌着心潮，继往开来，写出时代的书法艺术，写出民族的气派，勇当书法艺术的时代弄潮儿，不断在波澜壮阔的艺海高潮中冲击！前进！”

他的作品总有一种墨浪翻滚、激荡澎湃的震撼力，表现出独特的风格和感人的气势，无论何时何地，都能站在书艺的高峰，俯览和引领书坛，人们称他为书坛的“风云人物”。

贰 北国风光 国殿腾芳

2003年，曾景充的书法艺术在他人生古稀之年散发出更加强劲的活力和光芒，从广东书坛走进北京中央文史馆，巨幅创作悬挂于大厅堂中。然后又走入北京人民大会堂悬挂于宴会厅里，成为国宝，被国家永久收藏。

这一年4月上旬的一天下午，他刚从小睡片刻中醒来正要翻书阅读，接到广州市文史馆陈丽萍同志的电话，应中央文史馆邀请委托他赴北京参与中央文史馆的春季笔会。曾景充知道此行责任重大而又光荣，是他在艺海上探研了几十年受到组织认可的体现。他毫不犹豫地在电话上表示：“当以最大的努力，保证完成好这一付托。”

那时，SARS（“非典”）疫情暴发，北京疫情严重，到处人心惶惶。曾景充从容淡定，以冷静、乐观、积极的态度面对，表现出勇敢与理性。在疫情猖獗的4月中旬，他带上一扎大小不同的毛笔，启程上京“迎战”。

回穗后，他以“京华梦未圆”为题记述了此行，发表在《文史纵横》杂志上。他这样写道：

“4月14日启程，市文史馆的领导予以周详而殷勤的送行，飞抵北京后，更受到中央馆盛情厚意的接风，由中央馆副馆长陈鹤良主持的晚宴上，有国务院参事室正主任崔占福以及中央馆副馆长袁行霈老教授等领导同志作意味深长和热情洋溢的讲话，令人鼓舞。

“这是第三届全国性大型笔会，虽然仅仅4天，却令我终生难忘。接待规格是高层次的，居住、活动和创作环境、条件设备都是一流的。我心想：这是中央级的礼遇，也是人生珍贵的际遇，我由衷地感到党和国家对老知识分子的深厚关怀，自然也意识到这是应该竭尽绵力答谢的时刻。在那窗明几净、笔墨精良的不平凡笔会上，领导作开场白：‘请大家畅意挥毫，尽情发挥，大小、形式不拘，写多写少（甚至不写）也在所欢迎！’这一说，更令我心畅神怡，更投入地写下了大大小小作品约20件。挥毫中，领导同志不时关心地巡视、观看、聊侃、问候，大家都很写意。稍歇我猛抬头，望见大厅一端悬着一幅宽银幕式（约5米×3米）的毡式屏幕，我意识到这是挥毫‘用武’之地，我向工作人员一询问，立即得到他们的协助，推来满满一车的文房四宝，并把一张丈二匹宣纸（约4米×2米）平贴在屏幕上。主持人一声‘有请！’我欣然抬头扫了一眼，心中有数，气定神闲，既沉着，又兴奋，濡墨秉笔，悬臂题壁，一气呵成，一幅毛泽东《沁园春·雪》一挥而就，上款写上‘中央文史馆研究馆饰壁’，真无憾耳！此作不惟谋篇布局位置精确，且能体现‘融冶碑帖，北笔南意’的个人书学主张，达到方圆兼备、大气磅礴的境界，较好地体现了毛主席的恢宏词意，我总算无愧于心地实现了出发前的承诺，以生平的艺术，较高层次地献给了国家，此作（包括笔会上一批书作）由中央文史馆永久收藏，并悬挂在显要的位置上。

“作品既成，中央馆会同国参的领导同志及有关专业负责人商定，邀我逗留多几天，为北京人民大会堂留下书法作品。霎时，我有点‘受宠若惊’，深感中央同志如此信任和关怀，又知任务要求层次之高，意义之大，令我这个一向低调的自由人，有点吃不消，加上有些既定的必要事物要办，又囿于回程机票时间所限，太仓促了，我婉言提出希望推迟。中央馆等领导同志十分尊重而又客气地说：‘待非典过后，再行约请。’我以为，此行至此，总算无愧地有所交代了。

“谁料在一次馆员大会上，广州文史馆郭岳馆长讲话中谈及此事，既对我进行公开表扬，认为中央及北方向来对广东书艺未予重视，此次却倍受关注，真是为广东（广州）书坛争光。接着也进行了公开的批评，认为当时未有趁热打铁完成人民大会堂的任务‘是缺乏政治头脑！’我一时间想不通何以会提到‘政治高度’上？会后，通过郭馆长的恳谈、开导，我才觉悟：第一，为人民大会堂书写，这是艺术上最高的要求，也是书法家最高的殊荣，我竟一时错过了良机；第二，这是中央文史馆下达的命令，竟未能坚决执行，如此看来提到政治觉悟，是很在理的。然而，事情总是遗憾地‘搁浅’了。

“可幸，郭馆长曾为此事，电话与北京中央馆联系，中央馆陈鹤良副馆长确认此事，并对我进行了表扬鼓励，认为这是中央文史研究馆的光荣！并将关注此事，付诸实现。

“后来，6月26日，中央馆傅司长（前曾任人民大会堂书画业务司司长）给市馆来电话说：‘经了解，北京人民大会堂现正装修约一两个月后竣工，届时即将邀曾老师前来挥毫。’（诸延安同志接电话）

“事情有了头绪，我的夙愿和领导以及同志们的关怀也未有落空，我深知未来任务的分量，也体会到组织的关怀与个人实力，抓住际遇，提高思想，是办事成功的根本保证，我自当进一步励志磨笔，为实现挟笔报国的宏愿，时刻准备着！

“艺术要攀登，还需思想求进步！”

北京人民大会堂是国家最高的殿堂，为完成好这项光荣的任务，给这殿堂创作出最好的作品，曾景充向自己提出了三点要求：一、高水平、高质量；二、通过这项活动，使自己的艺术创作水平得到进一步的提高，进入另一种新的台阶；三、通过艰苦的创作使自己迂回的艺术人生得到一次升华，这是艺术创作新的里程碑。

《沁园春·雪》一词，是毛泽东的名篇，于1936年在山西省创作，后来发表于重庆谈判时期。1945年10月，毛泽东赴重庆谈判，指出两条道路的斗争，并将此词作抄录送给诗人柳亚子，随后刊登在重庆各大报纸，广为流传。该词描写了北国雪景，展现伟大祖国的壮丽山河，并引出秦皇汉武等历史人物，纵论时代风云，抒发抱负及胸怀，体现伟大魄力和哲理思想，是毛泽东文艺思想实践的范例。

其实，书写《沁园春·雪》一词，早已是曾景充得心应手而盛传于海内外的名作。所以多年来反复求书者络绎不绝，景充早已把这首词写熟，随后影响到港澳台和海外华侨，要求书写者不计其数。

有一次，我在美国的一家中国收藏艺术品公司里，入门的正中大堂就悬挂着父亲的一幅“北国风光”书法，我为能在外国看见父亲的书法而惊喜之余走进去问经理，经理说：“曾景充的书法是现代岭南书法家中最棒的，在中国书法家中也是顶级的一位。”我为父亲在海外也有知音者而高兴，也为父亲的成就倍感自豪。

从中央文史馆的春季笔会，再到北京人民大会堂向曾景充提出创作任务，这一路走来，景充感到既欣慰又兴奋，在市文史馆领导及同志们的关怀鼓舞下，他的书法艺术在人生的晚年得以更加发热发光。

他深感到，这是中国书画家的最高殊荣，也是人生难得的际遇，更是几十年刻苦艺术耕耘所得到的成果。伴随着新中国的成立而成长起来的曾景充，由衷地感到党和国家对老知识分子、老书法家的温暖关爱，他要尽一位书法家的责任，竭尽全力，挟笔报国，并以首开广东书法界纪录的荣誉为动力，力图进一步演绎好这首不朽的名篇。

为此，他反复研究和改进，不知疲倦地作了大小书稿20多件，每一件草稿里都渗透着研究、进取和创作精神，用父亲的话说就是“连吃饭、睡觉甚至走路都在时刻思考整幅作品的完美，以求实现微观与宏观的有机统一，情感和思想的结合，节奏和主题的和谐，从而用笔墨传达出词作的意境”。

他举例说明："北国风光"四字，一开篇就写出壮阔大自然的气势；"雪飘"二字形象和意态融合，领会书法和大自然间的互动与和谐，以侧取势的飘字，写出飘飘的生动感觉；"顿失滔滔"四字，变行书为草书，用线条律动、视觉的转换来表达词意；"舞"字笔画大胆伸张，收和放的运用形成整体上的起伏变化，具有明显的节奏；"江山如此多娇"几字，写出息息相关有如音乐和舞蹈的生动韵律；"唐宗宋祖，稍逊风骚"，用既险绝又平衡微妙辩证关系，来表达相互的关系；而"俱往矣"这几个字，为何要不太突出，就是因为过去的事就让它过去；后面的笔法要起伏如波澜，把"风流人物还看今朝"的主题加以欲扬先抑的衬托，让人看上去有抑扬顿挫的感觉。

10月初，北京人民大会堂的特邀电话接踵而来，中央文史馆馆长崔占福、副馆长陈鹤良批准同意，向曾景充发出庄严的创作邀请。后来，广州书画学院副院长刘家振高度评价：这是南方书家凭艺术实力，越长江、过黄河，通过"殿试"，在京师即席成就的"国殿腾芳"之巨作。

广州市文史馆对此事十分重视，举行了盛大的新闻发布会，筹办"曾景充应邀为首都人民大会堂创作书法作品观摩会"。10月28日，观摩会在位于广州大道的逸品堂隆重举行，由广州市文史馆馆长郭岳亲自主持，原广东省省长朱森林出席并作了热情洋溢的讲话。原广东省委书记吴南生参加了发布会，观看了示范表演。出席者还有广州市书法家协会主席连登、广州市美术家协会主席卢延光以及众多书法界的同道、广州市文史馆、参事室成员和曾氏的学生等400多人。

会上，92岁高龄的华南师范大学资深教授、美学家李育中先生就曾景充作品的艺术创作风格进行了评价。李教授指出："曾老的书法作品以碑帖交融、南北结合，写出时代新意，特别是魏碑入行草书，其书风大气磅礴中见细腻轻灵，形成跌宕起伏、刚柔相济的风格，在岭南书坛独树一帜，为广东增光。景充虽然年逾古稀，由于根深叶茂与时俱进，

观摩会上谈创作

仍有不少进展的潜力，发展空间很大。”这对年迈的景充鼓励尤甚。

曾景充即席挥写丈二匹大尺寸的宣纸《沁园春·雪》，作品气势雄伟、流转飞动、豪情洋溢，现场观摩者掌声雷动。这时，曾景充才喘一口气，终于实现了生平以书报国的夙愿，艺术人生于此得到最大的安慰。

顿时，曾景充成了广东书坛的明星，率先成为“国殿腾芳”的书法家。这在表面看似偶然的事情其实却存在于必然之中。正所谓“梅花香自苦寒来”，这是长期的刻苦磨炼、努力奋斗的结果。

前衡阳市市长朱善猷认为：“曾景充的行草书，有传统的根基，又有艺术的独创性，其代表作《沁园春·雪》是当今第一、至臻至美的行草书，让人如痴如醉，真可称之为自古以来天下第四大行草书。”

作品圆满完成后，由广州市文史馆寄往北京中央文史馆转人民大会堂。此次以书艺精作，代表广东率先成功进入人民大会堂。毋庸置疑，是替广东书坛在中国书法界上争了一口气。

中央文史馆馆长陈鹤良打电话给广州文史馆表示祝贺，认为曾景充的书法成就与高尚情操，实是广东人民的骄傲，不只是广州文史馆的光荣，也是中央文史馆的光荣，“南方有出色的书法人才啊！”他赞赏道。

2004年2月2日，全国人大常委会办公厅人民大会堂管理局向曾景充发出“首都人民大会堂收藏证明书”——字号为第961号。作品能够进入人民大会堂是许多艺术家向往的最高殊荣，曾景充成了广东书法界作品进入人民大会堂的第一人。

为首都人民大会堂创作的《沁园春·雪》书法挂出后，当时最高人民检察院的一位领导同志观赏了这幅书法巨作，十分欣赏和喜爱，经打听得知作者曾景充人在广州，特派其儿子从北京专程南下广州寻访到曾氏家门，要求书写八尺巨作岳飞的《满江红》，另一幅为适合悬挂家居用的撰句。

北京的一些大企业、大酒店纷纷通过文史馆和不同的方式向景充求写书法作品，曾景充的书法不断大放异彩。

中国书法艺术滋润了他，祖国深厚的文化宝库灌溉了他，逆境中磨炼了他，时代造就了他。他脚踏实地、辛勤耕耘，勇敢地一步一步往前走，走出人生的滋味，走出生命的力度，走出艺术的最高境界，睿智地站在书艺的高地上去俯览和发展书法艺术。为中国书法历史谱写了新的一页，为创造和发展新的书法体系做出了重要的贡献。曾景充无愧于历史，无愧于社会，无愧于时代。

叁 集体回忆《喀秋莎》

2006年5月，广州市文史馆组织文史馆成员到俄罗斯参观旅游。

如今的俄罗斯及苏联和中国都有密切的联系。20世纪50年代初，中苏为兄弟友好邻邦，那个时代，曾景充他们这一代人所读的外国文学作品，都是屠格涅夫、托尔斯泰、普希金、高尔基等人的小说、散文和诗歌，青年时代的景充更是把能找到的马列选集读完。

父亲念高中时正是新中国成立初期，中国处在与苏联老大哥的“蜜月期”，人们喜欢听苏联的歌曲，《红梅花开》、《喀秋莎》、《太阳落山》、《山楂树》等。

曾景充早期的绘画，深受俄罗斯绘画巨匠、现实主义油画家列宾的影响。列宾的油画表现了当时人们的贫穷苦难及对美好生活的渴望。父亲把列宾的油画技巧融入他的水彩画中，创作出大量以工厂为题材的具有生活气息和生命力度的水彩、水粉画，并分别获得了全国工人美展和青年美展的二等奖。

这次广州市文史馆组织文史馆员到俄罗斯参观旅游，父亲的心情激动万分。半个多世纪过去了，他已是70多岁古稀之年的老人，在有生之年，能带上青少年时期的美好回忆亲临其境，令他有一种美妙的遐想。他带着一腔怀旧的深情，畅快地游览了俄罗斯诸多胜地。

几天里，他们参观了见证俄罗斯历史的红场，象征历代统治者权力核心的克里姆林宫，典型的俄式建筑如莫斯科最耀眼色彩斑斓的洋葱形圆顶尖塔教堂圣瓦西里大教堂，展示俄罗斯石器时代至21世纪为止藏品的世界上四大博物馆之一的国立历史博物馆，典型欧式风格的圣彼得堡，外观以黄色为基调、搭配红色线条的国安会大楼，十月革命广场，凯旋门，皇家花园，沙皇的行宫——夏宫，等等。

他们参加游船活动，观赏芭蕾舞、音乐会和民间的舞蹈表演，回味俄罗斯经典之作——《莫斯科郊外的晚上》、《喀秋莎》等，尽情地欢乐，唱歌，跳舞。景充觉得自己就像回到了青年时代，感受着当年那纯真的欢乐。

一群演员穿着民族服饰表演，领口、袖口、裙摆都装饰着美丽的刺绣、蕾丝、绲边式珠串，其中一名演员献上一段精湛的舞技后，将一条印花大围巾系在景充的脖子上，把他拉上舞台装饰成一位节日喜庆的舞伴。景充随着轻快欢乐的音乐起舞，并引领着大家的情绪做些搞笑的游戏或神情，把演出引上最高潮，大家都发出哈哈大笑。景充在人们捧腹大笑中翩翩起舞。虽然他年事已高，但仍表现出未泯的童心。

在回程的飞机上，景充心情久久不能平静。大家都已玩累，休息睡觉了，但他凝视窗外，观看日出，不禁兴致盎然，构想了一篇妙文，以激动的心情写下了一篇《巡天观日话奇观》的散文，以记录此刻的快乐。

巡天观日话奇观

旅游观日出，本是寻常事，然而在莫斯科飞乌鲁木齐的高空日出奇遇，作为旅游经历不很多但也不算少的我，还是生平幸遇的第一次。当时，众人皆睡我独醒，隔座一老汉怕曙光刺眼，忙以布蒙头，生怕干扰他沉睡的好梦。而我翘首东方，领略的不是江上清风，也不是山间明月，而是分分秒秒的宇宙的神奇变幻，此文所述，也应是我个人享受的专利吧。

西北的上空，似乎特别辽阔无垠，接近天亮前一刻，不早也不迟，在机座上一觉醒来，正是红运当头，远眺横亘东方天际延绵着一道暗红色的曙光，这环宇的光带上有一个亮点在滚滚灼动、在膨胀，我意识到太阳即将在此诞生。

果然，富有弹性的膨胀口渐然张大，金灿灿的光轮在沸腾的火焰中冉冉跳动，小半、一半、大半、全个，跃出来了，终于冲破沉睡的夜空喷薄而出，为宇宙放射着源源不灭的光明。

造物之主——太阳，法力无边，以天为幕，以层云为配角，播演着一幕幕雄奇的天象，散落人寰。

序幕拉开，金色的波涛以倒海翻江之势汹涌澎湃，席卷而来，我们乘坐的客机，顿时成了冲击金浪的飞翼船。

霎时，又眼前万马奔腾，竞相冲刺，仿佛嘶嘶有声，时又龙飞凤舞，自由恣肆翱翔。

顷刻，又换成阴阳分明的戈壁大漠，金色沙丘，万里无涯。一会儿，霞光又照出良田金穗，万顷丰收。

转眼间，霞光略褪，剩下满天白银，慷慨地洒落苍穹，又恍如皑皑棉絮温暖人间，堆满天边。

迷蒙来不及苏醒的倦眼中，却疑见海市蜃楼，青海天湖，大峡深谷，奇峰夏云……瞬息万变，目不暇接。

不知不觉，铁翼南飞，时过境迁，万变归于混茫，满天雾气滚滚升腾，太空尽入混沌苍茫之境，什么也隐没了，朦胧昏暗，尽在不言中，诡秘的太空降下了虚玄的帷幕，零就是万象，万象等于零。

呵！“此曲只应天上有，人间那得几回闻”，太阳每天都是新的，明天，后天，无穷的岁月，美景常新，我一介凡夫，也许无缘再有如此壮丽神奇的巧遇吧！但我永远期待着。

注：莫斯科及其邻近的天气，有如男人的心，女人的脸，说变就变，加上当天白色的云层格外厚而密，风也颇大，造成天时、天利、天和的高度巧合，才有条件现出变幻如斯的丰富场景，飞机在移动，气候也万变，所历璀璨一刻之后，顿化为朦胧混沌，令人百般寻思回味。

2006年6月3日下午于机舱上　曾景充

肆　真如传后学　春雨润繁枝

曾景充不仅是技艺精湛成绩显著的著名书法家，更是一位卓有成效的著名书法教育家，这是书法界、教育界一致认同、赞誉的。他半个世纪以来坚持不懈地致力于教育事业，早在20世纪60年代就从事过“少年之家”的书画辅导工作，其后又在书法尖子精英里辅导培养过冯维纲、李妮、叶仲晃等一批少年书法尖子。

他深切知道书法作为一种事业，人才是第一位的，而人才之孕育在于教育，即所谓以人为本，否则任何组织哪怕是千万人组合也是乌合之众，无“实战”能力的一群。因此，为继承和发展祖国的书法传统艺术，为了培养书法人才，父亲早就知难而进从事书艺教学。本来他的喜好首先在书法研究和创作，但他带上极大的敬业精神和献身勇气从事书法教学工作，青年时就从事少年书法教学，其后投入青年书法组织和教学，在市中心广州市青年文化宫首创书法橱窗，影响极大。由于天时地利人和，更加上他出色的书法教育方法，带动不少青年学习书法和从事书法教育工作。他曾三次上书市政府，最终组建缔造了广州市青年书法协会，培养了今天不少书艺骨干。

1983年，父亲在市政协筹组和创办了第一个书法研究班，伴随着办学，教学相长，景充的书艺也不断进步，在社会上影响越来越大。接着，岭海老人大学，中国书画函授大学，广州师范学院书法培训中心，广州书画学院以及省市各大企业的书法组织，相继聘任他作书法主要教席。他在长期的书法教学中，摸索出丰富的可供广大书法爱好者学习的书法艺术规律及行之有效的学习方法和指导思想，如《行书要法》，《五体临池指要》等都是其代表著作，提出了一些实用方法如“拆解法”、“意临法”、“移影法”、“草稿法”，等等。

然而，随着教学的深入，普及性和一般性的教学方法，已满足不了他个人对书法事业的追求，终于在20世纪90年代，由他倡议和主持，广州书画学院在大专班的基础上，创办了书法研修班。拥有一个较高层次的书法研修班，他心情除激动、欣喜之外，还有满脑子的盘算和设想。他将自己的新型教学方法推广开来，用于较高层次的书艺教学班。他参照北方兄弟院校书法专业的教学内容，亲订教学大纲，内容包括书法史、书法美学、书法创作和理论等，这在广州书坛的教学内容上是新的突破，突破了广东历来书塾式的师徒传递的形式和内容，把原来教学的授徒方法上升到学科建设的高等教学形式，并凭着近50年的书法实践经验，亲自执教，因而教学效果良好，由一个班发展为两个班。

这些继承传统、又开拓创新的艺术思想，通过教学影响与培养了一批又一批各层次素质较高的人才。这种教学模式，既有实践，又有理论，填补了广东地区书法教学上的空白。景充又向每届新学员提出“人生书法年”（指参加书法研修班的一年制学习）的学习口号，借以最大限度地调动教和学的积极性。从1993年开始，研修班一直坚持至2007年共14届。

认识曾景充的人都会同意，他对书法事业充满无穷的热力和生机，再加上他睿智、努力，使他能站到一个更开阔的位置俯览人生，继承和发展书法事业。一位行家说：“曾老师创办的研修班，用一己之力实践高质量的书法教学，为广东书坛培养优秀的人才，直到晚年还坚持不懈，展现出这么大的光芒很不容易，成就了自己，照亮了别人，是我们的光辉典范。”他敬业的精神为他的书法事业的发展增加了无穷的活力。

书法研修班的教学质量在广东地区层次最高，它的成功，为书法在岭南的发展繁荣做出了贡献，成为有鲜明特色、不因循守旧的培养优秀书法人才的摇篮。受教于他的学生毕业后无不心存感激，认为遇到曾老师是探艺途中的幸运。

有一位学生在总结时写道："我从曾老师学书三年，从一个单纯的书法爱好者、门外汉开始进入书法堂奥。通过一位优秀的老师，你能真正深入地了解一门艺术的博大精深，会深深地敬仰那些卓越的艺术大师的辉煌创造力，会懂得书法艺术对一个人意志的磨炼，对心灵的砥砺与塑造，对生命状态的提升。所谓薪火相传，如果没有优秀老师的生命去投入，去塑造书法艺术的学科品质，去带动感染更多的学子，就不会有书法艺术的灿烂辉煌与恒久生命力。在此，我深深地感谢曾景充老师！"

有多名研修班学生结业后即当上该学院的书法教师。在广州市第四届群众书法大赛展览总评活动中，研修班五人获一等奖（杨念池、刘广超、梁伟超、麦永辉、李力楠），而这五人全部都是曾景充亲自指导学习的学生。事后，景充发表感言："心情大慰，欣然不已，比自己获奖还更有意义，更为喜悦。"至于全国、省、市书协会员，研修班弟子更是为数众多。

可以说，曾景充桃李满天下，是当时岭南书艺教育的一面不倒旗帜，占有举足轻重的地位，被书法教育界和学生们称为最优秀，最有成绩的"书法金牌教师"，教学质量和声誉都甚高，他撑起了广东书坛教育的半边天。这正是曾景充几十年来的一片赤子之心，为了岭南书法事业能后继有人，出人才、出精品而苦心经营的成果。为此，他获得了2000年中国书画函授大学全国先进教育工作者奖。

在成绩面前继续进取，是曾景充一贯的作风，也是他从不放弃的责任感。他说："成功之日，就是新起奋进之时。"研修班每届学员毕业举办书法展览，景充心情都满怀激动与欣喜，他欣英才之辈出，喜办学之有成，他感慨地为研修班赋写《研修铭》，铭文以魏碑书写，借以激励学员们努力上进，凝聚集体的力量：

“书法琳琅，满座腾芳。砚池匀漾，毫挥双楫。循循善诱，虹吐蚕声。鹏举蝶化，天道酬勤。升堂入室，志气凌云。切磋高迈，汇古通今。荟萃一堂，传真授艺。石镜涵光，苦练深研。示法启明，常新观念。米帖鹅经，心正笔正。桃李成群，明烛辉映。学府铭箴，弘扬国艺。不分寒暑，较短论长。艺海泛舟，楮笺盈帙。银钩铁画，用宏取精。力学艰辛，存道求真。英才敬业，化雨甘霖。承先启后，黾勉同心。”

他还创作了一首诗：“书坛磨砺苦不辞，南帖北碑觅我师。参得真如传后学，愿为春雨润繁枝。”

曾景充年轻时特别喜欢读散文诗，在一本精美的日记本上抄录了一些名人的诗句和散文诗，他在1987年出版的《曾景充钢笔书》中，也抄录了一些富有哲理的散文诗，其中有一首柯蓝的散文诗《落叶》：“秋天，树叶黄了，枯了，快要脱落了，枯黄的叶子离开了枝头，在风中飞舞着，它对世界还是如此的留恋……假如我是落叶，我愿意很快地落在地上，又很快地被雨水融化，然后又钻进又黑又香的泥土里，尽情地拥抱这些又大又小，又粗又细的树根，忠心地对它说：‘你快生长吧，生长出更多更绿的叶子，我把我自己全部献给你……”这些诗作，正吐露了景充从小树立为书法事业的发展而做出贡献的雄心壮志。

1998年11月28日，在广州书画学院院长及学院同仁的主持下，“曾景充老师书法教学研讨会”召开。会上气氛热烈，师生们共同回顾和总结了曾景充老师搏击艺海的超凡书艺和教学上显著的成果，同时对曾老师的人品也给予较高的评价。

大家一致认为：一个优秀的书法老师表现在他对书法这门艺术学科

卓越的认识能力、实践能力和表达传授能力三个方面，曾景充老师在这三个方面达到了很好的统一：

所谓认识能力，表现为对书法艺术所达到认识的广度和深度，就是博和专。一方面，曾老师对祖国源远流长的书法史上各种具有代表性的、不同审美风格的作品都有探研或涉猎，对其特色和创作规律烂熟胸中，另一方面，曾老师善于从姐妹艺术中吸取营养，其兼通美术及鉴赏的丰富经验令其具备更为开阔的审美眼光，更敏锐的创新意识；深度在于对某些特别杰出的艺术大师作品的透彻解析与深刻理解，并能对其作出富于个性的创造性发挥。例如曾老师对沈曾植艰深作品的成功解读与纯熟把握，已是岭南人士所共知。

在实践能力方面，曾老师通过自身几十年的不倦探索、运用与追求，将其认识到的艺术规律自觉地运用于自己的实践创作，其作品达到了足以折服人心的示范效果。《魏体千字文》、《曾景充行书册》、《曾景充书法选》、《曾景充书法集》中的作品是其代表。对书艺追求也贯穿了他的整个艺术创作实践。

正是由于自身对书法艺术规律的纯熟把握，所以曾景充在表达传授能力方面可谓得心应手，他能迅速准确地抓住学生习作中突出的弱点，并用精辟的术语加以概括定义，其中又不乏生动幽默的比喻，触类旁通的启发，同时提出有效的解决方案，并示以正反两面的书写范例，强化学生对问题的理解。因此在长期的教学中，不仅节省了大量查对范本的时间，提高了教学效率，而且紧紧围绕艺术本质规律来引导学生，激发了学生的主观能动性，使他们不但逐渐掌握了艺术规律，提高了审美眼光，而且逐渐懂得自觉地运用这些规律来自诊，自我不断提高和突破。他以自己的教学魅力吸引了大批学生，他用谆谆的教学方法，激励着每一个爱好书法的人找到适合自己发展的书写方向和道路，对栽培后进书法家尽了心血，没有辜负前辈对他的期望。因而成绩卓著，桃李盈门，产生了很大的影响。

班主任冯仪屏、班长黄森民深有体会："曾老师不辞劳苦，坚持教学，谨守师道，诲人不倦，以乐育英才为己任，培养了大批书法人才，真是功不可没。"

学员罗益群用八个字来形容曾老师的书艺品德："全能、全才、高度负责。"

学员丁有德认为："在曾老师的精心指导下，每个学员每周都有进步，一周一个样，如章法贯气，纵横线条厚拙，清逸。"

学员刘南治认为："曾老师的教学功力和效率比现时的大学教授都要高，有真实的实践经验和长期的理论积累，是一位书艺水平很高的导师。"

学员们还认为：曾老师对任何书体都精，各体兼擅，融会贯通，在广东是先驱者、开创者、第一人。曾老师有强烈睿智的辩证审美能力，真是一位书法名医，有敏锐深刻的"诊断"能力，故教学效率高。他总能根据各人不同的特点，存在的问题，指引其向正确的方向走下去，而不会走歪路，这对学习书法的人来说是很重要的，这是他在教学中最令人怀念的，跟他学习过书法的人都会留下深刻的印象和美好的回忆。

为了把教学成果加以总结，为了宣传数十年如一日从事书法教育的好老师，学生们自发地筹集经费编印《曾景充师生书法选》及举行"曾景充师生书法展"。

1999年春天，由吴南生题鉴的"曾景充师生作品展"在广州隆重举行，盛况空前，硕果累累，出席的领导有：吴南生、关振东、陈永正、王琢、邓祖选、邹梦兆、何流端、蔡英时、杨苗青、赵亿不，等等。这次展览体现出曾景充在书艺上的一专多能及因人而异、融会贯通的独特教学方法，卓有成效地培养出不少具有相当水平和多种风格的书法人才，成就卓著。热烈而盛大的展览是由一路以来跟随着景充学习书法、

曾景充师生书法展

与景充亦师亦友的学生们极力促成举办的，并同时出版了《曾景充师生书法选》。

院长邬梦兆先生作诗祝贺：“书法国之粹，研修为发扬。满堂桃李盛，四壁溢书香。”

距离前一次“孜艺楼师生书法展”已过10年时间，景充万分感慨时光如矢，转瞬间时间就不知不觉过去了，他为孜艺楼能有这些出色的书法人才而自豪和骄傲。

父亲说：“书法就是我的生命，我为它奋斗了几十年，不想看到它的衰落，而书法的兴旺关键就是人才，所以即便拼了老命，我都要培养一批接班人。”那种超越生命以外的强烈责任感，正体现他伟大超脱的人生观。美国著名作家海明威有一句豪言壮语：“人生来就不是为了被打败的，人能够被毁灭，但是不能够被打败。”而曾景充这一生不也是百击不败勇往直前的强者吗？他对书法的发展、创造和书法教育做出的贡献，远远超出了常人所能企及的境界。

展览结束时，大家都有曲终人散的依依不舍，为能继续保持书道的情谊，在书艺研究和发展上继续前进，大家一致要求成立“曾景充书法研究会”，营造良好的学习研究气氛，为振兴书坛多做贡献。

值得一提的是，父亲对三个儿女从小严格要求练习书法，三人在书法上也有些成绩，作品多次参展及在报刊上发表。尤其是亦斌，一直坚持书画学习和创作，并在少年宫和一些小学任教，有所建树。

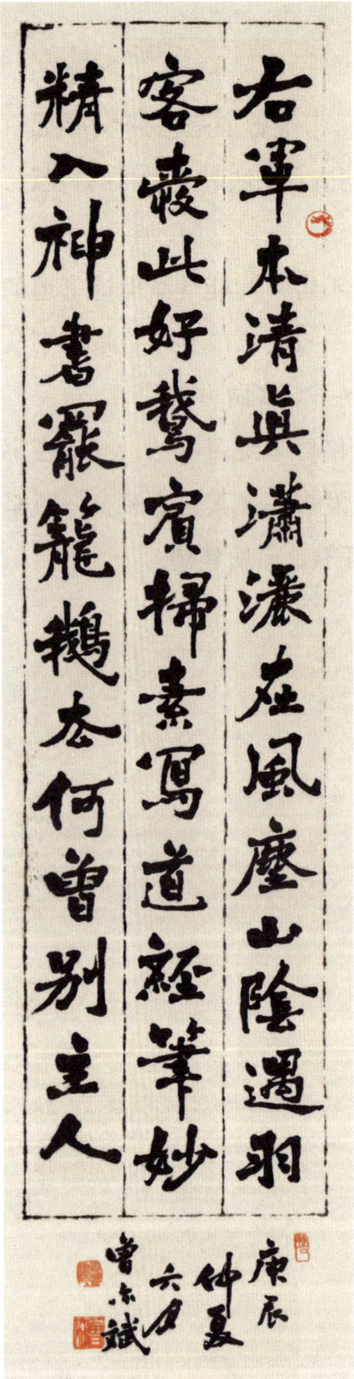

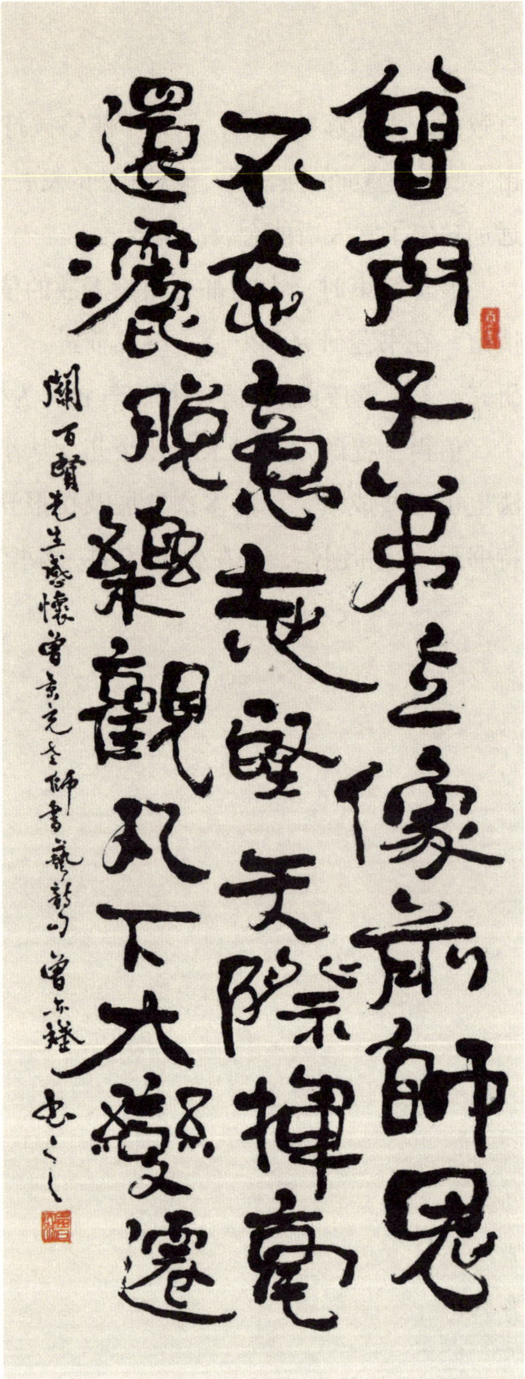

曾景充儿子曾亦斌书画作品一组

以上3幅作品是在学习父亲书法的基础上加以融汇，表现更笨拙和更有童趣的风格取向。——曾亦斌

伍　广东有个孜艺书社

70多岁的曾景充，锐气已收敛，返璞归真，只想专注于书法创作和培养人才。对于以他名字成立书法组织他并不赞成，他愿意低调实干，为多培养书法人才而尽心尽力，更上一层楼，植根于研修班这一“金字品牌”的成果，再经升华和提炼、扩展办成书法交流研修班，使毕业后的学员能够继续深造，达到多出人才、多出精品的目的。

2006年，这时的曾景充已70多岁了，早已超越退休年龄，但他却是退而不休，为了重振广东书坛，以热爱书法事业的雄心，还孜孜不倦地献身于书法教育，鞠躬尽瘁，一直坚持教学工作。鉴于曾景充活跃于书坛半世纪，德高望重，桃李满天下，书迹遍中华，为了拓展曾氏书学主张，学习和光大曾老师对书艺探索终生不懈的执着品格，弘扬和发展祖国书法艺术，为建设广东文化大省，培养岭南特色的书风而努力，一众书法精英们一再提议成立“曾景充书法学会”。但父亲再三思量，既要突出个人书艺主张，又要避免过于突出自己的名字，他说：“还是叫‘孜艺书社’吧！”

作为广东首个以个人斋号命名的书艺研究群众组织，“孜艺书社”在2006年7月23日成立。曾景充亲自确立并书写了“孜艺书社精神”：熔冶碑帖，北笔南意。深化传统，探研出新。涵泳多元，创意求精。同道鼓励，德艺双馨。书社得到了省市领导及省书协领导高度重视，当时的省书协主席具体审视了孜艺书社的章程和活动情况，赞叹说：“广东如

2006年孜艺书社首展曾景充与夫人、儿子、二女儿、二女婿合影

果有多几个这样的组织则学术空气和发展形势都大大不同了。”

孜艺书社的成立，是曾景充人生奋斗目标之一。从孜艺楼到孜艺书社，都凝聚着他毕生的精力和心血。成立之后，孜艺书社每年举办书法展览，出作品集，父亲都是亲力亲为，引导大家不断在创作上求新、求变。父亲还在《书法导报》发表文章《广东有个孜艺书社》，刊出他和社员的作品，整整四大版，扩大了书社在全国书法界的影响。2008年6月，病重时他还是十分关注孜艺书社，在医院里指导学员们的书艺创作，评点参展作品。

直到现在，孜艺书社秉承师训，继往开来，保持定期活动、每年办展览、出作品集的传统，用实际行动缅怀曾老师为书法事业的发展倾注全部心血、努力奋斗的一生。

曾景充的书法早已卓有建树，成就辉煌，然而他在艺术面前却永不停步。2008年在家里养病时，他作了一联“离尘净滤思新进，避扰澄心刷旧书”以自况，又写一副自励联“从头越，起宏图”，题款里还写道“多大成就也要从零开始，中国乒乓球队所以立于不败之地也”。住院期间，他每天阅读书法报纸，看过的报纸上面都会留下他的见解和心得，看到好的作品更是剪下来保存从中吸取养分。他说：“能够发现一篇佳作的快乐，不亚于自写一篇得意的作品。”

他热爱生命，珍惜生命中的每一分、每一秒。他许下了在书法道路上再创新再突破的心愿，可惜这个心愿终因健康因素半途而废，永远不能再实现了。但他能为自己热爱的书法事业奋斗终生，为弘扬中国书法做出了贡献，此生已无憾。他提出的诸多书法理论与观点，充实了自己，造就了他人，照亮了书坛，即无愧于此生矣！

陆 奋发余热 蜡炬成灰

2006年12月，香港中环一家大古董店老板邀请父亲去鉴赏其收藏的一批字画。父亲和母亲一同赴香港，并探望了在港的亲人和学生，当然还买了不少的字画、书籍、古玩。回来后没多久，父亲就常常干咳，声音嘶哑，见过医生说是慢性咽喉炎。他怕去医院排队等候看病，加上他整天忙着书艺的教学，认为自己一向身体好没问题，直到发烧不退才抽空去医院检查，却发现为肺结核病。医生说是肺病复发，必须住院观察治疗。

“怎么会肺病复发，你得过肺病吗？”母亲疑惑和心急地问父亲。这才知道38年前，1968年寒冷的冬天，“文革”期间，父亲被定性为“牛鬼蛇神”，关在工厂俱乐部的“大集中营”“牛棚”里得过肺病，经医治后放回家。那时正好母亲生完孩子坐月子，父亲也就没有提及此事。

直到现在，他由于患有糖尿病一直没有注意休息和严格控制饮食，过于忙碌，导致糖尿病并发肺病。母亲心痛地立刻制止父亲一切工作和社会活动，要求他积极进行治疗。经过半年的医治，肺病得以好转。其实这是暂时的好转，应该要继续休息，但他是个闲不住的人，又没日没夜地投入到书法教学工作了。

特别是2007年，当得知全国第九届书法篆刻展览在广东举办时，为了力争广东省能出更好的成绩和更多的书法人才，他不顾身体有病，应广东省书法家协会之邀请，坚持赴佛山、南海、中山等地为国展冲刺班授课，把毕生的教学方法和创作经验传授给学员。

在南海桃园酒店休息时，他心情兴奋地创作了两句诗，“桃源墨耕培丰实，国展腾飞驾五羊”，边款写“祝贺广东书协备战九届国展第三期冲刺班圆满成功”。另一对联写道“回旋九曲归瀚海，呼唤八方起墨龙”，边款写“冲刺九届国展有感”。

在中山石岐三天，草拟讲座教程，授课，点评学生作品，晚上一群学生跟着他提问题，到晚上12点才回酒店，太累了。

其后，父亲继续参与作品评点工作，评点深刻到位，学员无限感激。对不同地方的学员提出的问题他都认真解答，有些还写信一点一点地作出说明。学员们为他年过古稀又带病讲学的无私奉献精神所感动，有学员特别送药到家里。

“九展”开幕第一天，一群学员跟着他，听他解说评论指导直至中午12点多，他因疲劳过度而倒靠在椅上不能动弹了，被学生冯汉光发现才搀扶他去吃饭并送他回家。

那些用毅力、心血以至生命写成的讲稿提纲，时至今日仍有宝贵的价值。其中写了不少对学习书法非常有效的方法。为此，我们把它整理出来，供大家学习参考。从中更体现出曾景充为书法事业和书法教育无私奉献、德艺双馨的高尚情怀。

九届国展第三次冲刺班专题讲座

讲题：冲刺前的作品准备

写好书作，反映一个作者的长期综合素养，是毕生艺能反复锤炼的结果。月前冲刺时刻必须简明扼要，长话短说。不少人已有初稿或成稿，我这种讲话只能作参考或补助。

一、酝酿：①按自己的专长（情怀，内容，书体，大小，形式）考虑自己作品的雏形。②或翻阅全国第八届书作集（近期），受些启发，借鉴（局部或全部）。③古代经典的传统的名作的典型。（很可能是自己崇尚的范本、法帖）

二、构思：根据作品的雏形，进一步表现作品内容（包括自己的情怀，形而上的东西）和形式，篇章，结构，形式大小，书体，特别是个人的风格的确定。这里必须强调不跟时风，不追大流。但古今的优点和成功的因素是他山之石，广为吸取，融会贯通。否则个性不突出，千篇一律。只能是书匠、书奴，违反了艺术创作规律。也不用推测评委的口味，或追求与己不符的形式（如贪大、求色等）充分发挥自知之明，扬长避短，拿出自己最利的“一把刀”，把专长发挥得淋漓尽致，切勿智昏失算露短弃长。行行出状元，多元发展，百花争艳。

三、突破：国展要办得一届比一届好，人才要一届比一届高，作品要一届比一届精。基于这样就要：弘扬优点，克服缺点，做到：难能方才可贵，艺无止境。有三点要说明：

①突破自己：要不满足于已有的成绩（过去多大的成绩也要从零开始）

②突破今人：所谓今人就是同道，特别是写同一路字的人，要研究，找差别，找突破口，绝不要重复，抄袭。

③突破古人：古人经典传统要借鉴、吸收，不能忽视。不能像就算，这一类字，怎样才算最好要从严鉴赏角度，要做有心人，就会敏感，吸收可取的东西（最后要突破，或在某一点上突破，突出个性）。但不能像对偶像那样崇拜到五体投地。只有崇拜而没有批判地吸收，历史就停滞了，不能要这种奴性。须知我们有利的条件，有豪情壮志，我们是创造性的民族，必须做历史的推动者。笔墨当随时代，在我们当中要产生豪杰大师！

四、易稿：我们不能要名士派头，既要重视，又要藐视（以后讲法与意）。为了千锤百炼，多快好省出精品，必须四易其稿。不要说它笨，它可节省大量纸笔墨。

1. 小稿（橡皮，铅笔，按比例缩小）

2. 初稿（劣宣，旧布纸，糨糊，剪刀，白粉作修改）

3. 定稿（较完善的能品）

4. 作品（天人合一、熟能生巧的神品）

几个关系：

一、旧与新。从临摹传统来必然是旧的，但入而后出，再加上三个渠道（①古今融会贯通②发扬主体，审美，个性③结合时代风尚，形式气质内容）必然出现新的亦即时代气息。

二、法与意。艺高人胆大，遵法必滞，写意乃生，要法但不要死；要意但不要怪；要以法作为坚实后盾，但又要以平常心，自由自在，天人合一出神品。

三、形与质。形式美愈来愈重要，但它代替不了全体，人的本质、自己的功力、素养、情怀，还是本质，作品要硬邦邦地表现自己的本质。

四、成与败。入选得奖是成功是好事，落选是坏事，但坏事可以变好事，失败乃成功之母，不可能每个人都入选拿奖，但国展是弘扬书法，推广书法，不看成败，志在参与，过程就是最佳的磨炼，最好的动力，弘扬书法事业靠我们全体，包括落选者，成败当中有经验、有教训都值得总结。

五、正与斜。按国展的目的意义来办，对每个人都是好事（包括成与败），照办则有大收获，相反走邪门歪道，放弃了正道，浪费了时光、精力、钱财，去盲目追求不光彩的目的，这是不必要的，是愚蠢的。况且评选是公正、严明的，评委来自全国各地的代表。

六、好与精。大家的来稿都是好的，尽了大力的，但为了弘扬国艺，推进书艺，精益求精必须殚精竭虑，以无比的坚强沉毅（这是从艺的优秀品质），达到熟能生巧，还要熟后生，要精益求精出精品，为国、为地方、为本人争光。这就必须千锤百炼，毫不满足（举例）。还有一个月就要规划创作好日程（四易其稿的日程），这当中还要听取意见，还要及时补课，化不利为有利（举例），极度发挥，写出无愧于时代、有突破性的佳作，迎接我们的九届国展，谢谢！

曾景充

2007年8月5日

以佳绩迎接九届书法国展

我们的国展，一定要一届比一届好，这样才合乎事物发展的规律，况且在我们广东举办，可说是天时、地利、人和，完全有条件实现我们的目的。今天，我以七五高龄，带病之身（医生和家人都反对讲课，但我一意孤行），以书法的热爱者，带着比天气更热的热情，主动同大家一起研究参展的事情。全国书界都动起来了，我怎能等闲视之？我似乎有一种使命感和责任心，为九届书展献些绵力。

讲题是：怎样写好一件书法作品。

写好书作，是一个作者的综合素养，毕生艺能和反复锤炼，目前冲刺时刻，只有简明扼要，长话短说。我提倡“三不”“四要”。

三不：

①不热衷跟风。“风”是人为的（主观），也是非人为的（客观），有人扇风有人追风，这都违反艺术创造的规律。因为参照好东西作为他山之石可以攻玉，但艺术创作是反对千篇一律，反对埋没个性，反对不讲创意追求的，而追风是讨好，是媚态，是懒汉所为，是艺坛的污染，是从艺的失败。

②不随大流。所谓“时兴”、“时髦”或获奖之秘，当然时兴，

获奖就是有它的优势的，但人云亦云，不从自己实际出发，这是最失算的。比如搞些形式美，搞些展览效应，这对提高感染力是有帮助的，离开形式美，艺术也差劲些。但这是表面的，而更实质根本的一面就是功力、才情、底蕴这一类东西，是每个作者的本体。比如，有些人擅写小字，但展览大字才够威风所以就求大，但单单求大是纸老虎；又如有些人能写几种体，但揣摩评委的喜好或时之所兴，就放弃自己专长的书体，屈就某种"得食"的书体，这又是不智。须知行行出状元，只有在自己"最利一把刀"上做文章，如小字可在形式上搞几块以扩大之，大字亦可缩小之，行行可出状元，要扬长避短，要内容和形式一致，要把所长发挥到淋漓尽致，不要智昏盲动！

③不走邪门。展览前夕，就拉关系，攀高门，走后门拉票数，这是歪道，行不通的。我们的评委来自全国，是公正严明的，把精力放在非艺术的门道上是错误的。在这宝贵的冲刺时光，不去练功，不去锤炼创作，而希侥幸得逞终必失算。况且举办全国大展，不单是为了入展获奖，而是为了推动书法发展，通过九届国展，调动大家积极参与书法活动，练真功夫，才能在书法大道上行得更远！

四要：

①要有自知之明。要深知自己所长，必须扬长避短，从选择内容到处理形式，自己究竟是属于阳刚美、阴柔美还是中性美，是拿手小字中字或大字，最擅长哪种书体，这就要以内容适应之。因为创作的天地是广阔任选的，必须结合自己的特点来构思，可先有一个轮廓，雏形再翻阅书法选集做参考（如八届国展选集等）。

②要重根本。形式感，不错字，这些手把眼见功夫是要讲的，但根本在于功力，才情，磨炼实质，也是作者的本质（其实评选也是以此为准则），切勿舍本求末。这是特别根本的艺术规律，要强调自己的个性风貌，要入而能出，融会贯通要创造要出新，并加入现在的因素风尚，

即时代精神。如果及时发现自己有哪些方面不足，就要加班补课，通过坚毅刻苦化不利为有利（举例“走之”、“竖笔”，终身受益），这才叫冲刺！拼搏！

③要坚强沉毅。这是从艺的优秀品质，目标、构思既定，就要尽最大努力不虚度时光去安排实现自己的创作日程。什么时候完成什么（构思、补课、定稿之类），我按自己创作和教学经验提出一稿二稿三稿或叫小稿、初稿、定稿进行创作，这是明智的、可行的，既节省时间材料，又快见效。必须千锤百炼，达至理想，成稿通过反复鉴赏、检验，才能交稿。

④要有平常心，有紧迫感，但不能浮躁，不能急于求成，虽然有了一、二、三稿，有了一定的法式，但不能因此而形成条条框框束缚发挥，须知艺术是强调自然天籁，天人合一的。比如笔力，除了合乎法度追求力度而外，还讲笔气、讲韵味、讲天成，当然有准备有训练可以作为成功之后盾或准备的前奏，但发挥起来还是要自由自在的，熟能生巧的。

曾景充

2007年8月12日

柒 晚年大作 融通化境

位于广州中山七路的陈家祠广场乃是广州重点文化景观之一，2007年初，曾景充应邀为陈家祠广场牌坊题额及书写两侧《百年荔湾长联》，对联作者为诗人郭应新先生。这件大型石刻作品，是曾景充生平最具规模和最有水平之魏碑代表作，宏伟壮观，成为广州大型书法景观，吸引了广大观光游人。

2007年夏，在完成“九展”的讲学工作后，曾景充的身体又一次垮了下来，他生命的能量仿佛彻底耗尽了。

8月份，获悉中国书协楷书委员会提倡创作时代今楷的消息，曾景充虽身体不佳，但心情异常激动和兴奋。他在笔记里写道：“今楷之路上追汉隶之敦厚雄浑，立足魏碑坚刚奇峭，下达唐楷之英迈恢宏，赋予书艺之收放、动静、刚柔、藏露、断连及因字制形等形式美的辩证意趣，考究章法、格式、风格、境界，进行空间难度的突破，追求中华民族之伟大气派与时代主旋律的浩荡精神，催人振奋，神妙天成。”

他认真研究和领会楷书委员会的有关精神，回顾自身书法创作历程，以最大的激情响应这一号召，为打造今楷贡献一分力量。

他认为：“今楷必须以正大恢宏的气概去表现我们伟大民族的文明厚度和历史深度，同时应该把现代意识和传统法度巧妙结合。”

他以最擅长的魏碑和帖学相结合，又根据他自己提倡的“融通书法”的指导思想，进行晚年的书法创作。这种融通书法书写之路，上追章草汉魏的古雅、大器，下达今草的舒畅、洒脱。这些理念，是根据他的美学理想、客观环境的变化与时俱进而产生的，原先是帖底碑面，碑帖结合，后来见识深广了，研究要求也高了，就产生新的见解，把古今书坛上应该吸收的“养料”都吸纳为己所用，以适应较高的时代要求。

他特别指出：“融汇不等于夹杂，如何吸收、消化达于合度，这就靠较高的艺术修养去取舍、衡量，如果囿于门派，安稳保守，当然较省事，也较简易，那就千人一面，十年一面，那书法就没有发展的生命力，书法历史也无法推进，虽然力守了古法，但作为书法家也未有完成历史的责任和对历史负责的使命。”

曾景充自觉地肩负起对历史负责的使命，这足以表现他崇高的思想精神。他发扬一贯的书艺主张——熔冶碑帖，北笔南意，以数十年学书体会，贯彻融通书法的理念，积生平所学，以魏碑为主要的指导思想进行今楷创作，完成了《沁园春·雪》、岳飞《满江红》和《千字文》等具有今楷示范意义的作品。

曾景充的今楷创作，以数十年的磨砺为功底，经过无数次否定之否定的严谨探索，形成了属于自己的独特创作思想和个性。他指出：唐楷大多只具有楷书的基因，技法相对单一，唯有魏碑方能融汇篆隶，下启隋唐，包容性大而又别具新貌。故其从魏碑入手，加上自身美术和鉴藏审美素养，融会贯通创作出有异于前期风格的今楷作品，具有开创新路和富于启迪的意义。他深知新的一代学习楷书，亟须好的教材范本，如果因循原来的唐楷作样板，势必耽误时日，重蹈覆辙。他希望社会重视这一问题，把他所写的今楷教材推广，为弘扬中国书法尽一分力量。

曾景充的书法，前期主张“融冶碑帖，北笔南意”，把碑和帖巧妙运用并和谐统一，这既是他对书艺理想的追求也贯穿了他的整个艺术创作实践；后期则是主张“融通书法”的理念，是多种书体、风格的吸收，是自然意态的融注，是多种艺术的自然渗透。他用多种书体并存，多种艺术表现手法融合，使书法创作形式更加完美，内涵更加丰富，从而创造出具有时代气派的书艺作品；晚期的作品，则多从汉简中吸取笔法，用笔带古隶之意。

2007年夏天，他写了一幅“不惜以今日的我挑战昨日的我”的作品，说明他已经超脱了自我的框架，进入更高的创作境界，这包含了超越一甲子寒暑努力的成果。

2008年，在患病期间，父亲先后多次入住医院治疗，生病日久，使他少了许多往日的活力和干练。但他却以惊人的意志，在病床上利用药费单的空白背面，写满大大小小的铅笔书法小稿反复修改完善，等到疗程间歇，放假回家，便分秒必争，废寝忘食地写成书法作品，每每太劳累而违反医嘱及疗养规定，遭到家人反对。60多岁的主治梁医生说：“从未见过如此勤奋努力的病人！”

他就是要只争朝夕完成心中热爱的书法创作，他决心要还人生的心愿——即在有生之年，为人间留下自己一生中最好的书法作品，并且是不同类型、不同书体、多种面貌的作品。

此时奋力写出的作品包括岳飞《满江红》、《岳阳楼记》、今楷及草书《千字文》、康南海论书诗、今楷示范稿诗词两首等，并新临瘗叟精品一批、重书魏碑十美、东坡词两首立轴、毛泽东词两首立轴等具有标杆示范意义的作品。

另外，他以各种不同的书体写成毛泽东诗词37首长卷、精临王羲之草书《十七帖今写》、草书《沁园春·雪》并小记、漫临《中岳嵩高灵庙碑》并小记、广州市书法名家作品选系列之《曾景充作品选集》中的大部分作品、袁枚《小仓山房文集》诗句、徐天池（徐渭）诗、《三国演义》开篇词等。

各种不同的书法作品，展现了多元化、个性化风格的创造，体现出精神与形式的完美结合。表现了自我，也超越了自我，表现出天人合

今楷《千字文》局部

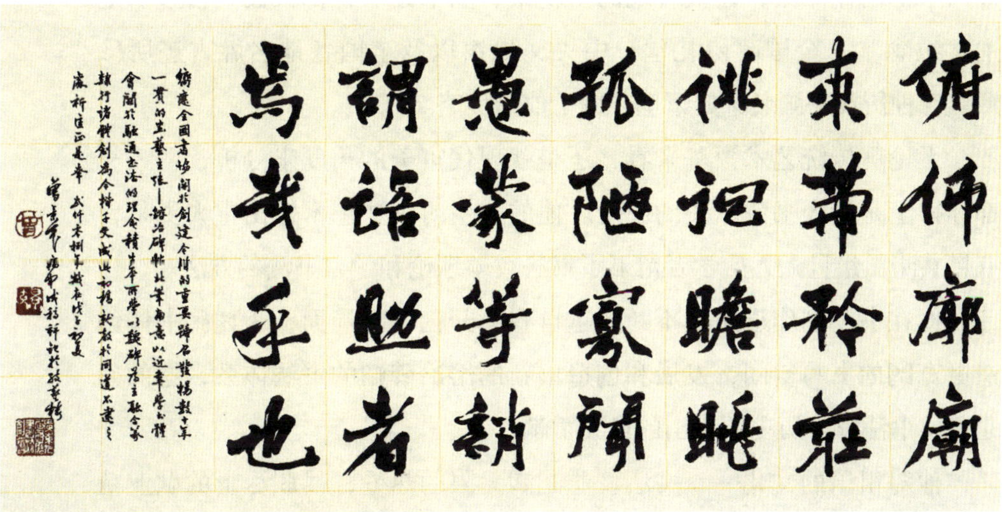

一、人类只是渺小的过客的观念。他生命中的全部力量和血液，统统都倾注流进他的书法字里行间去了。在他看来，生命的流逝不舍昼夜，纵有千手也无法挽留，唯有不朽的艺术永留千古。

丘仕坤和魏锦光合作，发表在2008年6月18日《书法导报》中的文章写道："看到这些真正是呕心沥血的作品，不仅被这位把生命置之度外的书法老人的创作精神和历史责任感所深深打动，同时更为这些气韵生动、刚健雄强的作品拍手叫好，这批作品，以魏碑为主，兼有篆、隶、行、草笔意，与碑刻的刀味拉开距离，又不失金石气象，结体上变化多姿，尽收放动静之能事，极富美感，章法上通篇大小、轻重、干湿对比和谐，映带呼应层出不穷，初看引人入胜，久观耐读可品，可以说是曾景充极具时代气息的全新创作。"评点深刻到位。

晚年最后时光中所作的这些作品，凝结着曾景充对书法探索的全部心血，体现他一生对书法艺术的无限热爱和执着的追求。他在艺名正盛、如日中天的书艺高峰上，还在不断地求新，求变，求表现，让他惊世大笔下的书艺多在人间留下更多足以传世的书法精品。这些作品不仅编入了他的作品集，还被各地的博物馆、图书馆、首都人民大会堂、毛主席纪念堂、全国政协礼堂、中央文史馆以及全国各地名胜古迹所珍藏，各种历代书画名家典籍也收编了他的传略。

无论就传统艺术根基来看，还是就现代审美的角度来分析，曾景充都称得上是当今书法家中的翘楚。他的一生对书法艺术做出重大贡献，有目共睹，给世人、后学者留下了书法教学理论和学习书法的方法。

他在书艺创作道路上不断超越自我，开创了新局面，为魏碑书体创造更宽阔的书写空间，发展和创造出新的熔冶碑帖的书法体系，这的确是一位书法家为历史所做出的最大贡献。

他对祖国的文化——书法事业充满无限的热爱，尽职尽责的敬业精神与坚强追求的毅力，把一生的精力献给书法事业，奋斗到最后一刻，

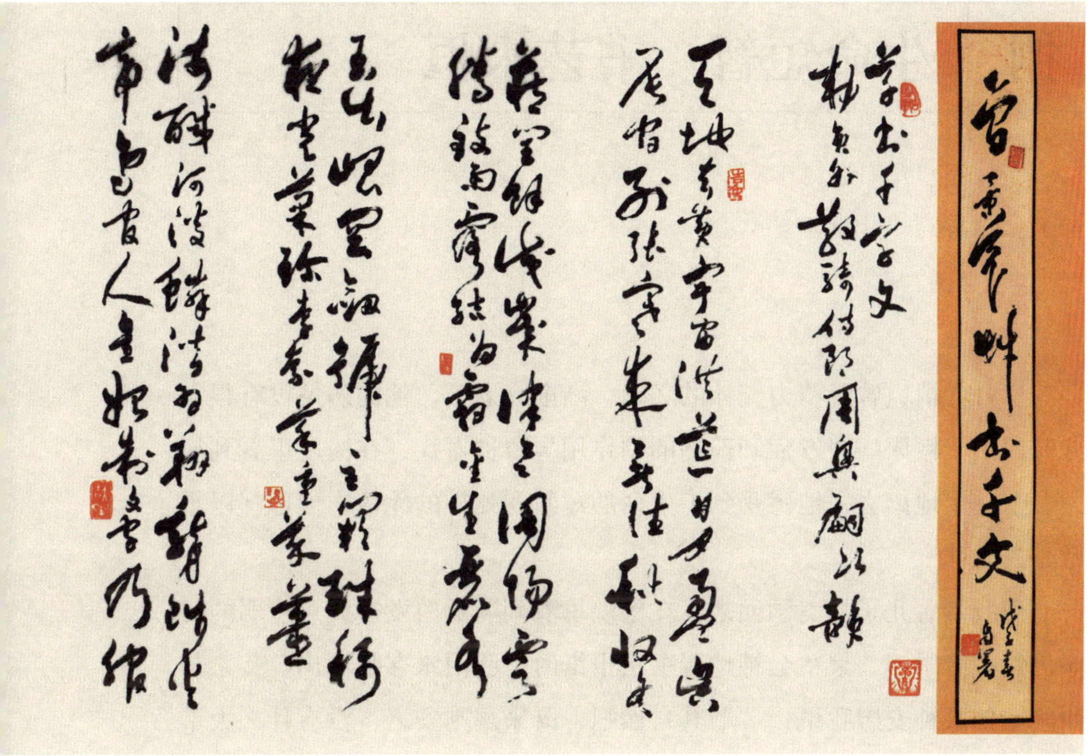

草书千字文局部

他堪为楷模，堪称岭南书坛一代宗师，中国当代书艺之巨擘，其盛名得来确非侥幸，确是当之无愧，实至名归，他的书法艺术一定会流芳百世，让历史再作公论。

捌 生命短暂 书艺永恒

岁月无情，曾经精力充沛的父亲，渐渐衰老了。他的病情没有很大好转。由于糖尿病并发症和药物的副作用导致贫血症，在医院里看到病人一个一个地离去，他感受到了生命的短暂和死神的无情，但他却以平常心去面对。

当我带着儿子从美国回来，在医院里看到满头白发、疲惫瘦弱的父亲仍然戴着眼镜，聚精会神地看书法报纸时，我泪水夺眶而出。父亲却用坚定的眼神安慰我说："顺其自然吧，既来之则安之，没有什么大不了的事情，该要做什么事去做就好了。"我被父亲那种淡定生死、从容笔耕的学者精神感动。

他拉着外孙儿日昇的手，告诉他人生的哲理，从小要树立正直向上、勤奋好学的品行，不要玩物丧志（指不要沉迷电脑游戏），又讲了两个小故事去引导启发日昇。公公的面上一副稚气的神貌，俨然返老还童。津津有味的小故事大道理，让13岁的日昇永记心上。他亲眼看见患病的公公在医院的病床上还努力认真看书学习，深受感动。后来，公公用他的名字作了一副对联书写赠给他以勉励、留念："日新其思无执着，昇华所学有追求"。这副对联对日昇日后的成长影响深远，让他铭刻于心。公公仙逝后，日昇用英文写了一篇怀念的文章来纪念他敬爱的公公。

2008年夏天，父亲看完北京奥运会后心情兴奋，特别看到开幕礼上首先用中国的书法来代表最高的艺术境界，更是激动万分。父亲希望体现中国独特文化艺术特征的书法，将来有一天也能像奥运会那样向全世界展示出来，作为中国的象征走向世界。

2008年秋冬，父亲撑着羸弱的身体，继续追求书艺创新突破，仍然充满激情和抱负，坚持创作，一批又一批的书艺作品仍不断面世。在病床上，他半坐半卧地指点学生们的书法作品。他对自己从事书法艺术几十年作了一次自我总结和部分回忆，写了文章《名人　真言　实事——曾景充在书坛的部分回忆》，发表在2008年11月26日的《书法导报》上，特别引人深思，感人励志。

2009年新年过后，父亲在病床上完成最后一校的《曾景充作品选》（第五集）。他知道自己来日无多了，在弥留之际他想到的是，怎么才能让用一辈子的心血和积蓄收藏的书画精品和大量的艺术书籍、艺术品，继续为书画艺术的发展做出贡献？他反复嘱咐家人，他所收藏的作品和书籍，应该在适当的时候用适当的方式贡献给社会，服务于人类。而所谓适当的方式，包括向一些文化单位或者博物馆捐献其书画书籍以及书画精品和藏品，向社会大众展出，供书画爱好者欣赏学习，其拳拳的爱国之心和对艺术的热爱之情溢于言表。

在最后的日子里，他经常用手指在肚皮上写写画画。他眷念着书画艺术，在睡梦中仍然思考和探索艺术的奥妙。他拉着母亲的手轻怕着说："谢谢你一生一世的陪伴，谢谢亲人、朋友、学生们的关怀照顾和亲切的探望。"他鼓励来探视的学生要勤学苦练。他回顾自己一生所走过的道路，无怨无悔，只恨时光如白驹过隙，不肯稍留。

"餐霞神采绝人烟，古今谁可称书仙。石门崖下摩遗碣，跨鹤骖鸾欲上天"，这是父亲生前写的一首康有为赞颂《石门颂》的诗篇，也是父亲生前发表在报纸上的最后一幅书法作品。2009年1月14日，父亲随着诗意变成书仙跨鹤骖鸾而去了。

父亲仙逝后，报纸登载了讣告。追悼会上，整个灵堂挂满了挽联和

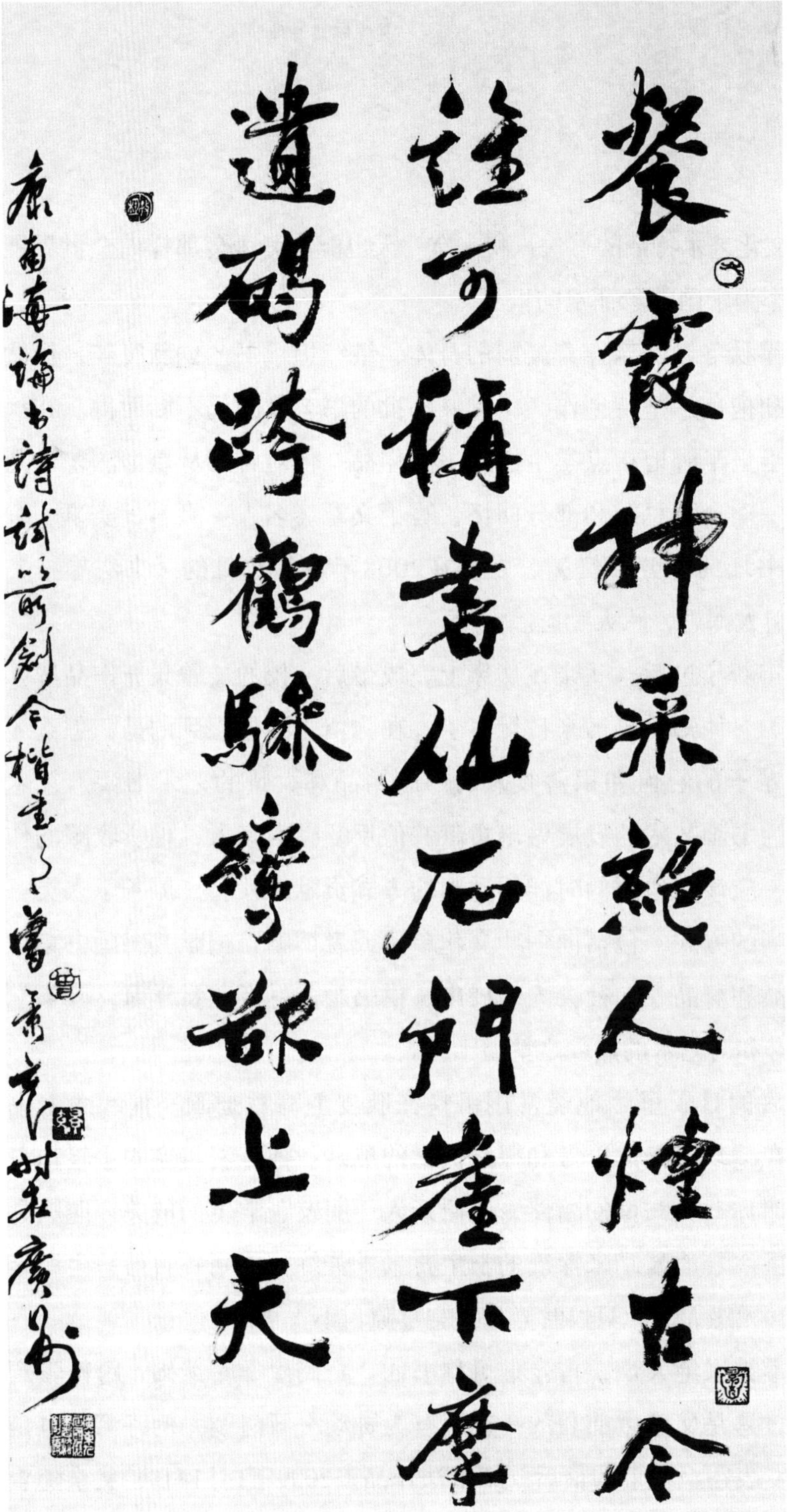

曾景充遗作《康有为诗》

以收藏、展示曾景充作品及珍藏为主的曾景充艺术馆

匾额，摆满了各界人士送来的花篮和花圈，表达了人们对岭南一代书法宗师的怀念和敬意。

父亲离开我们后，母亲化悲痛为力量，带领家人把父亲的珍贵遗物整理出来，并将部分珍贵的藏品捐献给广东省中山图书馆珍藏（第一批）。还把父亲的部分代表作捐献给了荔湾区档案馆。两年后，他的学生、二女婿魏锦光在广州越秀区华侨新村建成了“曾景充艺术馆”，作为对景充的永久纪念，供人们参观，并作为孜艺书社的活动基地，继往开来，让曾景充的孜艺精神发扬光大。

时光荏苒，斯人已逝，但父亲留给我们的精神和艺术遗产，却值得我们深入挖掘和思索。在探索中国书法发展的道路上，他的“熔冶碑帖、北笔南意”、“融通书法”的主张和理念，他的艺术实践的经验，他提出的诸多理论与观点，无疑给当下的书法艺术创作留下了宝贵的财富和无尽的启发。

附录一 曾景充大事年记

1932年，出生于广州市西关，祖籍广东高要。

1939年9月，入读广州市第十八小学。

1942年5月，荣获广州市辖（公立和私立）书法比赛冠军。

1945年7月，小学毕业。

1945年9月，入读广州市第一中学。

1950年4月，作为一个中学生代表，参加广州市首届学生代表大会。10月，成为学校的先锋队员，参加北上学习观光团。

1951年2月，在广州市第一中学毕业。

1951年3月，进入广州西村水泥厂工作。

1953年，被领导安排到厂职工业余学校当语文老师，加上能写会画，被工会吸收到宣传部门业余搞宣传栏的墙报工作。

1955年4月25日，《南方日报》刊登他的一幅漫画《在责任面前》。

1956年，水彩画《工厂在扩建》获得了全国首届工人美展二等奖，其后《煤场》获得全国青年首届美术展览二等奖。同年得到著名雕塑家潘鹤的推荐，成为广东省美术家协会首批会员。

1957年，反右运动之后，被下放到广州郊区的小洲村，同贫下中农“三同”。

1957年3月，作为广州足球工人队队员参加与苏联的火车头队在越秀山体育场进行的友谊赛和技术战略报告座谈会。20世纪的五六十年代，一直都是工厂的足球和乒乓球教练和队员。

1958年12月，与郭宝碧结为夫妻。

1959年和1960年，创作木炭水彩画《公社办工厂》和《钢帅升帐、煤官先行》，发表在《广州日报》上。

1960年，被厂选送广州市教师师范进修学院专修中文系，1963年以优异成绩毕业。

1961年，创作水彩画《沸腾的工厂》，发表在《羊城晚报》上。

1961年，广州文史夜学院成立，入读国画系，1964年毕业。

1965年，开始钻研各类碑帖，自制书法字典。

1970年—1975年间，重点编辑《隶锦》、《魏撷》、《草珍》三大系列的字例词典。

1975年11月，完成《寐叟探奥》一书的编撰。

1975年初，调入黄埔建港指挥部工作。

1976年10月，建港工程告一段落，被批准离开建港指挥部，分配到广州市青年文化宫宣传科工作，在地处繁华闹市北京路的青年文化宫开辟了一个书法橱窗，取名“挥毫”。

1978年9月，完成《行草结构与章法（初稿）》一书的编撰。

1980年9月28日，上午，在曾景充主持组织下，广州市青年书法协会在广州市青年文化宫成立，与秦咢生、李曲斋等前辈书家共7人担任顾问。

1981年，作品入选文化部组织的中国现代书法展，在日本、西德、分兰等地展出。

1982年，曾景充在海珠区开办书法研究班，连续办了4个学期（到1984年春）。同年秋季，又在员村工人文化宫开办书法学习班。

1983年，艺术大师刘海粟客次广州南湖宾馆，为曾景充题赠“美在斯”墨宝以表赞赏。

1983年4月—1985年7月，被调到广州市政协工作组办公室工作。

1984年6月10—29日，北上游历祖国的大好河山。

1984年9月，加入中国书法家协会成为会员。

1985年初，调到广州市工艺美术高级职业学校（前身广州市第110中学），担任专职书法教师，直至1993年退休。

1985年夏天，用了一个多月的时间与宝碧一起游历桂林、庐山、黄山等地。

1986年2月—1996年7月，在岭海老人大学担任书法导师，曾任书法系主任。

1986年5月，由广东高等教育出版社出版专著《行书要法》，印数6万册很快销售一空，1987年6月再推出修订加厚版《行书要法》第三次再版18万册，依然备受追捧。

1986年8月1日—9日，“曾景充书法及所藏书画展览”在广州市文化公园隆重举行。展出作品106幅及其所藏明清名家书画真迹近百幅。

1986年9月，被吸收为广州市人民政府文史研究馆馆员。

1987年2月，应香港中文大学中文系主任常宗豪教授邀请，前往该校作书艺讲学。被誉为“翻生沈寐叟”。

1987年4月—1991年8月，创办广州师范学院书法培训中心。

1987年5月下旬，开始为《广州日报》“书画艺术”栏目撰写《书坛拾萃》，把从古到今各种书体、流派、书家的代表作，用连载的方式撰文评点。被评为1988年度《广州日报》的最佳栏目一等奖。

1987年7月，在广州文化公园举行“孜艺楼师生书法展”，为广州市书法界首次师生联展。

1987年，广州市文联授予曾景充1982—1986年文学艺术创作首届红棉书法奖。

1988年端午节和1989年蛇年春节，先后为大型民间艺术活动和广东电视台与香港无线电视台联办的“羊城贺岁万家欢”迎春文艺晚会，即席作大型书法挥毫表演。

1988年9月，曾景充《魏体千字文》由广东旅游出版社出版。

1988年5月，书法作品获全国青少年第二届神龙大奖之“园丁”金奖。

1988年，获得广东省人民政府颁发从事教学25年证书。

1988龙年，创作多款书法大“龙”字，被《广州日报》和《羊城晚报》刊登。

1989年10月，与弟子魏锦光合著的《五体临池指要》由广东高等教育出版社出版。

1990年12月，《曾景充书法选》（第一集）由岭南美术出版社出版。

1991年9月，应日本一些书道团体邀请，“曾景充书道展”在日本东京池袋举办。

1991年11月，香港明天出版社出版曾景充著作《魏张猛龙碑书法入门》。

1992年3月，经香港回国途中，再次应香港中文大学邀请作书法演讲。

1992年6月，举办“访日归来书法展”。

1992年12月，广东省鲁迅文艺奖评选委员会授予曾景充第四届鲁迅文艺奖书法奖。

1993年，广州书画专修学院成立，曾景充任教授，一直担任高研班的主讲。

1996年11月，应邀赴美访问，在三藩市参加由美洲中华艺术研究会主办的“曾景充书艺欣赏会”。

1998年初，《曾景充书法集》（第二集）出版。

1998年4月，被广东省书法家协会委任为艺术委员会副主任。

1998年11月28日，“曾景充老师书法教学研讨会”召开。

1999年2月，由吴南生题鉴的“曾景充师生书法展”在广州图书馆隆重举行。

1999年春，随广州书法交流团赴湖南省永州，应邀为《永州日报》题写报名。

2000年，获中国书画函授大学“全国优秀教师奖”。

2001年10月，《曾景充书法选集》（第三集）由广州出版社出版。

2001年秋，《千字文——曾景充行书册》出版。

2003年3月，应中央文史馆的邀请，赴京参加六省市文史馆书画家精英联谊会，会上即席挥毫，完成雄健潇洒的《沁园春·雪》。10月28日，广州文史馆在逸品堂召开新闻发布会，展示曾景充即将寄出的应邀为人民大会堂创作的作品，各大媒体纷纷报道，成为广东书法界的一大盛事。

2004年11月30日，广东电视台专题报道——“著名书法家曾景充先生”。

2005年8月，带领广州书画学院高研班学员出游陕西，上华岳、访碑林。

2006年5月，随广州市文史馆赴俄罗斯参观旅游，作散文《巡天观日话奇观》。

2006年7月23日，以曾景充书斋号命名的“孜艺书社”成立，曾景充任社长，8月举行了孜艺书社首展。

2006年8月，与广州书画学院高研班学生到山东曲阜等地访碑林。

2007年初，应邀为陈家祠广场牌坊题额及书写《百年荔湾长联》。

2007年6月，《曾景充作品选》（第四集）由人民美术出版社出版。

2008年6月18日，丘仕坤和魏锦光合作的《盛世书法繁荣今楷应运而生》一文在《书法导报》发表，重点介绍了曾景充在今楷探索与创作方面的成就。

2008年11月26日，《书法导报》以两大版的篇幅介绍了曾景充的书法，其中刊登曾景充所写的《名人　真言　实事——曾景充在书坛的部分回忆》，对自己从事书法艺术几十年自我总结。

2009年1月，在病床完成最后一校的《广州书法名家系列——曾景充作品选》（第五集）由岭南美术出版社出版。

2009年1月14日，在广东省中医院病逝，终年77岁。

* 书画艺术大师刘海粟击掌赞扬曾景充的书法并说："现在世上只有两三人看懂你的书法，继承魏晋六朝书风，而对碑学弘扬发展，真不容易啊！"然后欣然为景充题赠"美在斯"的赞词。
* 我国著名古文学家商承祚用景充的名字赞写对联：墨歌笔舞新景象，转折顿停气充盈。
* 前广东省书法家协会主席秦咢生对景充的赞词：硬涩枯藤字，缤纷矫凤姿。孜孜论授受，致用见风仪。
* 广东省书法家协会常务理事李曲斋对老诗人梁俨然说：曾景充几十年研习书法，大有进展，功夫不凡，非时下人所能企及。
* 前广东省书法家协会主席陈景舒称曾景充精湛的各体书法是"江南第一人"。
* 香港国学大师饶宗颐早在景充尚在四十多岁时，与其互通书信，互赠书作，说曾景充是广东书坛的佼佼者、常青树。
* 香港中文大学教授常宗豪称景充是"现代翻生（再世）沈寐叟"。
* 曾历任香港各大报社总编辑的陈荆鸿赞景充的书法乃"当代大陆之翘楚，十分佩服，越看越想看，总有一股新鲜的意味"。
* 新加坡书法协会主席陈声桂说曾景充的书法是"书坛的模范。他的处女作《行书要法》的出版，填补了书法历史上行书理论的空白，实为一本很好的行书典范教材"。
* 日本书法大家大溪洗耳称赞曾景充："有道高手，书道天才。"
* 新日本书法院会长鸟居静秀称曾景充是"现代的杨守敬，把新时代的中国书法带来日本，其书法集历代书法大成之最"。
* 美国谭彼得教授称：曾景充的书法拓展了魏碑的书写空间，实为康有为之后，近百年来的第一人。
* 中国美术学院教授，美学评论家杨成寅评价：曾景充的作品线条很有分量，造型很美，险而稳，辩证统一，这样的书法很有雕塑感。
* 前衡阳市市长朱善猷认为：曾景充的行草书，有传统的根基，又有艺术的独创性，其代表作《沁园春·雪》是当今至臻至美的行草书，让人如痴如醉。真可称之为自古以来天下第四大行草书。

曾景充创作的部分对联

常怀远志，岂畏近难。（1974）
经纶有新语，事业无穷年。（1975）
临书得雅趣，观石悟神交。（1976）
虎跃龙腾，笔歌墨舞。（1977）
爱画有情常拜石，学书无日不临池。（1979）
勤功吾之阙，乐道彼之长。（1980）
红日照新程，金鸡传捷报。（1981）
峰引天连水，霞辉绿映江。（1982）
观书悟道，见贤思齐。（1983）
泰岱微观经石峪，铁山宏铸佛摩崖。（1984）
云根凝紫翠，笔底起波澜。（1986）
清宇振风翰，修途展骥足。（1987）
即所是乃是，不期然而然。
意旷心常逸，长乐寿自高。（1988）
寄怀江左，涵泳云峰。
纵横汉魏，睥睨晋唐。（1989）
愿为历史优选，不慕时俗浪名。（1990）
学养弥深功独苦，挥毫朗豁艺斯成。
流连心醉墨，梦觉笔生花。（1991）
字到熟时应带拙，书如好酒不宜甜。（1992）
有志得时则驾，无求随云可安。（1993）
云龙远飞驾，天马自行空。（1994）

解刀尚可谋黄犊，挥帖何由致白鹅。（1995）
芳草天涯无边缘，艺坛花发有别裁。（1996）
云鹤有奇翼，瑶竹无尘根。
承先岂袭旧，适我无非新。（1997）
未能一日寡过，悔不十年读书。（1998）
无碍清净慧，有道精气神。
笔墨当随时代，气格不让古人。（1999）
功名利禄浮云过，翰墨文章万古传。（2000）
天机自得，众妙所归。
心如铁石，气若风云。
志要高华，趣宜淡泊。（2001）
道统温醇东西晋，标奇浑璞南北朝。（2002）
耻与利名争纷扰，乐传艺道慰平生。
金钱不如道义，实学胜于浮名。（2003）
乐研至道惟书翰，喜结真情是雅缘。
取势求劲利，得韵致虚和。（2004）
无极高霄鹏展翅，有为大道马加鞭。（2005）
乘时宜大雅，入世寄高怀。（2006）
梦逐巧遇，心随翰墨。
离尘净虑思新进，避扰澄心刷旧书。（2007）
践世我如浮水石，怀才浑欲酱泥金。（2008）
常怀秋月朗，孜艺半生缘。

曾景充为单位题词或在报刊发表的书法

《科学文化报》：秦汉气派，盛唐抱负。

1993年《羊城晚报》：金鸡传捷报，江日照新程。

1981年8月30日《广州日报》：一堂情更好，两国笔生春。（中日联合书展）

1986年《广州日报》：金石寿，书画缘。俯仰天地，吞吐万千。（广州港务局，己亥金秋）

1984年《智力开发》杂志第四期：缺乏思考也不会有知识，缺乏知识就无法思考。

1987年《书法》第三期：荒岩踞虎豹，古壁画龙蛇。

2004年10月20日《南方日报》创刊55周年志庆：南方大业宏图展，日报新声号角扬。

广州博物馆：楚庭毓秀，岭海风华。莫道桑榆晚，为霞尚满天。

赠二沙头健儿：腾飞竞跃，为国争光。千淘万漉虽辛苦，吹尽狂沙始得金。

赠流溪河水电厂：流波激涌成光热，溪韵昂扬动乾坤。开张天岸马，奇逸人中龙。

2005年为梅庵题句：梅寒标哲蕊，庵静悟禅机。

京粤书法联展：京华文荟萃，粤秀笔纵横。万马奔腾开广道，五羊启泰满城春。

老人书画联展：乐艺延年。

西樵山白云洞三湖书院、三湖宾馆撰书：飞流万丈云外院，晓翠三湖境中林。

1995年秋，为山东泰山碑林的题刻：弘扬国艺，光耀千秋。泰岱微观经石峪，铁山宏铸佛摩崖。

2005年10月2日，为宁夏银川市西郊的西夏王陵国家级风景名胜区题字：东方金字塔。

2005年5月25日，西安石门，在西山胜景处题刻“聆瀑”、“聚龙”和“满襟风月，万顷文涛”。

附录二 日本少字数书法评价

曾景充 魏锦光

内容提要

- 少字数书法是注重古典传统的，是对传统的今日发现。
- 妙悟自然、注重材料、风格多变是少字数书法的特点。
- 顺应时代，提倡写心、创意、追求有意味的形式是少字数书法的价值所在。

一、何谓少字数书法

少字数书法（日语称“少字数书”），是二次大战后日本产生出来的现代书法的一大流派。少字数书法顾名思义是字数少，一般在一至四字之间，最多不过五字，而且一般是用汉字书写，很少用假名。由于“西化”的影响，传统的书法形式与现代建筑及其装饰越来越显得不相适应，加上日本新一代人中认识汉字和使用汉字的越来越少（印刷品上常见用假名代替汉字），因此传统的多字数汉字书法与社会的隔膜越来越深。而少字数书法的出现和发展，解决了书法形式与现代建筑的矛盾关系和多字数汉字书法深奥难懂的问题，为汉字书法的生存与发展找到了一条康庄大道。更重要的是，它把现代审美精神与传统书法精髓成功地融会贯通起来，使其更贴近市民生活，表现出特有的时代气息。因此，雅俗共赏的少字数书法迅速为社会所接受，走向千家万户。“把少字数书法的出现看作是日本文化史上的一个新纪元也是不为过的”。

二、少字数书法与传统的关系

作为日本现代书法的一种，少字数书法在我们很多人的心目中，也许是抽象、玄秘和难以理喻的，甚至有人会把它和前卫派书法混为一谈，因而它常常被误解为反传统的书法。其实，少字数书法在日本现代书法中是较注重古典传统的。不过，它对传统，“其做法并非只是学习、继承，而更多是通过对古典（法书）的比较分析，体会其传统精髓，把其中潜在的原理引发出来，从而自然而然地创造出全新的美”。因此，户田提山说：“少字数书是对传统的今日发现。”

《每日书道讲座：八、少字数书》的另一位作者林蕉园则耐人寻味地指出：“尽管忽视临摹也可以进行书法活动，但是，在现代却存在着这样的事实，做出更具创造性成果的人，正是对古典造诣深、见识高、表现力掌握得好的人。”基于这一认识，少字数书的作者大多重视临摹古典法书，并且也追求临摹的形似，但决不满足于形似，而是在原作中寻找灵感，启迪创作，力求在形似的基础上有新意。例如，小岛碧云创作的《云心月性》，是在临摹怀素小草千字文后，从法帖中选出这四个字来，认真体会原作精神，但创作时却摆脱拘束，一任自然、达到“全篇通畅、文字大小错落，沉着与轻妙巧妙交织，还留有余白之美及丰富的变化”的艺术效果。

重视古典传统，却不囿于古典传统。这种对待传统的积极态度，不能不说是少字数书法成功的重要因素之一。少字数书法的巨擘手岛右卿直至逝世前仍然不断地临摹古典作品。这是值得我们——特别是我们中的一些浮躁的“现代书法”作者——学习和深思的。

三、少字数书法的创作特点

1. 主张妙悟自然，激发创作冲动

少字数书派不仅善于从古典书法中寻找灵感，还主张走出书斋，与自然对话，从自然景物中妙悟、“感动”，捕捉灵感，激发创作冲动。他们认为，“整天吊在书斋里写字，人工的纸、人工的墨、人工的笔、书写人工作的诗文”是没有灵感的，而必须“走出野外，在那里见到天空、见到山、见到花木，也闻到风香。没有这种生活，题材也就枯竭”，“小小的花蕊，一片树叶的生命里，也可得到人世间相同的感觉。如果不是在自然里，题材的选择和灵魂深处的触动也不会活跃”。

妙悟自然，从中获得灵感，就能思如泉涌，下笔如有神。因此他们十分注重随时随地地捕捉一刹那的感觉，如在街头见到有意味的语句，脑际突然浮现的理想图景，苦思中涌出的词语，会议记录中偶然出现的铅笔字的美态……无不可成为创作的素材。手岛右卿的名作《崩坏》，就是作者从空袭炸弹带来崩溃倒塌的凄惨景象中得到启发而创作出来的。户田提山的《月》则是从广袤的天空上浮现出玲珑剔透的明月这种景象中获得的灵感，其格调绝非亦书亦画的俗品可比。西岛东观的《棹歌》则是读李白《越女词》“耶溪采莲女，见客棹歌回。笑入荷花去，佯羞不肯来”，从诗意中一展想象之翼，妙悟如笔端，得出轻快明朗的艺术效果。

2. 注重工具材料的选择，追求完美的艺术效果

少字数书法由于有较多的绘画因素，所以十分强调墨色效果。为了达到最理想的渗化效果、淡浓程度、和谐程度，就非常讲究笔、墨、纸、砚及文房四宝的选择使用，而且其选用的范围很广，古今中外兼而有之。

例如在笔方面，短峰、中锋、长峰、超长峰，软毫、硬毫、兼毫，日本产的“和笔”，中国产的“唐笔”均在其选择范围之内。而少字数

书法用的大笔则以日本和笔居多。而且其所用之笔往往不是随便买回来就用，而是在使用过程中不断向制造商反馈信息，“参与”研制，让制造商不断地按作者意思改进，使其性能达到使用者认为最理想为止。

少字数书法的用墨最为讲究。虽然现代市面流行用墨汁，但少字数书派仍认为其质地欠佳，故偏爱磨墨。而对墨的选择有中国“唐墨”（实际是明清古墨为多）和日本“和墨”，从用料上分则有“油烟墨”和“松烟墨”等。中国古墨虽然价格昂贵，仍为少字派名家所乐用。用法也相当讲究。如磨过的墨要用纸拭净磨口。伊奈香春写《资》，磨墨后等过四天，使用前加点水再写，以求墨色层次变化。

创作用纸方面，多用中国大陆产和日本产的宣纸，也有些乐用中国台湾和韩国产的笺纸。少字派多用较薄的“棉料单笺”、“净皮单笺”、“罗纹笺”、“煮硾笺”等。也有少数用稍厚的“玉版笺”、“二层夹笺”、“三层夹笺”。对纸的存放也十分讲究，为避免湿气的吸收，据说以每十张为单位分开存放在空气流通的地方为佳。

砚方面，少字派偏爱中国出产的端溪、歙川古砚和日本的雨烟砚等。但由于价高难求，近年也多见用新端砚、罗纹砚等。此外如文镇、墨床、印泥等用具也颇为考究。

3. 注重布白造型，风格多姿多彩

余白和空间的讲究，是少字数书法的一大特色。少字派充分吸收绘画、雕刻、建筑等艺术的造型特点，把书法造成兼有余白和空间之美的造型艺术。

“余白”，指的是平面产生的空白；“空间”是指文字结构产生的立体造型。而线条也是重要的因素。运笔的八面出锋，使线条本身有阴阳之别，曲直、轻重、徐疾、大小以及墨色的润渴等的对比关系，更丰富了余白和空间的美感。这是少字数舒服的共性所在。

少字数书家也各具个性。如井上翠园所追求的流动，藤本香草所追求的重厚，藤田金浩的轻妙，泽井青枫的淡雅，田宫岳翠大胆追求疏密聚散的变化，井野吟红富于动感和生气，等等，真可谓争奇斗妍，珠玉纷呈。

四、少字数书法的意义

少字数书法溯源于华夏，发展在东瀛，目前仍以迅猛的势头不断开拓。但是，由于日人在书学传统的功力和文化根基上普遍仍感有所不逮，故真正成熟的大家仍不多见，且多在线条的功力、结字的得体等方面有待补足。然而，邻邦人士以发展的观点，广泛吸取养分，赋予这传统的艺术以新的生命力，使之合乎时代的需要，这不能不说是一种创造，对于处在传统与时代的十字路口上的中国书法不无借鉴意义。

1. “笔墨当随时代”

少字数书法的成功，首先在于它顺应时代潮流而发展，脱离社会需要的艺术必将萎缩甚至被淘汰。现代社会生活节奏快速紧张，而艺术作品应与之合拍同步，便于时人欣赏；现代人的审美情趣与传统有异，大抵趋于明快、强烈、单纯、刺激，艺术家的创作不能不加考虑；现代建筑与家居设计格调新颖而别致，且楼层较低，因此传统的中堂对联之类的形式多不协调，形式的创新势在必行。少字派解决了诸如此类的问题应运而生，难道我们还有什么理由故步自封、墨守成规?

2. “书为心画”

写心和创意，是成功的艺术品的最高要求。少字数书法主张妙悟自然，在吃透所写的字的含义及可能形成的意象、意境上进行探讨，尽量发挥文房四宝的最大功能，最后通过线条和造型来体现所写的字的思想内涵，令作品有较强的感染力。这种探索无疑比单纯运用成法（如通过临摹掌握的技巧，传统的创作形式等）写一首诗、一篇文字要费力得多，但也有意义得多!

3. 成功的书作必定是“有意味的形式”的创造

少字派大量吸收西方艺术形式美的因素，并针对现代人的审美要求，运用造型艺术的构图法则，对作品进行多方面的对立统一的处理；同时发挥以线条为主的东方艺术特有的笔情墨趣，使其与西方抽象艺术大异其趣，毫无愧色地走向世界艺术之林。此外，其对装裱艺术或镜框的配置的考究，加强了作品的立体效果，引导观者视线的纵深投注，并与现代建筑和谐统一。这些方面都是我们在发展传统艺术时值得借鉴的。

对少字数书法的探研是一个新的课题。由于时代发展的需要，这一课题必然会大有可为。笔者之一的曾氏，曾探索创造出惟妙惟肖的《蛇》，以及追求原子弹爆发导致向上升腾的气势的《腾飞》（《曾景充书法选》，岭南美术出版社出版），力求传统功力和现代形式美的高度结合。笔者相信，以中国传统书艺为根基、为主导，善于汲取、借鉴其他艺术精华，东西方艺术有机结合，必将创造出崭新的时代需要的艺术！

（本文发表于1995年《书法研究》杂志第一期，文中引述文字均由魏锦光译自每日新闻社1988年版铃木桐华编《每日书道讲座：八、少字数书》）

附录三 曾景充所藏部分名家书画真迹

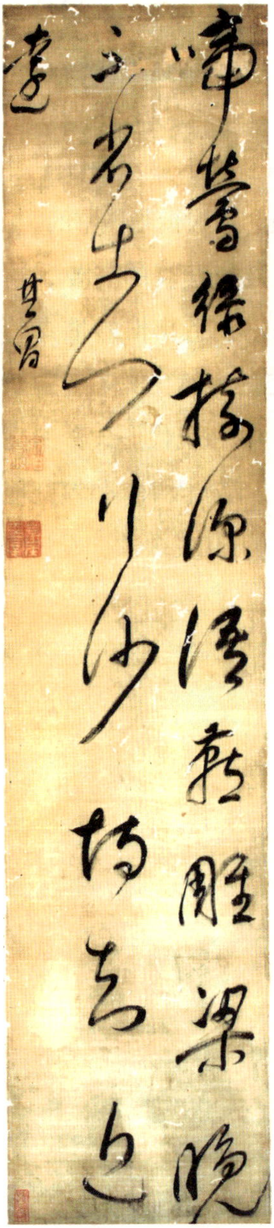

董其昌书法

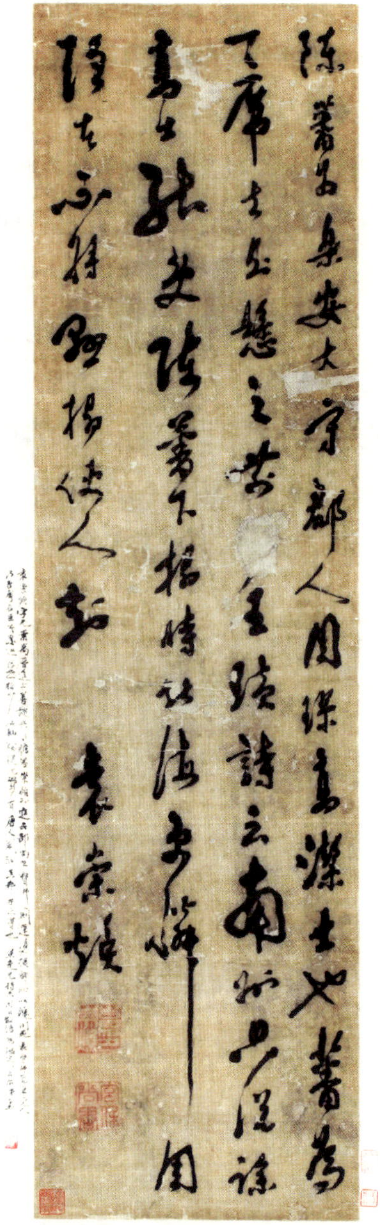

袁崇焕书法中堂

文徵明扇面画

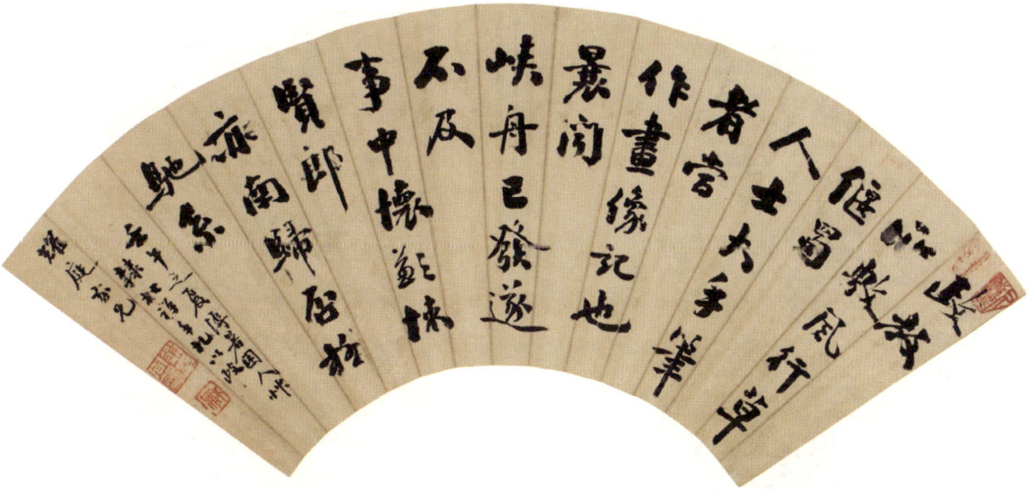

翁同龢扇面书法

王原祁山水

金农隶书条幅

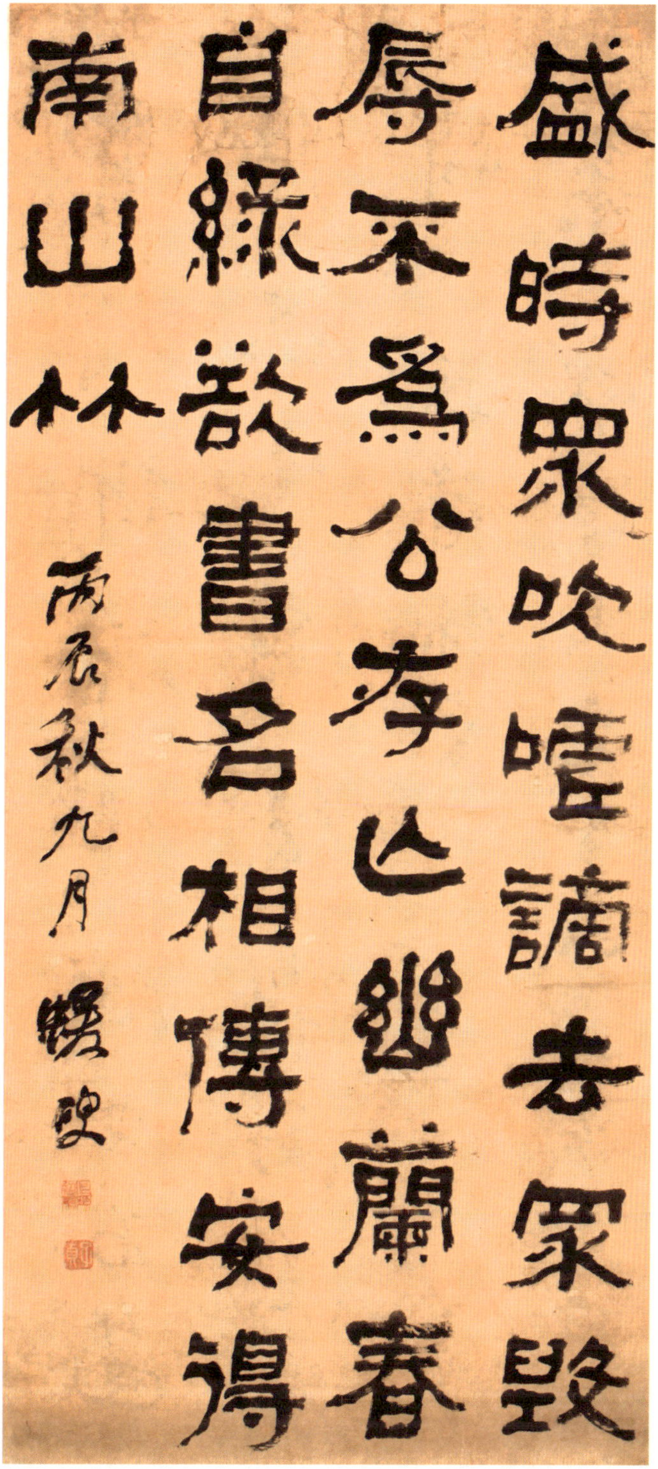

何绍基书法

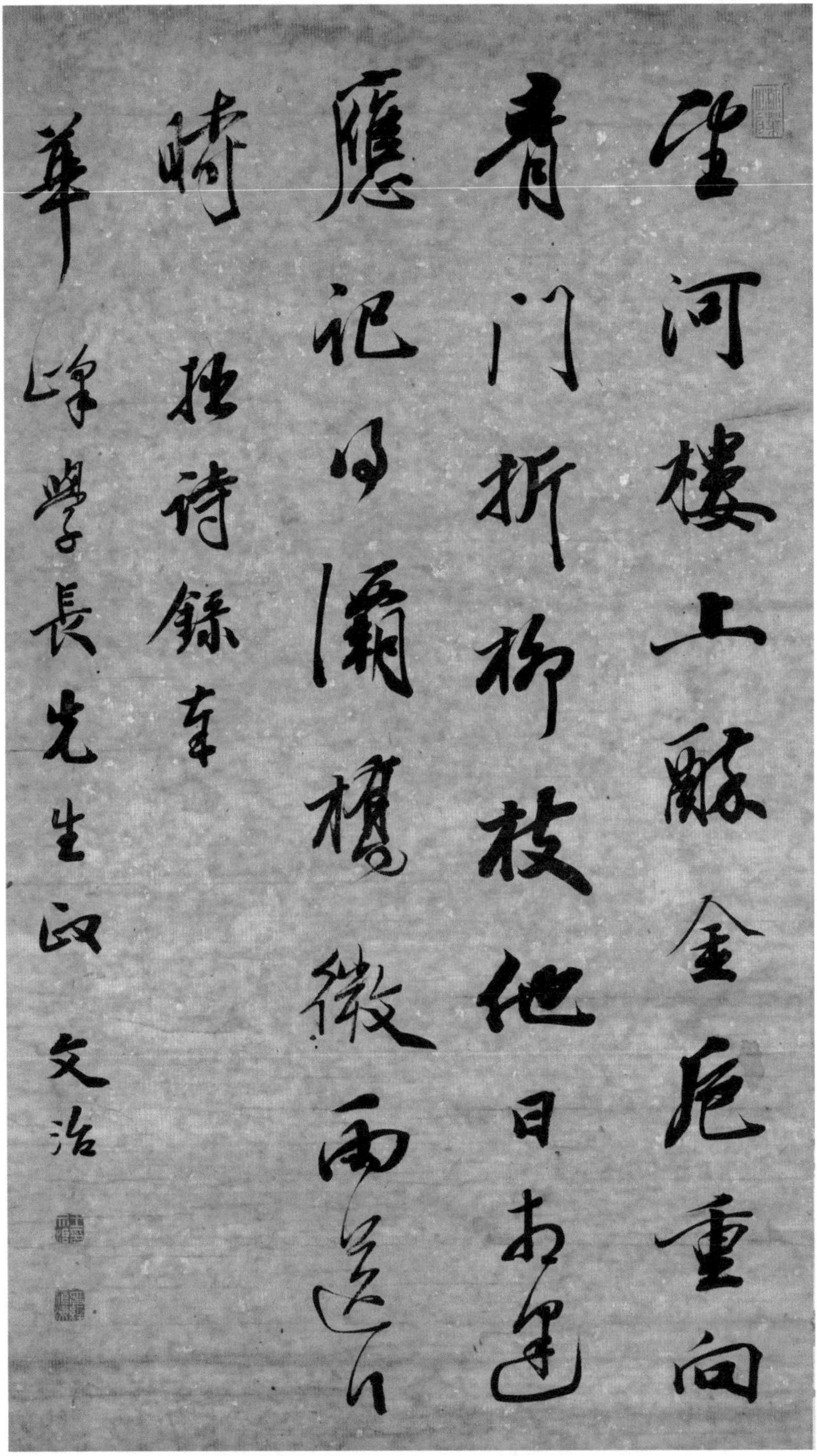

王文治书法

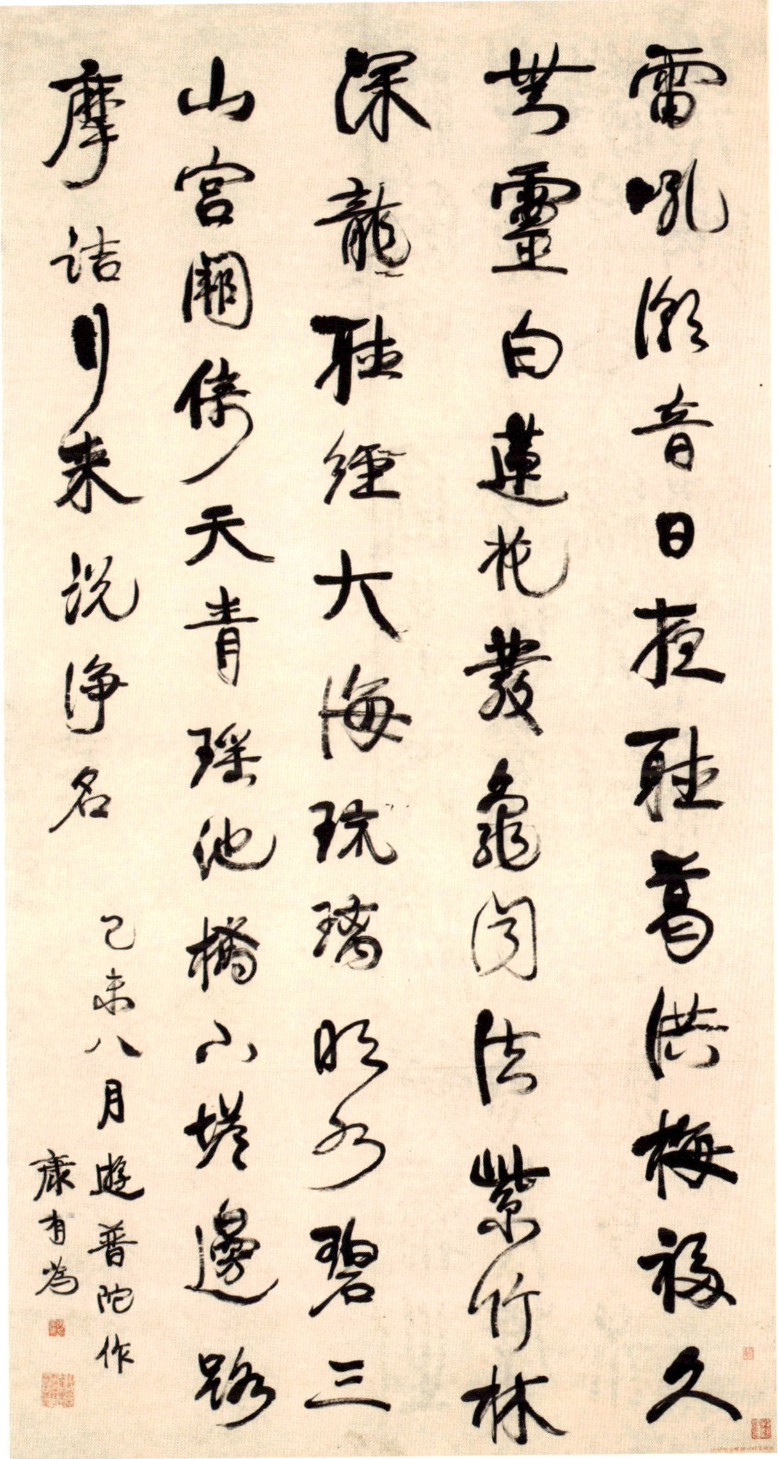

康有为书法

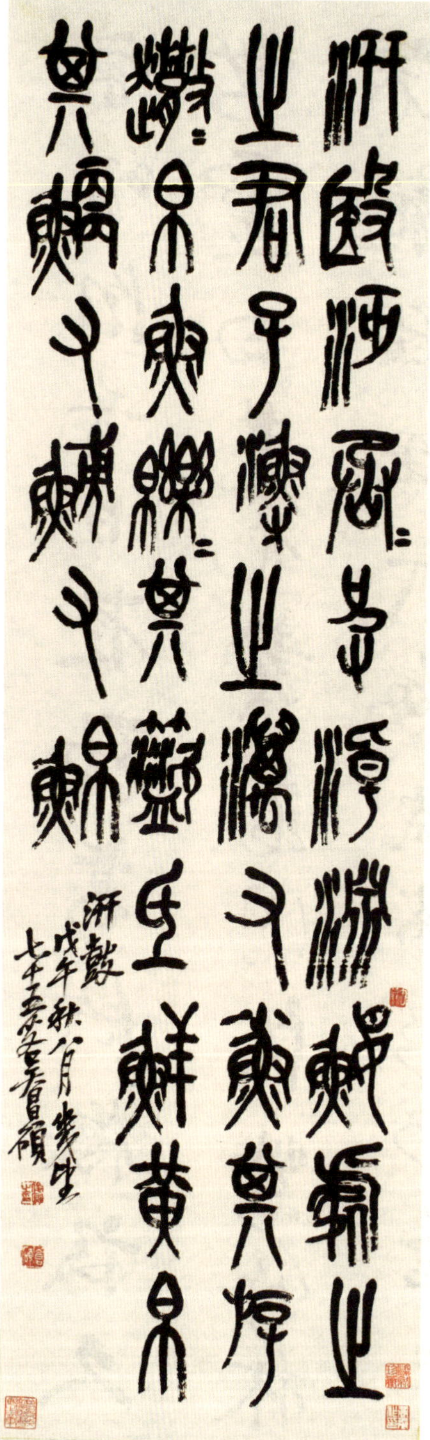

吴昌硕篆书条幅

何香凝虎啸

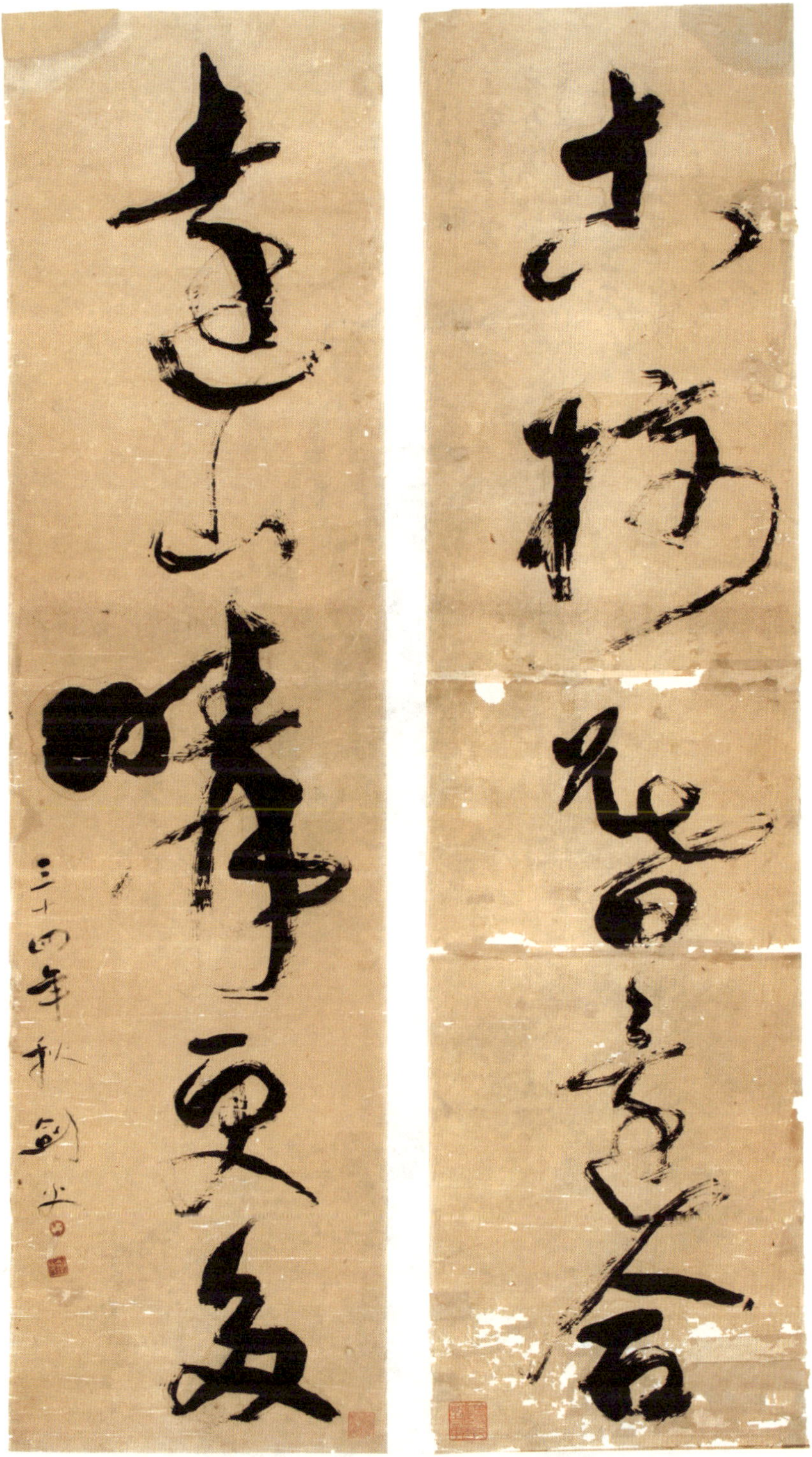

高剑父书法对联

黄宾虹山水

傅抱石山水

张大千人物

黎雄才赠曾景充画

于右任书法

关山月山水

谢稚柳山水

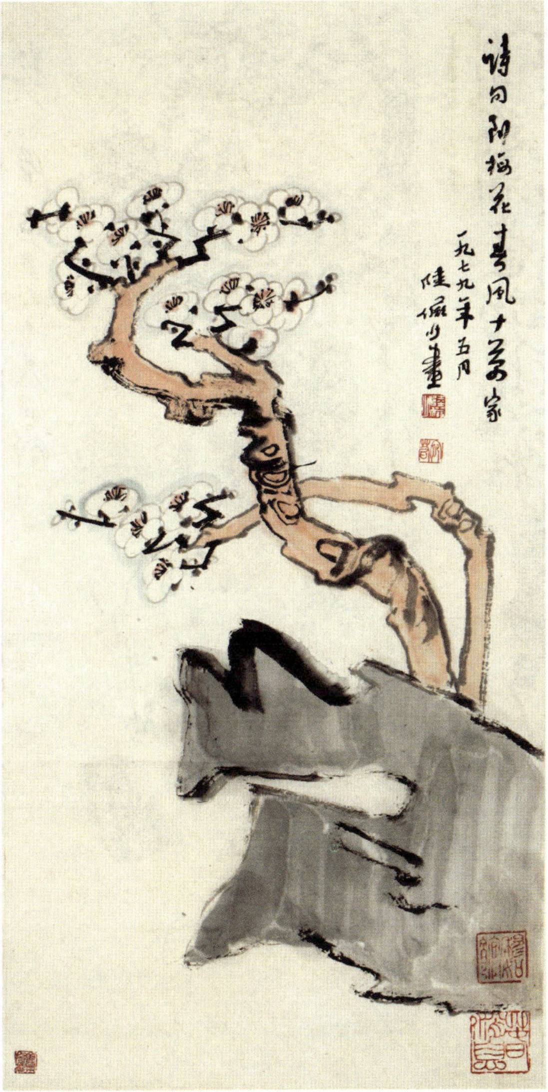

陆俨少白梅

石鲁梅石图

李苦禅画鹰

唐云葫芦

杨之光舞蹈

刘旦宅人物

黄永玉画龙

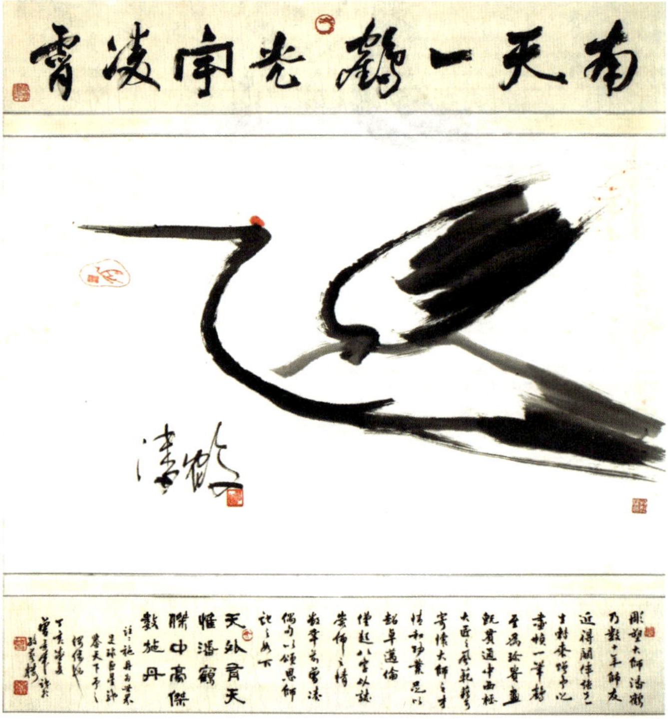

潘鹤画鹤

后记

在将要完成这部书稿的写作前，捡出这张照片，让我万分感慨，我不禁回想起六年前父亲作古后我们在沙面父亲居住过的地方整理他的遗物时，看到他的床头仍然张挂着的那幅《张迁碑》的拓本，我回想起这幅拓本的来历以及最后一次与父亲相聚时面对面的一段谈话。

永远闲不下来的父亲，1995年秋带领学生作山东访碑之行，买了一幅《张迁碑》的拓本，其书体以方笔为主，结构严整，端正朴素，书法朴厚劲秀。后来，76岁的他，肺结核病医治出院后，医生建议他在环境较为好的地方居住静养对身体康复有帮助，所以他选择搬到沙面来居住。这里留下过他青年足迹，那是多么难忘的岁月啊！

父亲并没有真正静养下来，仍然心系着书法事业。他把这幅拓片翻出来悬挂于床边的墙上，夜来无眠，就睁开眼睛细心研究领悟作品的谋篇布局，悟其正侧之变，聚散之妙，品味细微的变化之处和碑刻的精神意境。

他满怀激情地说："不断从这些古代的书法精品中吸取营养，是自有所得的。"

他风趣地说："我无甚爱好，唯热衷于书法艺术，总不能光知道吃广东米，满足了口腹之实而不思进取。书法艺术要突破，就要不断研究，

超越自己。生活在当今充满变化、日新月异的大时代中，应该做些有益社会的事，我只能用笔来报效祖国，为弘扬祖国的书法尽一己之责。”

听着听着，我无言以对，努力忍住快要流出的眼泪，呆呆地望着患病中的父亲，父亲的眼里却充满着对书法肩负重任的坚定信念之光。我更深切地感受到他那颗热爱祖国，热爱祖国书法艺术而强烈跳动着的心。啊，这就是半个多世纪以来伴随着新中国成长、平凡而又伟大的一代不普通的普通人的崇高思想吧，这就是我永远敬爱和怀念的父亲，平凡的人却有着伟大的怀抱，活出精彩而又有意义的人生！

他们这一代人，随着新中国的建设步伐，辛勤努力地生活。为后一代的人们创造了幸福的今天，留下了有意义的精神财富，社会一步步地前进，历史也一页页地翻过去，他们这一代人竖立起来的精神丰碑，永远激励着一代又一代的人们。

我唯有在心中默默地说：

父亲，您安息吧！

一切归于宁静。

书艺长留天地。

您的后人和学生，一定会牢记您的教诲，继续在书画艺术领域探索前行！

本书的编著工作终于得以正式完稿，我的心才能平静。

特别感谢魏锦光先生，在一年多的后期整理工作过程中补充了资料，并对本书文字的理顺、润色、校对、条目的梳理、编排、出版工作的联系等方面付出了艰辛的劳动和巨大的热忱。感谢羊城晚报出版社副总编辑谭健强先生对本人给予热情的指导和帮助。

感谢80多岁的母亲郭宝碧在各方面的大力支持，收集资料和对往事的回忆，让我能够有更多真实事情的记录。还有妹妹小敏、弟弟亦斌，也在本书的资料搜集和拍摄等方面付出了劳动。

感谢在美国的朋友刘燕女士和《世界日报》的编辑梁伟阳先生，最早阅读我的书稿，给了鼓励和支持，提出宝贵的意见。

四年多来，我在美国的家人先生陈国定在生活上给予照顾和体谅，儿子日昇在我写作过程中不断地和我分享写作的心得和方法，协助我走过这段心力交瘁、精神纠结的辛苦写作历程。

一路走来，帮助和鼓励我的朋友们，支持我的读者们，均在此一并致谢了！

2008年中秋节，曾景充暂时离开医院和家人聚会，女儿曾小雅带着儿子从美国回来与广州的家人团聚，留下了这张曾景充晚年最温馨的全家福

在资料的收集和整理过程中，难免有不足和遗漏之处，因为有些材料年代久远，或因父亲的足迹遍及全国和海外，或因馈赠散在各处，难免有挂一漏万之处，敬请读者体谅，不吝指正。

最后，为自己能够完成这部书稿而感到无限欣慰，在长期的资料整理和编写过程中，不断修炼收获成长，我要深深地感恩。

曾小雅

纪念父亲逝世七周年2016年1月14日于美国家中